Realschule

Original-Prüfungsaufgaben mit Lösungen

Bayern

Sozialwesen

STARK

28. Auflage
www.stark-verlag.de

Inhalt

Grundwissen + Kontrollfragen

Über nebenstehenden QR-Code oder den folgenden Link können Sie ganz einfach die WebApp **MindCards** zum Üben von Grundwissen und Kontrollfragen herunterladen.
https://www.stark-verlag.de/mindcards/09123

Der Zugang zum Online-Content endet ein Jahr nach Produktionsende dieses Buchs mit der rückseitig angegebenen Verlags-Nr.

Abschlussprüfungsaufgaben

Fortsetzung nächste Seite

Autor

Seminarrektor Robert Auberger

Vorwort

Liebe Schülerin, lieber Schüler,

dieses Buch unterstützt Ihre Arbeit im Fach Sozialwesen und ermöglicht Ihnen eine gute Vorbereitung auf die Abschlussprüfung. Der Band besteht aus diesen Teilen:

In der WebApp **MindCards** finden Sie **wichtige Grundbegriffe** und **Kontrollfragen**.

Im Buch finden Sie **Abschlussprüfungen** des Faches Sozialwesen mit ausgearbeiteten **Lösungen**.

Die Aufgabenstellung ist jahrgangsstufenübergreifend und zwar von der 7. bis zur 10. Klasse. Das heißt, dass Sie für die Abschlussprüfung den Stoff der vier Jahre beherrschen müssen. Themenstellungen können so gewählt sein, dass dabei mehrere inhaltliche Aspekte verschiedener Themenbereiche miteinander vernetzt werden.

Manche Aufgaben haben eine sehr offene Form. Sie sollten dann möglichst viele Aspekte aufzeigen und sich nicht beschränken.

Die Prüfungsaufgaben der vergangenen Jahrgänge sind für eine Prüfungsvorbereitung sehr hilfreich, da sie im Überblickwissen und in den Schwerpunktthemen nach wie vor weite Teile des Prüfungswissens umfassen.

Vorne im Band finden Sie ein **Stichwortverzeichnis** mit allen Themen und den Fachgebieten. Somit können Sie sich auch nach einzelnen Themen orientiert gut vorbereiten.

Und nun viel Glück und Erfolg für die Abschlussprüfung im Fach Sozialwesen!

Robert Auberger

Themen im Überblick

2012/A	Verantwortung übernehmen – für sich selbst und andere
2012/B	Arbeit und Arbeitsleben
2013/A	Junge und Mädchen, Mann und Frau in der Gesellschaft
2013/B	Deutschland ist bunt
2014/A	Der Sozialstaat
2014/B	Sozialisation – ein lebenslanger Prozess
2015/A	Aufeinander angewiesen – Alt und Jung
2015/B	Der Weg in die Mitte der Gesellschaft
2016/A	Die Welt der Arbeit im Wandel
2016/B	Verantwortung für sich und andere
2017/A	Menschen mit Beeinträchtigung
2017/B	Moderne Lebensformen
2018/A	Leben in einer globalisierten Welt
2018/B	Soziale Rollen im Lebensverlauf
2019/A	Leben in einer digitalen Welt
2019/B	Engagement macht stark!
2020/A	Alte Menschen im Fokus der Gesellschaft
2020/B	Verantwortliches Miteinander
2021/A	Anders normal
2021/B	Sozialisation des Mannes
2022/A	Leben in einer vielfältigen Gesellschaft
2022/B	Familie – mehr als Vater, Mutter, Kind
2023/A	Beziehungs-Weise
2023/B	Wendepunkte im Laufe des Lebens

Fachgebiete

Hinweise zu den MindCards

MindCards Sozialwesen – Grundwissen und Kontrollfragen

- Die in diesem Band zur Verfügung stehenden **MindCards** enthalten eine **digitale Lernkartei** zum Wiederholen des **Grundwissens** und zum Lernen der **Kontrollfragen**, die für den Einsatz am Smartphone optimiert ist. So haben Sie die wichtigen Grundlagenbegriffe überall mit dabei.
- Diese Web-App kann direkt im Browser geöffnet werden, die Installation über einen App Store ist nicht erforderlich.
- Scannen Sie dazu den nebenstehenden **QR-Code** mit dem Smartphone oder geben Sie den folgenden Link ein: https://www.stark-verlag.de/mindcards/09123
- Für die weitere Nutzung können Sie das Icon der MindCards zum Startbildschirm hinzufügen, sodass Sie sie darüber starten können.
- Für jedes Themengebiet kann zudem der **Lernstand** festgehalten werden. So können Sie Ihren Lernfortschritt selbst überprüfen.

Abschlussprüfung an Realschulen – 2012
Sozialwesen: Aufgabengruppe A

Verantwortung übernehmen – für sich selbst und andere

1 Grundbegriffe

1.1 Definieren Sie den Begriff *Ehrenamt.*

1.2 Legen Sie dar, was man unter *Eigenverantwortung* versteht.

2 Schule und Verantwortung

> Die UN-Konvention über die Rechte von Menschen mit Behinderungen fordert für Schülerinnen und Schüler mit sonderpädagogischem Förderbedarf den Abbau von Barrieren in der schulischen Bildung. Der grundsätzlich gleichberechtigte Zugang für Schülerinnen und Schüler mit Beeinträchtigungen und sonderpädagogischem Förderbedarf zu allen Schularten wird so ermöglicht.

2.1 Erläutern Sie den Begriff *soziale Integration.*

2.2 Die Integration von behinderten Kindern trägt zur Werteerziehung bei. Nennen Sie drei Werte und zeigen Sie, wie Mitschülerinnen und Mitschüler diese Werte umsetzen können, damit die Integration von Kindern mit Beeinträchtigungen in der Schule gelingt.

3 Junge Menschen und Verantwortung

> *„Nichts erfüllt mehr, als gebraucht zu werden."*
>
> Dieser Werbespruch des Bundesfreiwilligendienstes richtet sich an Frauen und Männer jeden Alters, sich außerhalb von Beruf und Schule für das Allgemeinwohl zu engagieren. Beispielsweise betreut der Naturschutzverein im Auftrag des Bundeslandes Schleswig-Holstein große Flächen im Nationalpark Wattenmeer. Jedes Jahr zählen bis zu 100 Freiwillige die hier rastenden Zugvogelschwärme, bewachen die Brutplätze seltener Vogelarten oder zeigen Gästen die einmalige Tier- und Pflanzenwelt. Seit dem 8. Juli 2011 gehört auch Annika zu ihnen.

[nach: www.bundesfreiwilligendienst.de, Naturschutzgesellschaft Schutzstation Wattenmeer e. V. in Husum /BFDlerin: Annika Schauwecker]

3.1 Erläutern Sie drei persönliche Kompetenzen, die Annika durch diese Tätigkeit im Bundesfreiwilligendienst erwerben kann.

3.2 Die Grundlagen für ehrenamtliches Engagement von jungen Menschen werden in der Primär- und Sekundärsozialisation geschaffen.
Belegen Sie diese Aussage mit je zwei Beispielen aus der Primär- und Sekundärsozialisation.

3.3 Als Schülersprecher/in ist es Ihnen ein Anliegen, mehr Mitschülerinnen und Mitschüler zu finden, die sich als Tutorinnen/Tutoren für die Schülerinnen und Schüler der 5. Klassen engagieren. Entwerfen Sie einen Werbetext, auf dem Sie mit fünf Punkten für das Tutorenamt in der Schule werben.

4 Gesellschaft und Verantwortung

4.1 Verfassen Sie einen Lexikonartikel zum Begriff *Solidaritätsprinzip.*

4.2 Mit dem Eintritt ins Berufsleben übernehmen Sie Verantwortung in unserem Sozialstaat – sowohl für sich als auch für die Gesellschaft.
Erläutern Sie diese Aussage an je zwei Beispielen.

5 Ältere und Verantwortung

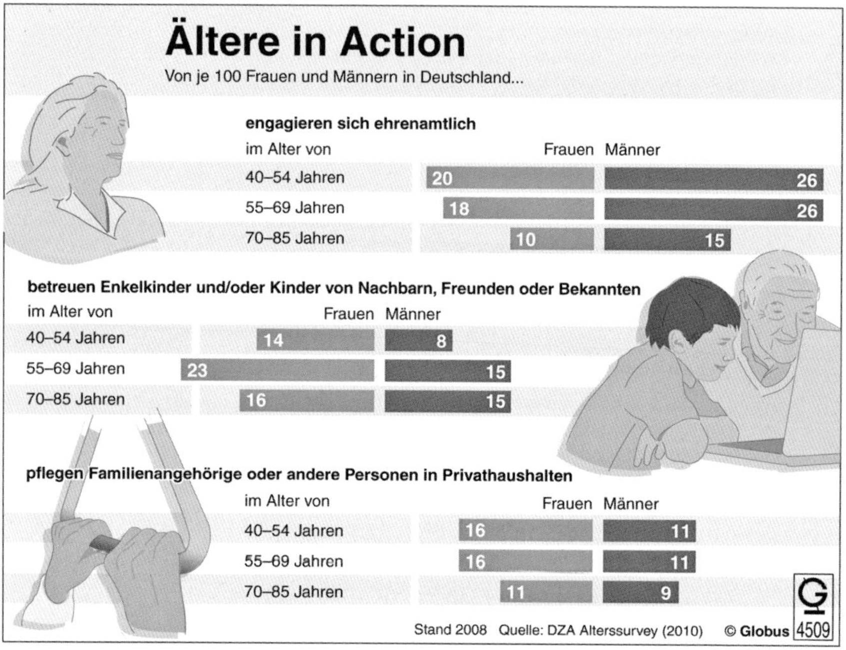

[Quelle: picture-alliance/dpa-infografik]

5.1 Beschreiben Sie das Schaubild „Ältere in Action“ und werten Sie es aus. Gehen Sie vor allem auf die geschlechtsspezifischen Unterschiede in der Altersgruppe der 55- bis 69-Jährigen in Bezug auf ihre ausgeübten Tätigkeiten ein.

5.2 Patenmodell „Alt hilft Jung“ – Jobpatenschaften

> Das Projekt soll jenen jungen Menschen zu Gute kommen, die aufgrund sozialer Benachteiligung von Arbeitslosigkeit betroffen sind. Als „Jobpaten“ werden interessierte Senioren gesucht, die bereit sind, ihr Erfahrungswissen für junge Menschen einzusetzen. Die Jobpaten sollen den jungen Erwachsenen eine Brücke bauen zwischen ihrer Welt und der Welt erfolgreicher Arbeitnehmer.

[Quelle: abgeändert nach www.bfwbremen.de]

Wolfgang Schmitz, 68 Jahre alt, ehemaliger Abteilungsleiter in einer großen Firma, übernahm vor einigen Monaten die Patenschaft für den 17-jährigen arbeitslosen Achmed Yilmaz.
Zeigen Sie anhand von je drei Beispielen auf, welche Vorteile diese Patenschaft sowohl für Achmed als auch für Herrn Schmitz bringt.

Lösungsvorschlag

I. Schwerpunktthema Aufgabengruppe A

1.1 Als *Ehrenamt* bezeichnet man ein öffentliches Amt, das jemand freiwillig und ohne finanzielle Entlohnung übernimmt. Ein Ehrenamt kann z. B. darin bestehen, dass jemand Vorsitzender oder Schriftführer in einem Verein ist.

1.2 *Eigenverantwortung* bedeutet, dass jemand sein Leben selbst in die Hand nimmt und dafür Verantwortung trägt. Es sollte das Ziel jedes Einzelnen sein, für die Verwirklichung und Erhaltung seiner Freiheit, seiner emotionalen Stabilität, seiner sozialen Kontakte sowie seiner materiellen Lebensgrundlagen zu sorgen. Ausdruck von Eigenverantwortung kann z. B. sein, sich um eine gute Arbeitsstelle zu bemühen, für die Zukunft finanziell vorzusorgen, seine Lebensführung umweltbewusst zu gestalten und einen Freundeskreis bewusst zu pflegen.

2.1 Als *soziale Integration* bezeichnet man die Eingliederung von einzelnen Personen oder Gruppen in eine größere Gemeinschaft. In diesen Gemeinschaften werden diese Personen bzw. Gruppen angenommen und erhalten bestimmte Rollen und Aufgaben.

2.2 a) Toleranz: Schülerinnen und Schüler könnten Mitschülern mit Beeinträchtigungen tolerant gegenübertreten. Trotz ihrer Einschränkungen würden solche Kinder im Unterricht und an der Schule nicht ausgelacht und als gleichwertig behandelt werden. Es gäbe auch keine Vorurteile oder Ablehnungen.

b) Hilfsbereitschaft: Ein wichtiger Wert zur Unterstützung wäre die Hilfsbereitschaft. Schüler mit Einschränkung brauchen vielfältige Hilfen. Dies kann schon beim Aussteigen aus dem Schulbus oder auf dem Weg ins Klassenzimmer der Fall sein, falls ein Schüler im Rollstuhl sitzt. Unterstützung durch Mitschüler kann auch beim Kauf einer Pausenverpflegung sinnvoll und nötig sein.

c) Solidarität: Der Wert der Solidarität kann für Schüler mit Einschränkungen sehr wichtig für eine gelingende Integration sein. Bei allen Klassenaktivitäten, wie z. B. Wandertagen, Schulfahrten oder Schullandheimaufenthalten, ist so zu planen, dass sich behinderte Mitschüler beteiligen können und nicht schon prinzipiell ausgeschlossen sind.

3.1 Selbstständigkeit, Zuverlässigkeit und Selbstsicherheit sind drei wichtige persönliche Kompetenzen, die Annika durch die Tätigkeit beim Bundesfreiwilligendienst erwerben kann.

a) Selbstständigkeit: Annika wird aufgrund ihrer Aufgaben für die Naturschutzgesellschaft vermutlich viel unterwegs sein und vielleicht auch manchmal in einer Jugendherberge übernachten. Sie muss sich bei ihrem Dienst selbst um ihren Alltag kümmern, z. B. Essen organisieren. Somit ist sie herausgefordert, selbstständiger zu werden.

b) Zuverlässigkeit: Bei ihrer Tätigkeit muss Annika sehr zuverlässig arbeiten. Ob es das genaue Zählen der Zugvogelschwärme ist oder das Bewachen der Brutplätze, man muss sich dabei auf Annika verlassen können. Das kann dazu führen, dass sich ihre Kompetenz im Bereich der Zuverlässigkeit verstärkt.

c) Selbstsicherheit: Annika kann beim Erledigen der an sie gestellten Aufgaben positive Erfolgserlebnisse haben. Das kann z. B. sein, wenn sie Gäste durch die Tier- und Pflanzenwelt führt und dafür gelobt wird, weil diese mit der Führung zufrieden waren. Das stärkt dann Annikas Selbstvertrauen. Genauso kann dieses gefördert werden, wenn sie wegen der erledigten Aufgaben mit sich selbst zufrieden ist.

3.2 Primärsozialisation:

a) Das Vorbild der Eltern kann eine wichtige Grundlage in der Primärsozialisation sein. Engagieren sich z. B. die Eltern selbst in einem Verein oder in einer Bürgerinitiative, dann erleben dies die Kinder schon in der Familie. Sie sind es dann gewohnt, dass die Mutter am Abend zu einer Vorstandssitzung geht oder der Vater am Wochenende zu einer Veranstaltung mit dem Sportverein fährt. Somit kann die Grundlage für ein ehrenamtliches Engagement bereits in der Kindheit im Elternhaus gelegt werden.

b) Eine andere Grundlage kann sein, dass Eltern ihre eigenen Werte ihren Kindern bewusst vorleben. Ist den Eltern der Schutz der Natur wichtig, trennen sie Müll und gehen sparsam mit Energie um. Dann kann auch in den Kindern eine Sensibilität für Natur und Umwelt entstehen. Wie im beschriebenen Beispiel des Bundesfreiwilligendienstes kann es dann sein, dass aufgrund der in der Primärsozialisation entstandenen Werte ein ehrenamtliches Engagement erfolgt.

Sekundärsozialisation:

a) Jugendliche orientieren sich in der Pubertät an Vorbildern und versuchen, diese nachzuahmen. Wenn es sich hierbei um Personen handelt, die selbst ehrenamtlich engagiert sind, dann kann diese Grundeinstellung von Jugendlichen übernommen werden. Erlebt z. B. ein Jugendlicher im Fußballclub seinen Trainer sehr positiv, dann kann es sein, dass er dadurch motiviert ist und selbst als Trainer der Schülermannschaft arbeitet.

b) Es kann auch sein, dass jemand in der Realschule durch den Unterricht angeregt wird, ein Ehrenamt zu übernehmen. In vielen Fächern wie z. B. Deutsch, Religionslehre, Ethik oder Sozialwesen werden im Unterricht immer wieder Themen behandelt, die zur Übernahme von Verantwortung motivieren. Dies kann dazu führen, dass in jungen Menschen die Bereitschaft entsteht, selbst Verantwortung zu übernehmen.

3.3 Liebe Mitschülerinnen und Mitschüler,
als Eure Schülersprecherin / Euer Schülersprecher habe ich ein wichtiges Anliegen und benötige Eure Unterstützung: Wir suchen weitere Schüler, die sich in diesem Schuljahr als Tutorinnen und Tutoren für die Schüler der 5. Klassen engagieren. So ein Engagement kann Spaß machen, weil es ein Team von Tutoren gibt, das sich immer wieder trifft, einmal auch einen ganzen Tag lang zur Ausbildung außerhalb der Schule. (1) Dann bringt es auch etwas für Dich selbst, wenn Du als Tutor arbeitest, weil Du dazu von unserem Verbindungslehrern eine Ausbildung in Gesprächsführung sowie im Umgang mit anderen Personen erhältst. (2) Die Tätigkeit als Tutor wird im Jahreszeugnis vermerkt und es gibt am Ende der 10. Jahrgangsstufe eine eigene Urkunde dafür. Das ist ein Vorteil für Bewerbungen bzw. für die Vorlage beim zukünftigen Arbeitgeber. (3) Die Tutoren unserer Schule werden mit einem Foto mit Namen an der SMV-Wand veröffentlicht. Damit bist Du in der ganzen Schule als engagierte Schülerin/engagierter Schüler bekannt. (4) Nicht zu vergessen ist, dass Dich die Aufgabe auch selbstbewusster und im Auftreten sicherer macht. Du profitierst also auch dadurch, dass Du Dein Selbstwertgefühl verstärkst. (5)

Bitte meldet Euch bei Interesse bei mir!
Eure Schülersprecherin / Euer Schülersprecher

4.1 Das *Solidaritätsprinzip* gehört zu den Grundsätzen des deutschen Sozialstaats. Es zeigt sich unter anderem im System der gesetzlichen Sozialversicherungen. Jeder leistet hier gemäß seiner wirtschaftlichen Leistungsfähigkeit einen Beitrag. Ist dann ein Mitglied der Solidargemeinschaft hilfsbedürftig oder in einer Notsituation, dann erhält es Unterstützung aus dem Topf der Sozialversicherung, z. B. für Arztkosten oder für die Rente. Somit wirkt das Solidaritätsprinzip: Wer mehr hat, zahlt auch mehr ein. Wer einen Bedarf hat, der erhält Unterstützung – unabhängig davon, wie viel er vorher eingezahlt hat.

4.2 a) Verantwortung für mich selbst: Mit dem Einstieg ins Berufsleben habe ich ein eigenes Einkommen. Ich übernehme Verantwortung für mich selbst, indem ich mich um eine private finanzielle Vorsorge bemühe. Dies kann geschehen, indem ich private Sparverträge abschließe, um eine eigene Vermögensversorgung aufzubauen. Damit entlaste ich auch den Sozialstaat in möglichen privaten finanziellen Notlagen. (1) Der Einstieg ins Berufsleben führt außerdem dazu, dass ich im Job für die eigene Arbeit verantwortlich bin und auch für Fehler geradestehen muss. (2)

b) Verantwortung für die Gesellschaft: Mit dem Einstieg ins Berufsleben zahle ich Abgaben in die Sozialversicherungen. Damit unterstütze ich im Sinne des Solidaritätsprinzips die Sozialkassen. Indem ich arbeite, helfe ich mit den Abgaben von meinem Arbeitslohn der Gesellschaft, da diese Gelder z. B. in die Kranken- und Rentenkasse fließen. (1) Über die von meinem Einkommen entrichteten Steuern beteilige ich mich finanziell am Gemeinwohl. Mit Steuergeldern werden z. B. Kindergärten, Schulen oder soziale Einrichtungen unterstützt. (2)

5.1 Im Schaubild wird die Verteilung von engagierten Menschen im Lebensalter von 40 bis 85 (Differenzierung in die Altersstufen 40–54, 55–69, 70–85) beschrieben. Es bezieht sich auf die drei folgenden Bereiche: ehrenamtliches Engagement; Betreuung von Enkelkindern bzw. Kindern von Nachbarn, Freunden oder Bekannten; Pflege von Familienangehörigen oder anderen Personen in Privathaushalten. Insgesamt engagieren sich mehr Männer als Frauen ehrenamtlich. Auch in der Altersgruppe der 55- bis 69-Jährigen ist dies der Fall. Der Grund hierfür kann darin liegen, dass es gerade in der Altersklasse ab 55 eher dem Rollenverhalten von Männern entspricht, sich ehrenamtlich zu engagieren. Im Bereich der Kinderbetreuung liegen in allen drei Altersklassen – auch in der Altersgruppe der 55- bis 69-Jährigen – die Frauen vorne. Es ist immer noch eine geschlechtsspezifische Tradition, dass Frauen mehr in der Betreuung von Enkelkindern oder Kindern von anderen engagiert sind. Dies entspricht mehr der traditionellen Rolle der Frau. Vielen Frauen macht das auch Freude und es fällt ihnen leicht, weil sie ja selbst Kinder haben und über Erfahrungen im Umgang mit Kindern verfügen. Im Bereich der Pflege von Angehörigen sind auch in allen Altersgruppen die Frauen stärker vertreten. Frauen haben meist mehr Erfahrung darin, sich um Familienangehörige zu kümmern und diese zu pflegen. Da Frauen im Beruf immer noch schlechter bezahlt werden, fällt es Frauen auch oft leichter als Männern, auf eine Berufsausübung zu verzichten und sich der Pflege von Familienangehörigen zu widmen. In der Altersgruppe der 55- bis 69-Jährigen spielt wahrscheinlich auch die Tatsache eine Rolle, dass den Frauen dieses Alters der Beruf nicht mehr ganz so wichtig ist wie jüngeren Frauen. Deswegen sind sie eher bereit, beruflich kürzer zu treten.

5.2 a) Vorteile für Achmed Yilmaz: Achmed kann von Herrn Schmitz Ratschläge erhalten, wie er sich angesichts seiner Arbeitslosigkeit verhalten soll. Dies können z. B. wertvolle Tipps für Bewerbungsschreiben oder Bewerbungsgespräche sein. (1) Sollte Achmed sprachliche Probleme haben, dann könnte Herr Schmitz ihm helfen und ihm auch Nachhilfestunden geben. (2) Sollte Achmed einen Ausbildungsplatz suchen, dann kann Herr Schmitz ihm wertvolle Ratschläge erteilen, weil er aus seiner Zeit als Abteilungsleiter Erfahrungen mit verschiedenen Berufsbildern hat. (3)

b) Vorteile für Herrn Schmitz: Die Jobpatenschaft gibt Herrn Schmitz das Gefühl, gebraucht zu werden und eine Aufgabe zu haben. Damit erlebt er sich im Ruhestand nicht als nutzlos und hat ein hohes Selbstwertgefühl. (1) Außerdem fördert die Tätigkeit den Erhalt der geistigen Fitness. Herr Schmitz muss unter Umständen Probleme lösen, Nachhilfe erteilen und Informationen einholen. (2) Durch die Jobpatenschaft ergibt sich für Herrn Schmitz eine gute Gelegenheit, auch soziale Kontakte zu pflegen. Über den Kontakt zu Achmed hinaus gibt es immer wieder Treffen mit anderen Jobpaten oder der Projektleitung, somit wird der Gefahr von Vereinsamung entgegengewirkt. (3)

Abschlussprüfung an Realschulen – 2012
Sozialwesen: Aufgabengruppe B

Arbeit und Arbeitsleben

1 Grundbegriffe

Erklären Sie den Begriff *Arbeit.*

2 Arbeitnehmer – unterschiedliche Erwartungen

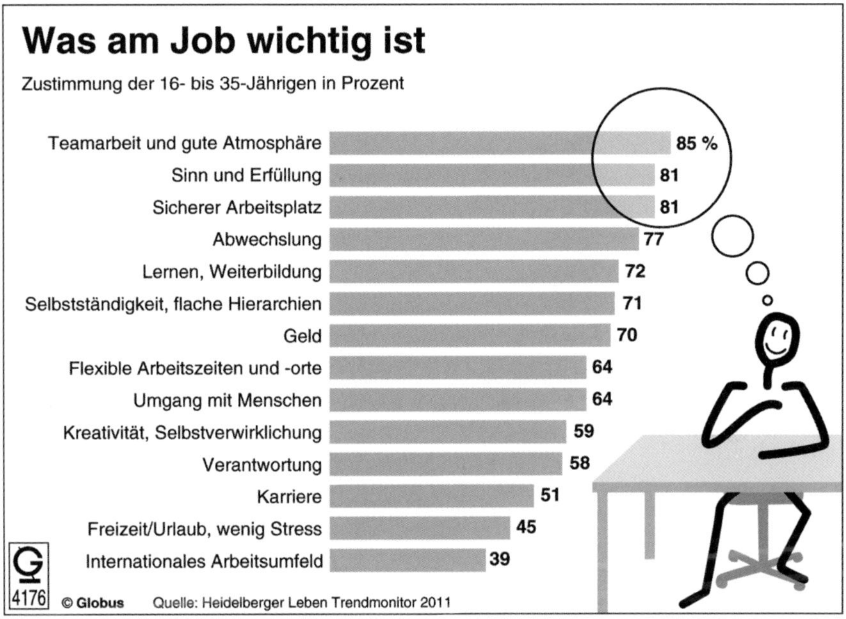

[Quelle: Heidelberger Leben Trendmonitor 2011]

2.1 Erklären Sie anhand von je zwei Aspekten, welche Bedeutung die drei im Schaubild am häufigsten genannten Erwartungen für den einzelnen Arbeitnehmer haben.

2.2 Belegen Sie anhand von fünf Beispielen, über welche Fähigkeiten beziehungsweise Fertigkeiten der einzelne Arbeitnehmer verfügen muss, damit seine Erwartungen hinsichtlich Teamarbeit und guter Atmosphäre erfüllt werden.

2.3 Beschreiben Sie drei verschiedene Arbeitszeitmodelle.

2.4 Nur 39 Prozent der Befragten wünschten sich ein internationales Arbeitsumfeld. Nennen Sie drei mögliche Bedenken der Arbeitnehmer, die zu diesem Umfrageergebnis geführt haben.

3 Arbeitsleben und Elternschaft

3.1 Definieren Sie den Begriff *Rollenkonflikt.*

3.2

> Bevor das erste Kind zur Welt kommt, nehmen sich junge Männer vor, die Fehler ihrer Väter und Großväter zu vermeiden. Sie wollen eine moderne Vaterrolle übernehmen, d. h., sie wollen nicht nur eine Männerkarriere vorleben, sondern auch für ihr Kind da sein. Die Zahlen sprechen allerdings eine andere Sprache: Im ersten Vierteljahr 2011 haben 152 697 Frauen und 38 572 Männer die Möglichkeit der Elternzeit genutzt.

[nach: Felix Berth: Männer verdienen zu viel, Süddeutsche Zeitung vom 1./2./3. Oktober 2011, S. 8/9
Daten nach Statistisches Bundesamt]

Erörtern Sie drei mögliche Gründe, warum – trotz guter Vorsätze – nur wenige Männer die Elternzeit in Anspruch nehmen.

3.3 Als Vorsitzende/r des Betriebsrats legen Sie Ihrem Firmenchef den Entwurf eines Fünf-Punkte-Programms vor, das dazu dient, Ihre Firma zu einem familienfreundlichen Betrieb zu machen, damit Frauen Beruf und Familie besser vereinbaren können.
Erstellen Sie dieses Fünf-Punkte-Programm.

4 Arbeit und Bevölkerungsentwicklung

4.1 Erklären Sie den Begriff *Sozialstaat.*

4.2

> Nach dem Demografie-Bericht der Bundesregierung 2010 wird die Bevölkerungsentwicklung den Arbeitsmarkt gravierend verändern. Sind heute knapp 50 Millionen Menschen im erwerbsfähigen Alter, so werden es im Jahr 2060 nur noch 33 Millionen sein. Dabei geht der Bericht von einer durchschnittlichen Zuwanderung von 100 000 Menschen im Jahr aus.

[nach: Statistisches Bundesamt, Sachverständigenrat zur Begutachtung der gesamtwirtschaftlichen Entwicklung, Paderborn: Bonifatius 2011, S. 93/94]

Beschreiben Sie fünf Auswirkungen der im Text beschriebenen demografischen Entwicklung auf die sozialen Leistungen unseres Staates.

5 Arbeit als Lebenshilfe

> Die 32-jährige Anita B. litt jahrelang an Depressionen. Sie sagt, sie habe ein freudloses Leben hinter grauen Schleiern geführt. Es fiel ihr schwer, morgens aufzustehen und in die Arbeit oder auch nur vor das Haus zu gehen. Die Nachmittage verbrachte sie vor dem Fernseher. Nachdem sich ihre Fehlzeiten häuften, wurde sie von ihrem Arbeitgeber gekündigt. Acht Jahre dauerte ihr Leidensweg, bis sie sich zu einer Therapie entschloss. Heute arbeitet sie in einer Einrichtung der Caritas, in der vor allem Langzeitarbeitslose, psychisch kranke oder beeinträchtigte Menschen, die besonders schwer Arbeit finden, Beschäftigung haben. „Mein Leben hat sich zum Positiven verändert", meint die junge Frau und lacht. „Wer hätte das gedacht? Ich freue mich jeden Tag auf meine Arbeit und meine Kollegen."

Arbeiten Sie aus dem Fallbeispiel vier Aspekte heraus, an denen Sie erklären, inwiefern Arbeit für Anita B. Lebenshilfe bedeutet.

Lösungsvorschlag

II. Schwerpunktthema Aufgabengruppe B

1 Als *Arbeit* bezeichnet man eine zielgerichtete körperliche oder geistige Betätigung, um Güter zu produzieren oder eine Dienstleistung zu erbringen. Sie dient der Existenz- und Zukunftssicherung sowie einer sinnvollen Lebensgestaltung.

2.1 Teamarbeit und gute Atmosphäre:
Arbeitnehmer wollen sich am Arbeitsplatz wohlfühlen. Ein starker Konkurrenzkampf kann hier hinderlich sein. (1) Die meisten Arbeitnehmer wollen laut Grafik nicht als Einzelkämpfer arbeiten, sondern gemeinsam mit anderen im Team. Sie möchten mit Kollegen ihr Wissen teilen und sich gegenseitig unterstützen. (2)

Sinn und Erfüllung:
Da die Arbeitszeit einen großen Teil des Lebens ausfüllt, ist es wichtig, dass der Beruf dem Leben auch einen Sinn verleiht und man nicht nur wegen des Geldes arbeitet. Dieser Sinn kann z. B. entstehen, wenn man etwas herstellt, mit dem man sich identifizieren kann. (1) Die dann oft wegen des Sinns gegebene oder in der guten Zusammenarbeit mit Kollegen erlebte Freude kann als ein Teil von Erfüllung empfunden werden. (2)

Sicherer Arbeitsplatz:
Ein sicherer Arbeitsplatz garantiert ein sicheres Einkommen. Dies kann u. a. wichtig sein, wenn man ein Haus gebaut hat und noch viele Jahre Schulden abzahlen muss. (1) Aber auch die Gründung einer Familie ist wegen der notwendigen finanziellen Versorgung von Kindern – u. a. für Schule und Ausbildung – sehr von der Sicherheit eines Arbeitsplatzes abhängig. (2)

2.2 Um die Erwartungen im Bereich Teamarbeit und gute Atmosphäre zu erfüllen, sind folgende Fähigkeiten bzw. Fertigkeiten hilfreich: Um im Team erfolgreich zu sein, müssen die Teammitglieder gut miteinander kommunizieren können. Dazu gehört auch die Fähigkeit zum Zuhören und zu einer Kommunikation in Konfliktsituationen. (1) In einem Team müssen verschiedene Aufgaben erledigt werden. Dies gelingt, wenn die einzelnen Teammitglieder fähig und auch willens sind, miteinander zu kooperieren. (2) In einem Team kommt es auch immer wieder zu Konflikten. Um eine gute Teamarbeit zu gewährleisten, müssen die Mitglieder konfliktfähig sein, d. h., dass sie Konflikte lösen wollen und auch können. (3) Zur angenehmen Atmosphäre in einem Team kann man beitragen, indem man selbst wertschätzend und empathisch mit den anderen Mitgliedern umgeht. (4) Eine erfolgreiche Teamarbeit setzt die Fachkompetenz der Teammitglieder voraus. Jeder Arbeitnehmer muss in seinem Bereich fachlich möglichst kompetent sein. (5)

2.3 a) Gleitzeit: Hier ist die Arbeitszeit in einen Kernzeit- und einen Gleitzeitbereich unterteilt. Innerhalb der Kernzeit besteht eine Anwesenheitspflicht. Die Kernzeit hat einen fixen Start- und Endzeitpunkt. Im Gleitzeitbereich kann ein Arbeitnehmer entscheiden, wann er mit seiner Arbeit beginnt und wann er sie beendet.

b) Arbeitszeitkonto: Die Arbeitszeitstunden werden durch ein Zeiterfassungssystem wie auf einem Konto verrechnet. Man kann in einer Woche einmal mehr oder auch weniger arbeiten. Insgesamt muss eine bestimmte Arbeitszeit abgeleistet werden. Für Firmen sind Arbeitszeitkonten oft sehr hilfreich, weil bei guter Auftragslage Überstunden gemacht werden können, die dann in schlechteren Zeiten abgebaut werden.

c) Teilzeit: In diesem Modell arbeitet man nicht den tariflich festgelegten Höchststundensatz, sondern davon nur einen bestimmten Teil. Man erhält dann auch entsprechend weniger Lohn. Dieses Modell ist gerade für Frauen oder Männer mit Kindern im Betreuungsalter hilfreich, weil sich dann Arbeit und Kinderbetreuung besser verbinden lassen.

2.4 Mögliche Bedenken können sich aufgrund fehlender oder mangelnder Sprachkenntnisse ergeben. Ein internationales Arbeitsumfeld setzt voraus, dass man sich auch entsprechend verständigen kann. Dies ist für viele Arbeitnehmer eine Hürde, wenn sie über geringe Fremdsprachenkenntnisse verfügen. (1) Dann kann es sein, dass viele Arbeitnehmer örtlich gebunden sind, weil sie ein Haus gekauft oder gebaut haben, eigene Kinder im Kindergarten oder in der Schule haben, pflegebedürftige Elternteile haben oder sich einfach ihrer Heimat verbunden fühlen und diese nicht gerne mit einem Arbeitsplatz im Ausland tauschen wollen. (2) Des Weiteren kann auch ausschlaggebend sein, dass sich manche die Herausforderungen eines internationalen Arbeitsumfeldes nicht zutrauen. Sie haben ein zu geringes Selbstwertgefühl und nicht genügend Selbstvertrauen, um die geforderte Flexibilität und Mobilität aufzubringen. Zur Entscheidung für ein internationales Arbeitsumfeld gehört immer auch eine Portion Mut und Risikobereitschaft. (3)

3.1 In einem *Intrarollenkonflikt* geraten die Erwartungen verschiedener Bezugspersonen an ein und dieselbe Person in Konflikt. Beim *Interrollenkonflikt* gerät eine Person, die mehreren verschiedenen Bezugsgruppen angehört und an die unterschiedliche Verhaltenserwartungen gestellt werden, in Konflikt.

3.2 Es kann sein, dass bestimmte Frauen die Mutterrolle als ganz wesentlich wahrnehmen und sich voll ihrem Kind widmen wollen. Deshalb verzichten sie für eine bestimmte Zeit auf die Erwerbstätigkeit und wirken darauf hin, dass ausschließlich sie die Elternzeit in Anspruch nehmen. In solchen Situationen könnte es dann sein, dass Männer von ihren Partnerinnen nahezu gedrängt werden, selbst keine Elternzeit zu nehmen. (1) Männer verdienen im Schnitt besser als Frauen. Somit würde die von den Männern genommene Elternzeit deutlich mehr zulasten des Familieneinkommens gehen. Aufgrund dieses finanziellen Ungleichgewichts nehmen im Verhältnis nur wenige Männer Elternzeit. (2) In manchen Milieus gilt es immer noch als unmännlich und „uncool", als Mann bei seinem Kind zu Hause zu bleiben. Solche Männer sind einem sozialen Druck ausgesetzt und entscheiden sich dann wegen eines drohenden Ansehensverlusts gegen eine Elternzeit.

3.3 a) Im Betrieb sind verschiedene Kinderbetreuungsmöglichkeiten zu schaffen. Eine betriebseigene Kinderkrippe und ein Kindergarten sollen eingerichtet werden, damit Frauen während der Arbeitszeit ihre Kinder dort betreuen lassen können.

b) Frauen sollen die gleichen Chancen erhalten, in Führungspositionen zu gelangen wie Männer. Bei frei werdenden Stellen sollen Frauen aufgefordert werden, sich zu bewerben. Auch die Einführung einer Frauenquote könnte hilfreich sein, Frauen mit Familien nicht zu benachteiligen.

c) Frauen und Männer sollen für die gleiche Arbeit auch den gleichen Lohn erhalten.

d) Arbeitszeitregelungen wie Gleitzeit oder ein Arbeitszeitkonto sollen eingeführt werden, um mehr Flexibilität bei der Verbindung von Arbeit und Kinderbetreuung zu gewährleisten.

e) Frauen sollen auch nach längeren Erziehungszeiten die Garantie auf einen Arbeitsplatz im Betrieb erhalten.

4.1 Als *Sozialstaat* bezeichnet man einen Staat, der soziale Gerechtigkeit in allen Bereichen der Gesellschaft anstrebt. Das Sozialstaatsprinzip beruht auf den Prinzipien der Eigenverantwortlichkeit, der Solidarität und der Subsidiarität. Es ist im Grundgesetz in den Artikeln 20 und 28 sowie in der Bayerischen Verfassung im Artikel 3 verankert.

4.2 Der Anteil von Menschen im Versorgungsalter wird enorm zunehmen. Damit kommen auf den Staat enorme Kosten in den Bereichen Rente, Gesundheit und Pflege zu. Mit dem bisherigen System des Generationenausgleichs wird dies nicht zu bewältigen sein. (1) Umgekehrt werden die finanziellen Belastungen durch Abgaben und Steuern für den einzelnen Erwerbstätigen enorm zunehmen. Immer weniger Erwerbsfähige müssen für immer mehr Menschen, die Versorgung brauchen, soziale Leistungen erbringen. Es ist mit einem deutlichen Anstieg der Sozialversicherungsbeiträge und Steuern zu rechnen. (2) Um diese Entwicklung auszugleichen, könnte es sein, dass das Rentenalter erhöht werden muss bzw. dass es zu Rentenkürzungen kommt. (3) Es wäre außerdem denkbar, dass sich der Staat aus bestimmten sozialen Leistungen ganz zurückzieht und die Menschen zu mehr Eigenverantwortung und Selbstvorsorge zwingt. Damit einhergehen könnte dann allerdings auch, dass immer mehr Menschen unter die Armutsgrenze rutschen. (4) Der Anteil an Menschen mit Migrationshintergrund wird infolge der ständigen Zuwanderung von Jahr zu Jahr steigen. Somit werden unter Umständen auch Konflikte zunehmen, was wiederum massive Auswirkungen auf die sozialen Leistungen des Staates in den Bereichen Schule, Justiz und Rehabilitation haben kann. (5)

5 Anita hat durch ihre Tätigkeit bei der Caritas einen geregelten Tagesablauf. Anders als in der Lebensphase der Depression steht sie jeden Morgen zu einer festen Zeit auf und hat einen gut strukturierten Tag. Damit sind die Phasen ohne feste Grundordnung, die sie in der Zeit ihrer Depression erlebt hat, überwunden. (1) In ihrer Arbeit erlebt Anita Wertschätzung und Anerkennung. Die von ihr betreuten Menschen sind froh und dankbar, durch sie Hilfe und Unterstützung zu erhalten. (2) Eine weitere Lebenshilfe findet Anita sicher auch durch die sozialen Kontakte am Arbeitsplatz. Sie freut sich jeden Tag auf ihre Kollegen. Vermutlich wird hier auch viel im Team gearbeitet, was die sozialen Kontakte nochmals verstärkt. Früher saß Anita vereinsamt und alleine vor ihrem Fernseher. (3) Auch der finanzielle Aspekt ist zu berücksichtigen. Während sie früher vom Arbeitslosengeld lebte, hat Anita nun ein eigenes Einkommen und kann finanziell selbstständig ihr Leben gestalten. Finanzielle Selbstständigkeit ist eine große Lebenshilfe. (4)

Abschlussprüfung an Realschulen – 2013
Sozialwesen: Aufgabengruppe A

Junge und Mädchen, Mann und Frau in der Gesellschaft

1 Die Frau in der Gesellschaft – im Spagat zwischen Familie und Beruf

1.1 Verfassen Sie für ein Schülerlexikon eine ausführliche Definition des Begriffs *soziale Rolle*.

[Karikatur aus: IGM-Broschüre: 100 Jahre Internationaler Frauentag 2011 – Heute für morgen Zeichen setzen, S. 7, Bettina Bexte]

1.2 Erläutern Sie den in der Karikatur dargestellten *Interrollenkonflikt*.

1.3 Beschreiben Sie ausführlich an je einem Beispiel die körperliche, seelische und soziale Belastung einer erwerbstätigen Mutter, die sich aus den an sie gestellten unterschiedlichen Rollenerwartungen ergibt.

2 Gleichberechtigung in Partnerschaft und Beruf

2.1 Definieren Sie den Begriff *Partnerschaft*.

2.2 Schildern Sie anhand von drei Beispielen, wie berufstätige Eltern zu einer gelingenden Partnerschaft finden können.

2.3 Begründen Sie an je einem Beispiel, warum es für die persönliche Entwicklung der Jungen und der Mädchen wichtig ist, dass Väter ihre Vorbildfunktion in der Erziehung wahrnehmen.

2.4 Mangelware Mann

> Männliche Erzieher sind die wohl begehrtesten Fachkräfte der Republik. Sie sind so begehrt wie Top-Manager – entlohnt werden sie meist schlechter als deren Fahrer. Das mag ein Grund sein, warum nur 3,5 Prozent des pädagogischen Personals in Kindertagesstätten Männer sind. Immerhin ist das Risiko, arbeitslos zu werden, minimal – und vielleicht wächst langsam ja auch die Wertschätzung für Kleinkindpädagogen.

[nach: Jan Friedmann: Der Y-Faktor, Spiegel Nr. 36 vom 03. 09. 2012, S. 38 f.]

a) Erklären Sie an zwei unterschiedlichen Aspekten, warum Frauen, die ca. 97 Prozent des pädagogischen Personals in Kindertagesstätten stellen, die geringe Entlohnung eher akzeptieren als Männer.

b) Versetzen Sie sich in die Lage eines Erziehers/einer Erzieherin.
Zur Einweihung des Erweiterungsbaus Ihrer Kindertagesstätte kommt die Sozialministerin. Überzeugen Sie die Ministerin mit drei wichtigen Argumenten davon, dass der pädagogische Beruf des Erziehers mehr Wertschätzung und bessere Entlohnung als bisher verdient.
Schreiben Sie Ihre Argumentation nieder.

3 Geschlechtsspezifische Unterschiede und Gemeinsamkeiten

3.1 Definieren Sie den Begriff *Sozialkompetenz*.

3.2 Etliche männliche Jugendliche haben nur unterdurchschnittliche Schulabschlüsse und finden dann keinen passenden Job, was sie nicht selten ratlos und deshalb aggressiv macht. Ein soziales Kompetenztraining kann männlichen Jugendlichen helfen, Konflikte gewaltfrei zu lösen.
Stellen Sie fünf Aspekte vor, die in einem solchen Training angewendet werden können, und erklären Sie diese.

3.3 Bei der Umfrage für die Sinus-Studie 2012 zeigt sich Folgendes: Bei aller Verschiedenheit schätzen fast alle jungen Leute die traditionelle Institution Familie.
Erklären Sie an vier unterschiedlichen Aspekten, warum die Familie ihre Funktion als Leitbild bei den Jugendlichen beibehalten hat.

Lösungsvorschlag

I. Schwerpunktthema Aufgabengruppe A

1.1 Als **soziale Rolle** bezeichnet man die Verhaltenserwartungen einer sozialen Gruppe gegenüber dem Inhaber einer sozialen Rolle. Der Zweck der in einer sozialen Rolle beschriebenen Summe von Verhaltenserwartungen besteht darin, die Funktionsfähigkeit von Gruppen oder die der ganzen Gesellschaft zu erhalten. Man unterscheidet formelle und informelle Rollen. **Formelle Rollen** sind in der Gesellschaft klar festgelegt und mit eindeutigen Erwartungshaltungen beschrieben. Formelle Rollen sind z. B. die eines Bürgermeisters oder Lehrers. **Informelle Rollen** lassen ein breiteres Spektrum an Verhaltensweisen zu und sind nicht so klar festgelegt. Informelle Rollen sind z. B. die eines Freundes oder Partners.

1.2 Die Karikatur stellt einen **Interrollenkonflikt** dar. Die Frau hat verschiedene Rollen. Die Erwartungen, die an diese gestellt werden, überschneiden sich zum Teil oder können sich sogar widersprechen. Einmal ist die Frau Mutter, muss sich um das kleine Kind kümmern, es füttern und betreuen. Gleichzeitig ist sie auch Hausfrau. In der Karikatur ist das ironisch dargestellt. Die Frau steht auf einem Bein, mit dem anderen hält sie einen Kochlöffel mit dem Fuß fest. Dies bringt bereits den Stress zum Ausdruck, dem sie mit der Rollenvielfalt ausgesetzt ist. Zum Haushalt gehört außer Kochen auch Einkaufen, Waschen und Putzen. Eine dritte Rolle der Frau ist ihre berufliche Tätigkeit. Sie betreibt von zu Hause aus ein Service Center und ist mit Laptop und Headset bei der Arbeit. Sie muss also als berufstätige Frau gleichzeitig auch den Erwartungen ihres Arbeitgebers und ihrer Kunden gerecht werden.

1.3 **Körperliche Belastung**

Um allen Rollenerwartungen zu entsprechen, muss die erwerbstätige Mutter den ganzen Tag arbeiten – tagsüber ist sie berufstätig und abends muss sie sich um ihr Kind kümmern. Erst wenn das Kind schläft, kann sie vielleicht einige Aufgaben im Haushalt oder auch für den Beruf erledigen, wozu sie ihre volle Konzentration benötigt. Sie muss abends lange arbeiten und hat vielleicht sogar zu wenig Zeit zum Schlafen. Dies führt zu Schlafmangel, was wiederum zu Erschöpfungszuständen beiträgt. Folgen können z. B. Kopfschmerzen oder Abgespanntheit sein. Langfristig besteht auch die Gefahr von Kreislauferkrankungen.

Seelische Belastung

Als psychische Belastung kann auftreten, dass sich die Frau starke Vorwürfe macht, weil sie sich nicht genügend um das Kind kümmern kann. Sie hat nicht genügend Zeit und muss das Kind vielleicht schon sehr früh in eine Kinderkrippe oder einen Kindergarten mit Ganztagsbetreuung geben. Die daraus entstehenden Schuldgefühle können zu Unzufriedenheit und auch aggressiver Stimmung beitragen.

Soziale Belastung

Durch die Rollenvielfalt kann es passieren, dass die erwerbstätige Mutter ihre Freundschaften zu wenig pflegen kann. Freundschaften können deshalb zerbrechen, weil sich die Freunde vernachlässigt fühlen. Dies kann aber auch für einen Partner zutreffen, wenn die Frau einfach nicht genügend Zeit aufbringen kann, etwas mit ihm gemeinsam zu unternehmen. Insgesamt werden die zwischenmenschlichen Konflikte deutlich zunehmen und die sozialen Spannungen werden sich erhöhen.

2.1 Als **Partnerschaft** bezeichnet man eine Beziehungsform, bei der beide Partner gleiche Rechte haben, gemeinsam Pflichten und Verantwortung übernehmen und auf der Grundlage von Selbstbestimmung, Vertrauen und gegenseitiger Achtung ihr Leben gemeinsam gestalten.

2.2 a) Wenn beide Eltern berufstätig sind, dann ist es ganz wichtig, dass sie sich für die Erledigung der häuslichen Pflichten Unterstützung organisieren, damit sie noch Zeit haben, ihre Partnerschaft zu pflegen. Solche Unterstützungen können z. B. eine Reinigungsfrau sein, die einmal in der Woche zum Hausputz kommt, oder auch ein Babysitter, der abends auf die Kinder aufpasst, sodass die Eltern auch einmal zusammen ausgehen können.

b) Hilfreich kann es auch sein, wenn die berufstätigen Eltern flexible Arbeitszeiten haben oder es vielleicht sogar möglich ist, dass sie beide Teilzeit arbeiten. Dann hätten sie mehr Zeit, um sich um Erziehung und Partnerschaft zu kümmern.

c) Eine weitere Möglichkeit wäre es, die Aufgaben im Haushalt genau zu verteilen, um sich somit auch gegenseitig zu entlasten. Jeder der beiden weiß dann genau, was in seiner Verantwortung liegt. Damit kann Zeit bleiben für partnerschaftliche Interessen.

2.3 **Jungen** profitieren von einem positiven männlichen Vorbild z. B. dadurch, dass sie einen angemessenen Umgang von Männern mit Frauen lernen können. Lebt der Vater eine gleichberechtigte Partnerschaft mit der Mutter, indem er verantwortlich und liebevoll mit ihr umgeht, und werden Konflikte fair bzw. konstruktiv gelöst, dann kann der Sohn sehr profitieren, weil er anhand des vorbildlichen Vaters beobachten kann, welche Voraussetzungen für eine gute Partnerschaft wichtig sind.

Mädchen brauchen für ihre Entwicklung männliche Rollenvorbilder. Eine Tochter kann z. B. von einem handwerklich geschickten Vater lernen, wie man sich um das Haus und den Garten kümmert. Der Vater kann ihr zeigen, wie man beim Auto die Reifen wechselt, Öl nachfüllt und den Reifendruck prüft. Bei Renovierungsarbeiten kann ein Mädchen über das Rollenverhalten lernen, wie man Räume streicht. Somit kann ein Mädchen in den tradiert männlichen Rollenbereichen von einem positiven Vater-Vorbild sehr profitieren.

2.4.1 a) Verheiratete Frauen betrachten sich oft nicht als die Hauptverdiener. Vor allem dann, wenn sie Kinder haben, gehen sie eher davon aus, dass der Mann hauptsächlich für das Familieneinkommen verantwortlich ist und sie nur einen Teil dazuverdienen.

b) Frauen, die in sozialen Berufen arbeiten, stellen oft die Tätigkeit über das Einkommen. Es geht vielen nicht so sehr darum, viel zu verdienen, sondern einen Beruf auszuüben, der Sinn macht und Erfüllung gibt. Deshalb arbeiten viele Frauen in sozialen Berufen wie Kindertagesstätten, Krankenhäusern oder Pflegeeinrichtungen.

2.4.2 a) Erzieher zu werden, erfordert eine lange Berufsausbildung. Zunächst muss man als Schulabschluss die Mittlere Reife nachweisen. Dann braucht man zwei ganze Jahre Vorpraktikum in zwei verschiedenen Einrichtungen. Daran schließt sich eine zweijährige Schulzeit an einer Fachakademie an. Abschließend muss man nochmals ein ganzes Jahr ein Berufsanerkennungsjahr ableisten. Die Ausbildung dauert also insgesamt fünf Jahre und ist damit länger als ein Studium an einer Fachhochschule, an der man z. B. Sozialpädagogik studieren kann. Deshalb sollte auch die Bezahlung deutlich angehoben werden.

b) Erzieher leisten eine sehr wertvolle Arbeit. Sie unterstützen Kinder in ihrer Entwicklung, fördern deren musisches, soziales und kreatives Potenzial. Sie bereiten in der Vorschulerziehung Kinder auf die Schule vor. Zur Aufgabe von Erziehern gehört auch, Kinder mit Defiziten in ihrer Entwicklung zu unterstützen. Eine gute Kindergartenzeit wird heute von vielen Experten als wichtigste Vorbereitung auf das weitere Leben betrachtet.

c) Aufgrund der Bemühungen um Inklusion gibt es in Kindergärten auch behinderte Kinder oder Kinder mit hoher sozialer Auffälligkeit. Dies verlangt von Erziehern einen hohen Einsatz. Sie müssen immer wieder versuchen, diese Kinder mit einzubeziehen und ihnen besondere Zuwendung geben. Damit tragen Erzieher dazu bei, dass in unserer Gesellschaft Menschen mit und ohne Behinderung Verständnis füreinander haben und voneinander lernen können. Diese Leistung von Erziehern würde auch einen angemessenen Verdienst rechtfertigen.

3.1 Unter **Sozialkompetenz** versteht man die Fähigkeit einer Person, zwischen dem eigenen Ich und den verschiedenen Ansprüchen anderer Personen ein Gleichgewicht herzustellen. Um dies zu erreichen, ist es bedeutsam, sozialen Anforderungen zu genügen und mit anderen Menschen zu kommunizieren, aber auch die eigenen Bedürfnisse zu kennen und wenn nötig durchzusetzen.

3.2 a) **Kompromissbereitschaft:** Man muss in der Lage sein, sich in Konfliktsituationen zu einigen, auf den anderen zugehen zu können und nach einer Lösung zu suchen, bei der jeder auch etwas von seiner ursprünglichen Forderung abrückt.

b) **Ich-Botschaften:** Im Sinne einer gewaltfreien Kommunikation ist es wichtig, dass man über sich selbst sprechen kann und erläutern kann, wie es einem geht. Man ist damit in der Lage, seine eigenen Gefühle und Bedürfnisse wahrzunehmen und mitzuteilen.

c) **Aktives Zuhören:** Für gewaltfreie Konfliktlösung ist das Zuhören eine entscheidende Voraussetzung. Man muss in der Lage sein, dem Gesprächspartner mitzuteilen, welche seiner Aussagen man verstanden hat.

d) **Empathie:** Man muss dem anderen zeigen können, dass man sich in ihn einfühlen kann und dass man ihm mit Wertschätzung gegenübersteht.

e) **Toleranz:** Man muss in der Lage sein, andere Meinungen zu dulden, auch wenn sie nicht identisch mit der eigenen sind. Für ein gewaltloses Miteinander ist es im modernen Leben unverzichtbar, dass man verschiedene Anschauungen zulassen kann.

3.3 a) In einer Welt, in der es immer mehr Vereinzelung und Mobilität gibt, ist für viele Jugendliche die Familie ein Hort der Sicherheit. Hier ist es möglich, sich aufeinander zu verlassen und in schwierigen Situationen auch Unterstützung zu erhalten.

b) Nach wie vor ist die Familie ein sicherer Rahmen für eigene Kinder. Jugendliche mit einer grundsätzlich positiven Einstellung zu Kindern im eigenen Leben werden Familien als geeigneten Rahmen hierfür schätzen.

c) Familien geben auch emotionale Geborgenheit. Man redet miteinander und interessiert sich für den anderen, man kann miteinander auch einmal lustig sein und sich wohlfühlen. Gerade Jugendliche, die in Ein-Eltern-Familien aufgewachsen sind, werden emotionale Geborgenheit in vollständigen Familien suchen.

d) Für Jugendliche sind die berufliche Zukunft und die eigene wirtschaftliche Lage oft unsicher. Familien können da auch ein wichtiger Anker sein für eine finanzielle Versorgung. Ehepaare teilen ihre Einkünfte und man muss dann nicht fürchten, in eine wirtschaftliche Notlage zu kommen, weil man sich aufeinander verlassen kann.

Abschlussprüfung an Realschulen – 2013
Sozialwesen: Aufgabengruppe B

Deutschland ist bunt

1 Deutschland – ein buntes Einwanderungsland

1.1 Legen Sie dar, was man unter *Migration* versteht.

1.2 Rede des Bundespräsidenten

> Anlässlich des 20. Jahrestags der fremdenfeindlichen Übergriffe im Stadtteil Rostock-Lichtenhagen äußerte sich Bundespräsident Gauck in seiner Rede am 26. August 2012 wie folgt: *„Wo Menschen aus unterschiedlichen Kulturkreisen zusammenleben, bringt das Herausforderungen und nicht selten auch Konflikte. […] Konflikte sind jedoch in gegenseitigem Respekt zu debattieren und zu lösen. Und zur Lösung gehört, sich darüber klar zu werden, dass unser Land inzwischen ein Einwanderungsland geworden ist."*

[Quelle: www.bundespraesident.de]

Erläutern Sie an zwei konkreten Beispielen, was Sie als junger Mensch dazu beitragen können, damit ein harmonisches, auf Integration angelegtes Zusammenleben von Menschen unterschiedlicher Herkunft und Kultur in unserem Land auf Dauer gelingt. Beziehen Sie die Rede des Bundespräsidenten in Ihre Argumentation mit ein.

1.3 Während die Zahl der Rentenempfänger in den nächsten Jahrzehnten steigen wird, sinkt gleichzeitig der Anteil der Erwerbstätigen in unserer Gesellschaft.
Belegen Sie anhand von zwei Beispielen, weshalb Einwanderung bezüglich dieser demografischen Entwicklung in der Bundesrepublik Deutschland notwendig ist.

2 Unsere Schulen sind bunt

2.1 Erklären Sie ausführlich den Begriff *Vorurteile*.

2.2 Ihre Schule hat die Auszeichnung „Schule ohne Rassismus – Schule mit Courage" erhalten. Die Sozialwesen-Klasse wird beauftragt, für das nächste Schulfest einen „Tag der Kulturen" zu planen.
Entwerfen Sie ein Programm mit fünf Aktionen, die dazu beitragen, Vorurteile gegenüber Migranten abzubauen. Begründen Sie ausführlich, warum gerade das von Ihnen entworfene Programm besonders dazu geeignet ist, Vorurteile abzubauen.

2.3 Bei der selbstständigen Planung des „Tags der Kulturen" (siehe Aufgabe 2.2) treten innerhalb Ihrer Gruppe Konflikte auf.
Zeigen Sie anhand von drei Beispielen auf, welche Konflikte auftreten können und wie diese innerhalb der Gruppe eigenständig gelöst werden können.

2.4 Nennen Sie drei Kompetenzen, die Sie durch die Mitarbeit in einem derartigen Projekt erwerben können.

3 Unsere Familien sind bunt

Fallbeispiel

> Die 60-jährige Frau Brandl erzählt:
> *„Mein Leben war nicht immer einfach. Mein erster Mann verließ mich, als mein Sohn sechs Jahre alt war. Damals dachte ich, die Welt bricht zusammen. Von einem Tag auf den anderen war ich eine alleinerziehende, berufstätige Mutter mit vielen Problemen. Bei einem Elternabend der Grundschule lernte ich meinen jetzigen Mann kennen, der nach dem Tod seiner Frau alleine für seine zehnjährige Tochter verantwortlich war. Nach einer kurzen Verlobungszeit heirateten wir. Bald darauf kamen dann unsere Zwillinge Thomas und Florian zur Welt. Manchmal ging es ganz schön turbulent bei uns zu und es gab viele Konflikte. Aber trotz der vielen Herausforderungen, die wir zu bestehen hatten, stellte unsere Patchworkfamilie für uns alle eine Chance dar."*

3.1 Belegen Sie anhand von drei Beispielen, dass Patchworkfamilien besonderen Belastungen ausgesetzt sein können.

3.2 Machen Sie an zwei Beispielen deutlich, dass das Leben in einer Patchworkfamilie für die Kinder der Familie Brandl auch eine große Chance bedeutet.

4 Deutschlands bunte Seniorenheime

4.1 Entwerfen Sie für Wikipedia einen ausführlichen Text, der den Begriff *Altenarbeit* erklärt.

4.2

> 21.500 Augsburger haben laut dem Amt für Statistik und Stadtforschung türkische Wurzeln, davon sind 1.800 Personen 65 Jahre und älter (Stand 2011). Zehn Jahre zuvor lag diese Zahl noch bei gut 500 Personen. Auch wenn immer noch viele von ihnen mit dem Ruhestand in ihre alte Heimat zurückkehren, wächst die Zahl derer, die bleiben. Deshalb hat die Arbeiterwohlfahrt das „Interkulturelle Netz Altenhilfe" (ina) ins Leben gerufen. Seit einem Jahr berät es Türken und deutsche Fachkräfte.

[nach dem Artikel „Für Türken sind Altersheime noch ein Tabu" in der Augsburger Allgemeinen vom 18. 02. 2012]

Senioren mit türkischen Wurzeln stellen die Altenarbeit in deutschen Städten heute vor besondere Herausforderungen.
Beschreiben Sie drei mögliche Probleme, die auftreten können, und schlagen Sie für jedes Problem eine Lösung vor.

4.3 Menschen mit Migrationshintergrund, die in sozialen Berufen arbeiten, können anderen Menschen mit ähnlicher Biografie die Integration erleichtern.
Belegen Sie diese Aussage mit zwei Beispielen, jedoch nicht aus der Altenarbeit.

Lösungsvorschlag

II. Schwerpunktthema Aufgabengruppe B

1.1 Unter Migration versteht man Wanderungsbewegungen von Menschengruppen, die aus sozialen, politischen, religiösen oder auch wirtschaftlichen Gründen ihre Heimat verlassen und sich in einem anderen Land niederlassen wollen. Aktuell gibt es große Migrationsströme aus Afrika und den arabischen Staaten nach Europa.

1.2 Ich kann mich bemühen, in meinem Lebensumfeld mit Menschen anderer Herkunft und Kultur tolerant und respektvoll umzugehen. Das kann sich z. B. daran zeigen, dass ich andere Ernährungs- oder Kleidungsgewohnheiten nicht abwerte, sondern als gleichberechtigt anerkenne und zulasse. Wichtig wäre hier eine Haltung der Offenheit, die sich auf andere Sitten und Bräuche einlassen kann und diesen nicht mit Vorurteilen begegnet.
Konflikte entstehen auch dann, wenn sich Menschen nicht gut verständigen können, weil sie sprachliche Probleme haben. Als junger Mensch kann ich zum Beispiel Jugendlichen aus anderen Ländern, die in meiner Umgebung leben, anbieten, sie beim Erlernen der deutschen Sprache zu unterstützen.

1.3 Es gibt heute schon einen großen Personalmangel in pflegerischen Berufen. Ob in Krankenhäusern oder Altenheimen – immer mehr Menschen aus anderen Ländern, meistens aus Osteuropa, übernehmen dort wichtige Dienstleistungen. Angesichts der demografischen Entwicklung in unserem Land wird der Anteil von Menschen, die immer älter und pflegebedürftig werden, zunehmen. Einwanderung kann hier sehr hilfreich sein, um freie Stellen besetzen zu können. Personalmangel gibt es nicht nur im pflegerischen Bereich, sondern auch in vielen anderen Berufen. Man bezeichnet dieses Phänomen als Fachkräftemangel.
Unser Sozialsystem wird zum größten Teil über Abgaben finanziert, die Erwerbstätigen von ihrem Lohn abgezogen werden. Einwanderer, die einer Erwerbstätigkeit nachgehen, unterstützen und stabilisieren mit ihren Abgaben z. B. für Kranken-, Renten- oder Arbeitslosenversicherungen auch das Sozialsystem in unserem Land. Durch den Erhalt der Finanzierbarkeit unseres Sozialsystems wird eine wichtige Seite des Generationenvertrags garantiert.

2.1 Unter **Vorurteilen** versteht man voreilige und verallgemeinernde, meist klischeehafte positive und negative Bewertungen, die sehr stabil sind und trotz sachlicher Information unverändert bleiben. Vorurteile richten sich häufig gegen Minderheiten und Andersartige, die dann die Rolle von „Sündenböcken“ erfüllen müssen. Vorurteile können zur Meidung, Diskriminierung, Bekämpfung und in Extremfällen zur Vernichtung dieser Gruppe führen. Vorurteile sind also relativ starre, meist von Dritten ohne objektive Prüfung übernommene positive oder negative Meinungen über andere Menschen oder Gruppen, z. B. gegenüber Ausländern, Juden oder Frauen.

2.2 Folgende Aktionen könnten dazu beitragen, Vorurteile gegenüber Migranten abzubauen:

a) Die Klasse könnte eine Ausstellung auf Stellwänden vorbereiten, in der die Länder vorgestellt werden, aus denen Schüler der Schule kommen. Sie könnten darauf erklären, warum sie ihre Heimat verlassen.

b) Es könnten Migranten eingeladen werden, die am Schulort wohnen und dann etwas über sich, ihre Herkunft und die Gründe ihrer Migration erzählen.

c) Es könnte Musik aus Herkunftsländern von Migranten gespielt werden. Vielleicht ist es möglich, eine Band einzuladen, die afrikanische Trommelmusik macht. Schüler könnten dabei die Gelegenheit haben, mitzutrommeln.

d) Es könnte ein Verband oder ein Verein eingeladen werden, der sich für Migranten engagiert, z. B. „Pro Asyl" oder „Amnesty International". Ein Vertreter dieses Verbandes könnte die Schüler über Ziele und Arbeitsweisen informieren.

e) Es könnten Speisen aus Migrations-Ländern gekocht und zum Probieren angeboten werden. Vielleicht finden sich auch Migranten, die etwas Typisches aus ihrem Herkunftsland in der Schule kochen würden.

Für den Abbau von Vorurteilen ist es wichtig, dass es objektive Informationen über die Zusammenhänge gibt. Wenn man weiß, dass Migranten z. B. auch deshalb flüchten müssen, weil sie wegen ihrer anderen Meinung oder Religion verfolgt, gefoltert oder eingesperrt würden, dann kann das zu einer sachlichen, verständnisvollen und vorurteilsfreien Sichtweise und Bewertung führen. Vorurteile beruhen ja meistens auf falschen Annahmen und Informationen. Aber auch der Umgang mit der Andersartigkeit ist wichtig, um Vorurteile abzubauen. Wenn man erfahren kann, dass andere Musik auch schön sein kann oder die Speisen von Menschen anderer Länder auch schmecken, dann verliert die Andersartigkeit schnell das Bedrohliche. Vorurteile werden somit abgebaut.

2.3 a) Es kann innerhalb der Gruppe zu Konflikten darüber kommen, wer etwas zu sagen hat und wer welche Aufgaben übernimmt. Hier kann es hilfreich sein, wenn die Gruppenmitglieder klare Rollen benennen und auch vergeben.

b) Ein anderer Konflikt kann sich aufgrund einer mangelhaften Gesprächsführung ergeben. Alle reden durcheinander und keiner wartet, bis er das Wort hat. Die Gruppenmitglieder können nicht beim Thema bleiben und schweifen ab, Diskussionen dauern so endlos lang. Die Gruppe könnte einen solchen Konflikt lösen, indem sie klare Gesprächsregeln aufstellt. Dazu könnte z. B. gehören, dass man sich gegenseitig ausreden lässt, dass jemand die Reihenfolge von Wortmeldungen regelt und darauf achtet, dass die einzelnen Gruppenmitglieder beim Thema bleiben.

c) Es könnte sein, dass Konflikte deshalb entstehen, weil einzelne Gruppenmitglieder ihre Arbeitsaufträge nicht zuverlässig erledigen oder auch keine Aufgaben übernehmen. Das kann zu Streit in der Gruppe führen. Hier wäre es zur Konfliktlösung hilfreich, wenn Arbeitsaufträge klar vergeben und auf einem Plakat festgehalten werden. Die Betroffenen müssen klar sagen können, ob sie den Auftrag erfüllen können oder ob ihnen das zu viel ist.

2.4 Die Mitarbeit in einem solchen Projekt kann zum Erwerb folgender Kompetenzen beitragen: Teamfähigkeit, Kommunikationsfähigkeit und Organisationsfähigkeit.

3.1 a) In Patchworkfamilien leben Kinder verschiedener Partner zusammen. Es kann sein, dass – wie im Fallbeispiel – eigene Kinder der neuen Partner hinzukommen. Das kann dazu führen, dass sich die Kinder untereinander nicht gut verstehen, eifersüchtig aufeinander sind oder wegen ihrer unterschiedlichen Herkunft einfach sehr verschieden sind. Auch die unter Umständen großen Altersunterschiede zwischen den Kindern können zu einer besonderen Belastung werden.

b) Ein anderes Problem kann dadurch entstehen, dass die Kinder des einen Elternteils den neuen Partner ablehnen und meiden. Dadurch kann es zu Streit zwischen den Partnern oder zwischen den entsprechenden Kindern kommen.

c) Aber auch der Einfluss der früheren Partner auf die Kinder kann zu einer Belastung führen. Streitigkeiten zwischen den ehemaligen Partnern können über die Kinder ausgetragen werden. Man redet dann schlecht über den neuen Partner oder hetzt die Kinder gegen ihn auf.

3.2 a) Die vier Kinder der Familie Brandl wachsen mit Geschwistern auf. Sie nehmen gegenseitig aufeinander Rücksicht, die älteren kümmern sich um die kleinen Geschwister und sie lernen, auch einmal auf eigene Interessen zu verzichten und Kompromisse einzugehen oder Konflikte zu lösen. Somit haben sie viele Möglichkeiten, soziale Kompetenzen zu erwerben.

b) Da die Kinder der Familie geschlechtsverschieden sind, können sie lernen, mit andersgeschlechtlichen Kindern und Jugendlichen frei und problemlos umzugehen. Die Jungen erleben Mädchen im Alltag und auch umgekehrt. Das kann einen natürlichen Umgang untereinander fördern und manche Konflikte zwischen Mädchen und Jungen bzw. Frauen und Männern bereits frühzeitig vermeiden.

4.1 Als **Altenarbeit** bezeichnet man alle Dienste und Pflegemaßnahmen einer planvoll organisierten Altenhilfe zum Wohle alter Menschen. Dabei unterscheidet man die offene von der stationären Altenarbeit. Zur **offenen Altenarbeit** zählen alle Hilfen und Maßnahmen, die es alten Menschen ermöglicht, ihr Leben selbstständig und eigenverantwortlich in ihrer gewohnten Umgebung zu führen und am gesellschaftlichen Leben teilzunehmen. Beispiele hierfür sind Mahlzeitendienste oder Hausbesuche. Die Einrichtungen der **stationären Altenarbeit** sorgen bei fehlender familiärer Betreuungsmöglichkeit oder bei altersbedingten Krankheiten oder Behinderungen für die Versorgung, Betreuung und Pflege der älteren Menschen. Einrichtungen der stationären Altenarbeit sind z. B. Altenwohnheime oder Altenpflegeheime, in denen ältere Menschen für eine bestimmte Zeit oder auf Dauer leben können.

4.2 a) Ein Problem könnte dadurch entstehen, dass Senioren mit türkischen Wurzeln aufgrund ihres Herkunftslandes und auch ihrer religiösen Zugehörigkeit zum Islam ganz andere Ernährungsgewohnheiten haben, als diese in Bayern üblich sind. So ist es strenggläubigen Muslims nicht erlaubt, Schweinefleisch zu essen.
Hier könnte es hilfreich sein, wenn auf dem Speiseplan auch bewusst türkische Speisen zur Wahl angeboten werden würden, sodass es möglich wäre, sich auch nach türkischer Art zu ernähren, gleich ob man in einem Altenheim wohnt oder ob man das Essen über einen mobilen Dienst nach Hause geliefert bekommt.

b) Bei der Pflege von alten Menschen türkischer Herkunft könnten Probleme entstehen, wenn Frauen von Männern oder umgekehrt Männer von Frauen versorgt und gewaschen werden würden. Nach ihrer Tradition wäre das nicht akzeptabel und auch beschämend.
In solchen möglichen Fällen wäre es eine Lösung, bewusst gleichgeschlechtliches Pflege- und Betreuungspersonal einzusetzen, um diese Bedürfnisse und Sitten zu respektieren und dem seelischen Wohlergehen solcher Senioren zu entsprechen.

c) Alte Menschen türkischer Herkunft wissen unter Umständen gar nicht, welche Möglichkeit der Unterstützung es auch für sie gibt und was sie beanspruchen können.
Hier wäre es hilfreich, sie über vorhandene Möglichkeiten zu informieren und ihnen Beratung anzubieten. Am besten wäre das in Zusammenarbeit mit türkischen Hilfsdiensten oder Netzwerken, um möglicherweise vorhandene Sprachprobleme zu umgehen.

4.3 a) In Kindergärten oder Kindertagesstätten könnten Erzieherinnen und Erzieher mit entsprechendem Migrationshintergrund sehr hilfreich sein, um Kindern mit fehlenden deutschen Sprachkenntnissen die Integration zu erleichtern. Gerade Kleinkinder, die mit ihren Eltern als Migranten nach Deutschland kommen, verfügen meistens nicht über deutsche Sprachkenntnisse. Sie können sich nur schwer verständigen und sind dann sehr isoliert. Erzieher gleicher Herkunft könnten ihnen bei Sprachschwierigkeiten besser helfen und ihren kulturellen Hintergrund besser verstehen.

b) In der Jugendberatung haben Beraterinnen und Berater mit entsprechendem Migrationshintergrund oft einen besseren Zugang zu ratsuchenden Jugendlichen. Jugendliche mit Sucht- oder Gewaltproblemen oder auch mit Schwierigkeiten in der Schule oder bei der Suche nach Ausbildungs- und Arbeitsplätzen fühlen sich von Beratern gleicher Herkunft besser verstanden, weil das gemeinsame Herkunftsland die Identität stärkt und somit auch das Selbstwertgefühl. Dies ist oft sehr wichtig für gute Lösungswege im Sinne einer gelingenden Integration.

Abschlussprüfung an Realschulen – 2014
Sozialwesen: Aufgabengruppe A

Der Sozialstaat

1 Grundbegriffe

1.1 Erläutern Sie, was man unter einem *Sozialstaat* versteht, und erklären Sie in dem Zusammenhang den Begriff *soziales Netz*.

1.2 Erklären Sie den Begriff *Sozialhilfe* und benennen Sie vier Leistungen, die auf der Grundlage des Bundessozialhilfegesetzes gewährt werden.

1.3 Die Leistungen der Rentenversicherung sind an Vorleistungen der erwerbstätigen Versicherten gebunden.
Erklären Sie mithilfe des *Generationenvertrags*, in welchen Fällen ein Arbeitnehmer Ansprüche an die Solidargemeinschaft der Versicherten hat.

2 Die Grundprinzipien des Sozialstaats

Fallbeispiel: Altenpflegeheim

> Frau König (84), die keine Angehörigen hat, erlitt nach einem Schlaganfall dauerhafte Lähmungen, so dass sie ihre kleine Mietwohnung aufgeben musste und nun in einem Pflegeheim lebt. Der Medizinische Dienst der Krankenkasse (MDK) bewilligte für sie die Pflegestufe II. Die Kosten für Unterkunft, Betreuung und Pflege im Altenpflegeheim betragen monatlich rund 3.300 Euro, an den Kosten beteiligt sich die Pflegekasse (Pflegeversicherung) monatlich mit rund 1.280 Euro. Die Restkosten können durch die Renteneinkünfte der Frau in Höhe von rund 800 Euro bei Weitem nicht abgedeckt werden. Über weitere Vermögenswerte und nennenswerte Ersparnisse verfügt Frau König nicht.

2.1 Erklären Sie die drei *Grundprinzipien des Sozialstaats* und zeigen Sie deren Wirksamkeit ganz konkret am Beispiel von Frau König auf.

2.2 Menschen im Alter von Frau König wohnen oftmals noch alleine in ihrer gewohnten Umgebung und müssen unterschiedliche Herausforderungen dieser Lebensweise meistern. Beschreiben Sie drei typische Problemfelder allein lebender älterer Menschen und zeigen Sie auf, wie Wohlfahrtsverbände dabei unterstützend tätig sein können.

3 Familien im Blickpunkt des Sozialstaates

3.1 Erklären Sie den Begriff *Sozialverwaltung*.

3.2 Fallbeispiel: Familienberatung

Das junge Ehepaar Lisa (27) und Bernd Bader (34) erwartet im August 2014 das erste Kind. Lisa arbeitet als Erzieherin, ihr Nettogehalt beträgt etwa 1.500 Euro im Monat. Ihr Mann Bernd verdient als Angestellter einer Firma rund 3.200 Euro netto monatlich. Das Ehepaar hat beschlossen, Lisa solle zunächst beim Kind zu Hause bleiben und es selbst betreuen und erziehen. Dass der Staat Familien finanziell unterstützt, wissen die Eheleute Bader, doch die genauen Regelungen kennen sie nicht. Deshalb suchen sie die Familienberatungsstelle ihrer Gemeinde auf.

Im Rahmen Ihrer Ausbildung an der Familienberatungsstelle dürfen Sie unter Anleitung ein Beratungsgespräch führen, in dem Sie das Ehepaar Bader zum Bezug von Elterngeld und Betreuungsgeld beraten. Entsprechendes Informationsmaterial steht Ihnen mit den Schaubildern M 1 und M 2 zur Verfügung.

3.2.1 Seit dem Jahr 2007 können Familien neben dem ihnen gesetzlich zustehenden Kindergeld auch *Elterngeld* beantragen.
Informieren Sie die Familie Bader ausführlich über die für sie in Frage kommenden Möglichkeiten, die das Elterngeld bietet (siehe Schaubild M 1).

Das Elterngeld
Regelung ab Januar 2007

- zusätzlich zum Kindergeld
- 67 % des Nettogehaltes des Elternteils, der nach der Geburt des Kindes zu Hause bleibt; max. 12 Monate
- mindestens 300 Euro pro Monat, maximal 1800 Euro pro Monat
- Teilzeit-Beschäftigung unter 30 Stunden wöchentlich möglich
- zusätzliche Unterstützung für Geringverdiener mit unter 1000 Euro im Monat
- Geschwisterbonus von je 10 % des Elterngeldes (mind. 75 Euro) für Haushalte mit mind. 2 Kindern unter 3 Jahren oder 3 und mehr Kindern unter 6 Jahren

Beispiele:

Nettogehalt	0	300	448	900	1 500	2 200	2 687	3 200
Elterngeld	300	300	300	603	1 005	1 474	1 800	1 800

- Wenn auch der zweite Elternteil mindestens zwei Monate zu Hause bleibt, verlängert sich das Elterngeld um zwei auf 14 Monate
- Allein Erziehende haben ebenfalls Anspruch auf 14 Monate

Schaubild M 1, Quelle: http://www.faz.net/aktuell/politik/inland/familienpolitik-bundestag-macht-weg-fuer-elterngeld-frei-1355150.html

3.2.2 Familie Bader hat zukünftig Anspruch auf Betreuungsgeld. Erklären Sie der Familie ausführlich und verständlich die gesetzlichen Regelungen (siehe Schaubild M 2).

Schaubild M 2, Quelle: www.afp.com/de/profis/dienstleistungen/infografik

3.3 Lisa Baders Freundin, Sandra Baumer (26), bringt ihren zweijährigen Sohn Paul jeden Tag in die nahe gelegene Kindertagesstätte „Sonnenschein", obwohl sie Betreuungsgeld (M 2) beantragen könnte.

a) Erörtern Sie beispielhaft zwei mögliche Gründe für diese Entscheidung.

b) Erklären Sie im Zusammenhang mit Frau Baumers Entscheidung an einem konkreten Beispiel, inwiefern sich Frau Baumer dabei in einem *Interrollenkonflikt* beziehungsweise in einem *Intrarollenkonflikt* befunden hat. Definieren Sie dazu die beiden Fachbegriffe.

3.4 Bei der Familienberatungsstelle entdeckt Familie Bader eine Broschüre zum Thema: *„Erziehung des Kindes zu einer starken Persönlichkeit – Legen Sie den Grundstein in der Primärsozialisation."*

a) Erklären Sie kurz, was man unter *Primärsozialisation* versteht.

b) Formulieren Sie vier grundlegende Erziehungsinhalte, wie Eltern ihre Kinder zu einer starken Persönlichkeit erziehen können, und geben Sie jeweils ein Beispiel aus dem Alltag dazu an.

4 Hartz IV – Herausforderung für die Jugend

Fallbeispiel: Hartz IV

> Julia Huber arbeitet seit vielen Jahren bei einer Zeitarbeitsfirma. Je nach Beschäftigung verdient sie dort nur sehr unregelmäßig und muss daher finanzielle Unterstützung vom Jobcenter beantragen. Sie hat ihrem Sohn Paul, inzwischen 16 Jahre alt, lange verschwiegen, dass ihre derzeitige Existenz über Hartz IV gesichert wird. *„Ich wollte einfach nicht, dass er sich wegen unserer materiellen Armut benachteiligt fühlt und von Freunden oder Schulkameraden sozial ausgegrenzt wird, vielleicht sogar den Verlust von Beziehungen hinnehmen muss"*, erzählt sie.

nach: „Erfahrungsbericht einer Alleinerziehenden: Leben mit Hartz IV"
www.diakonie.de/erfahrungsbericht-einer-alleinerziehenden-leben-mit-hartz-iv-11544.html (17. 12. 2013)

4.1 Jede informelle Jugendclique hat ihre eigenen Statussymbole.
Erläutern Sie an je zwei Beispielen, wie Statussymbole tatsächlich zu einer sozialen Ausgrenzung bei Paul führen könnten.

4.2 Paul musste als Kind und als Jugendlicher schon oft die Erfahrung machen, dass man nicht alles bekommt, was man sich wünscht.
Erläutern Sie vier Aspekte, wie sich diese Erfahrung positiv auf seine Persönlichkeitsentwicklung auswirken kann.

Lösungsvorschlag

I. Schwerpunktthema Aufgabengruppe A

1.1 Als *Sozialstaat* bezeichnet man einen Staat, der in allen Bereichen der Gesellschaft soziale Gerechtigkeit anstrebt. Das Sozialstaatsprinzip beruht auf den Prinzipien Eigenverantwortlichkeit, Subsidiarität und Solidarität. Im Grundgesetz ist das Sozialstaatsprinzip in den Artikeln 20 und 28 verankert. In der Bayerischen Verfassung findet es sich im Artikel 3.
Das *soziale Netz* ist die Struktur, die dem Einzelnen in schwierigen Situationen Hilfe und Unterstützung gewährt. Es lässt sich gut aus den Prinzipien des Sozialstaates ableiten. Steuern und Abgaben finanzieren es ebenso wie private Versicherungen. Das soziale Netz verfügt über verschiedene staatliche Einrichtungen sowie die der freien Wohlfahrtsverbände.

1.2 *Sozialhilfe* ist eine Form der staatlichen Fürsorge für Menschen, die nicht über eigene Mittel verfügen. Ziel der Sozialhilfe ist es, als letzte Möglichkeit für in Not geratene Menschen wirksam zu werden und sie im Sinne der Selbsthilfe zu unterstützen. Leistungen, die auf der Grundlage des Bundessozialhilfegesetzes gewährt werden, sind z. B.:
- Hilfe zur Pflege
- Grundsicherung im Alter
- Eingliederungshilfe für Menschen mit Beeinträchtigungen
- Hilfe zum Lebensunterhalt

1.3 Der *Generationenvertrag* funktioniert nach dem Prinzip, dass die erwerbstätige Generation mit ihren Versicherungsleistungen die älteren, im Ruhestand befindlichen Menschen bzw. auch Menschen, die aus anderen Gründen nicht mehr erwerbsfähig sind, unterstützt. Dadurch erwirbt die arbeitende Generation den Anspruch, später ebenfalls in dieser Weise Unterstützung zu erhalten. Die Höhe dieses Anspruchs hängt auch davon ab, wie lange und wie viel entsprechend einbezahlt worden ist.

2.1 Die drei *Grundprinzipien* des Sozialstaates sind Solidarität, Subsidiarität und Eigenverantwortung. *Solidarität* bedeutet, dass es einen Zusammenhalt zwischen dem Individuum einerseits und der Gruppe andererseits gibt. Frau König erfährt dieses Prinzip, indem sie mit der Unterstützung der Solidargemeinschaft rechnen kann. Sie erhält einen Zuschuss der Pflegekasse in Höhe von 1 280 Euro monatlich. Somit könnte es sein, dass sie insgesamt mehr erhält, als sie einbezahlt hat.
Subsidiarität bedeutet Nachrangigkeit: Der Staat springt nur dann unterstützend ein, wenn der Einzelne überfordert ist. Bei Frau König könnte dies auf die Weise passieren, dass der fehlende Betrag von der Sozialhilfe übernommen wird. Pflegekasse und Rente decken zusammen nur 2 080 Euro von den fälligen 3 300 Euro ab. Da Frau König über keine Vermögenswerte und Ersparnisse verfügt, muss der Staat nachrangig helfen.
Eigenverantwortung bedeutet, dass auch der einzelne Mensch verpflichtet ist, für sein späteres Leben Rücklagen und Sicherheiten zu schaffen, und sich nicht nur auf den Staat verlassen darf. Frau König hat gearbeitet, sonst würde sie keine Rente erhalten. Eine andere Möglichkeit wäre gewesen, eine eigene Wohnung zu erwerben. Vermutlich hat Frau König dafür aber zu wenig verdient.

2.2 Ein Problemfeld können körperliche Einschränkungen durch mangelnde Gesundheit sein, die sich mit dem Alter ergeben und die alleine nicht ausreichend bewältigt werden können. Viele Wohlfahrtsverbände bieten hierzu als Unterstützung z. B. an, dass jemand zur Pflege ins Haus kommt. Dies kann Hilfe beim An- und Entkleiden und bei notwen-

diger Körperpflege sein, aber auch medizinische Versorgung wie das Anlegen von Verbänden.
Viele allein lebende ältere Menschen haben Probleme mit der Vereinsamung. Oft leben die Kinder mit ihren Familien weit weg, sodass kein alltäglicher Kontakt möglich ist. Die Einsamkeit nimmt noch zu, wenn alte Menschen ihre Wohnungen nicht mehr selbstständig verlassen können oder wenn in der Nachbarschaft kaum Menschen mit dem Bedürfnis nach sozialen Kontakten leben. Wohlfahrtsverbände können hier sinnvolle Angebote machen: Es können Besuchsdienste organisiert werden, die etwas Abwechslung in das Leben dieser Menschen bringen. Auch die Einrichtung von Seniorenstammtischen kann für noch mobile Senioren eine geeignete Möglichkeit sein, um soziale Kontakte zu knüpfen.
Für manche alte Menschen in dieser Situation kann auch die Haushaltsführung zu einer großen Last werden. Sie schaffen es nicht mehr, die Wohnung zu putzen, einzukaufen oder zu kochen. Hier können Einkaufshilfen oder auch Essen auf Rädern eine hilfreiche Unterstützung sein.

3.1 Als *Sozialverwaltung* bezeichnet man das System aller amtlichen Einrichtungen und Behörden, die sich um die sozialen Belange der Bürger kümmern und die Verteilung der öffentlichen Sozialleistungen organisieren. Beispiele der Sozialverwaltung sind Jugend-, Sozial- und Gesundheitsämter.

3.2.1 Gerne informiere ich Sie über die Möglichkeiten des Elterngeldes: Zunächst können Sie es für 12 Monate beanspruchen, wenn ein Elternteil in Elternzeit geht. Wenn der andere Elternteil zusätzlich noch 2 Monate zu Hause bleibt, kann man das Elterngeld für insgesamt 14 Monate beziehen. Prinzipiell wird das Elterngeld zusätzlich zum Kindergeld gewährt. Es macht 67 % des Nettogehalts des Elternteils aus, der zu Hause bleibt. Es beträgt mindestens 300 Euro und höchstens 1 800 Euro im Monat. In Ihrem konkreten Fall hätten Sie Anspruch auf monatlich 1 005 Euro, wenn Sie als Mutter die ersten 12 Monate zu Hause bleiben, weil Sie etwa 1 500 Euro Nettogehalt bekommen. Für die weiteren beiden Monate würden Sie jeweils 1 800 Euro erhalten, wenn Sie als Vater Elternzeit nehmen würden. Dies ist der Höchstbetrag des Elterngeldes, der bei einem Nettogehalt von 3 200 Euro oder mehr ausgezahlt wird. Prinzipiell ist es für Bezieher von Elterngeld möglich, auf Teilzeitbasis unter 30 Stunden wöchentlich weiterzuarbeiten. Frau Bader, gerade als Erzieherin könnten Sie gut stundenweise arbeiten und dann zusätzlich noch das Elterngeld beziehen. Sollten Sie in den nächsten Jahren weitere Kinder bekommen, würden Sie von dem Geschwisterbonus profitieren, bei dem Ihr Elterngeld um 10 % erhöht wird. Dies ist der Fall, wenn zwei eigene Kinder unter 3 Jahren oder 3 und mehr eigene Kinder unter 6 Jahren im Haushalt leben.

3.2.2 Sie haben außerdem Anspruch auf Betreuungsgeld, wenn Sie Ihr Kind im zweiten und dritten Lebensjahr nicht in einer öffentlich geförderten Tagesstätte oder Krippe unterbringen, sondern es selbst betreuen. Seit August 2014 können Sie zwischen dem 13. und 36. Lebensmonat 150 Euro im Monat erhalten. Sollten Sie zudem für die Altersvorsorge oder die spätere Ausbildung des Kindes Rücklagen bilden wollen, würde sich das Betreuungsgeld um einen Bonus in Höhe von 15 Euro im Monat erhöhen.

3.3 a) Es könnte sein, dass sich Frau Baumer aus finanziellen Gründen dafür entscheidet, auch weiterhin zu arbeiten und Geld zu verdienen. Vielleicht ist sie alleinerziehend und das Betreuungsgeld reicht alleine für die Bestreitung ihres Lebensunterhalts nicht aus. Es könnte auch sein, dass sie ihr bisheriges Einkommen in voller Höhe benötigt, um eine gekaufte Wohnung oder ein Haus zu finanzieren.
Ein anderer Grund für die Entscheidung könnte sein, dass Frau Baumer bewusst weiterhin berufstätig sein möchte, weil eine längere Pause für ihre Karrierepläne hinderlich wäre. Eine mehrjährige Erziehungspause führt in bestimmten Berufen

dazu, dass man den Anschluss an die Entwicklung verliert und damit Karrieremöglichkeiten einbüßt.

b) Ein *Interrollenkonflikt* entsteht, wenn eine Person mehreren verschiedenen Bezugsgruppen angehört und es zu Spannungen zwischen sich widersprechenden Rollenerwartungen kommt. Zu einem solchen Konflikt könnte es z. B. bei Frau Baumer kommen, wenn sie in der Arbeit Überstunden machen muss und sie als Mutter ihren Sohn zu einer bestimmten Zeit aus der Kindertagesstätte abholen will. Es kommt zu einem Konflikt zwischen den beiden Rollen als Berufstätige und als Mutter.
Ein *Intrarollenkonflikt* liegt vor, wenn es innerhalb der Erwartungen einer Bezugsperson zu Konflikten kommt. Der Vater von Paul ist auch der Partner von Frau Baumer. Es könnte passieren, dass sich Frau Baumer einerseits wünscht, dass sich ihr Mann viel um ihren Sohn kümmert und mit diesem spielt. Andererseits möchte sie aber auch, dass er sich als Partner weiterhin für sie interessiert und Zeit mit ihr verbringt. Hier kann es bezüglich ihrer Wünsche zu einem Intrarollenkonflikt kommen.

3.4 a) Die Phase der *Primärsozialisation* liegt in den ersten Lebensjahren. Hier entwickelt der Mensch überwiegend durch Gewöhnung und Nachahmung seine Grundfähigkeiten sowie das wichtige Urvertrauen. Es werden wichtige Grundlagen für ein tragendes Selbstwertgefühl gelegt, das im späteren Leben sehr wichtig ist. Neben der Familie als wichtigster Instanz der Primärsozialisation sind Kinderkrippen und Kindergärten weitere wichtige Einrichtungen.

b)
- Entwicklung emotionaler Wärme und Empathiefähigkeit: Eltern stellen möglichst viel Nähe zu ihrem Kind her. Dies kann durch viel Hautkontakt beim Tragen des Säuglings, Liebkosungen und Babymassagen passieren oder auch durch viel Aufmerksamkeit und eine liebevolle Behandlung.
- Respektieren und Einhalten von Grenzen: Eltern lassen sich nicht erweichen, wenn sie bestimmte Grenzen gezogen haben, z. B. beim Essen und Schlafengehen. Auch das Betteln oder Schreien des Kindes führt nicht dazu, dass Eltern diese Grenzen verrücken.
- Sprachliche Kompetenz und Kommunikationsfähigkeit: Eltern reden viel mit ihrem Kind. Sie erzählen ihm etwas, singen Lieder, lesen Märchen oder Bilderbücher vor oder beten mit ihm vor dem Schlafen.
- Stabilität bei Trennungen: Bei einer Trennung der Eltern brauchen Kinder viel Stabilität. Beide Elternteile sollten sich deshalb auch weiterhin um die Kinder kümmern. Konflikte zwischen den Elternteilen müssen konstruktiv und nicht vor den Kindern ausgetragen werden. Großeltern können bei Trennungen für Kinder sehr unterstützend sein und zusätzliche Stabilität gewähren.

4.1 Viele Jugendliche haben ein eigenes Smartphone. Die Anschaffung und die Verträge hierfür kosten Geld. In manchen Cliquen gehört es zum Status, immer das neueste Modell zu haben. Weil Frau Huber nur wenig verdient und Hartz IV bezieht, kauft sie ihrem Sohn Paul kein teures Smartphone, sondern ein günstiges Handy ohne Internetzugang. In der Clique wird Paul dann vielleicht sozial ausgegrenzt.
Jugendliche im Alter von Paul verbringen ihre Freizeit gerne in Cliquen. Es ist schick, zusammen ins Kino oder essen zu gehen sowie moderne Markenklamotten zu tragen. Es kann passieren, dass Paul da nicht mithalten kann, weil er nicht über so viel Taschengeld verfügt wie seine Freunde. Die Ausgehgewohnheiten von Cliquenmitgliedern können ein Statussymbol sein. Paul fühlt sich dann ausgegrenzt oder er wird tatsächlich ausgegrenzt.

4.2 Es kann sein, dass Paul lernt, mit wenig Geld gut zu wirtschaften. Er ist sparsam und gibt das Geld nicht für unnötige Dinge aus. Sparsamkeit ist eine positive Grundhaltung, man gewinnt dadurch auch Sicherheit für die weitere Lebensplanung.

Es kann sein, dass Paul dadurch sensibel wird für die Frage der Gerechtigkeit. Er macht sich Gedanken, ob es richtig ist, dass manche Jugendliche mit reichen Eltern sich sehr viel leisten können und andere nicht. Weil er für Fragen der Gerechtigkeit offen ist, engagiert er sich auch, wenn er ungerechte Situationen erlebt. Er entwickelt Verständnis für Menschen, die sozial benachteiligt sind, und unterstützt ihr Anliegen.

In seiner Werteentwicklung öffnet sich Paul auch dem Ideellen, weil er sich materiell ja nicht alles leisten kann. Er interessiert sich z. B. für Kunst, Musik oder Literatur. Das prägt seine Persönlichkeitsentwicklung positiv.

Vielleicht entwickelt Paul auch ein besonderes Maß an Kreativität, weil er nicht alles so einfach erhält wie Jugendliche von reicheren Eltern. Er und seine Mutter müssen sich immer wieder Gedanken über kostengünstigere Alternativen machen. Wenn andere Jugendliche ein neues Fahrrad für 1 000 Euro kaufen, dann erwirbt Paul ein gebrauchtes für deutlich weniger Geld. Er stattet dieses mit neuen Reifen aus und malt es bunt an. So entwickelt Paul das wertvolle Persönlichkeitsmerkmal der Kreativität.

Abschlussprüfung an Realschulen – 2014
Sozialwesen: Aufgabengruppe B

Sozialisation – ein lebenslanger Prozess

1 Grundbegriffe

1.1 Erklären Sie umfassend den Begriff *Sozialisation*.
Erläutern Sie anschließend ausführlich, inwiefern bei der Sozialisation eines Menschen das *soziokulturelle Milieu* eine besondere Rolle spielt.

1.2 Definieren Sie den Begriff *Leitbild*.

2 Sozialisation in der Kindheit

2.1 Die Nubbek-Studie

> Seit dem 1. August 2013 hat jedes Kind ab Vollendung des ersten Lebensjahres bis einschließlich drittem Lebensjahr einen Rechtsanspruch auf frühkindliche Förderung in einer Tageseinrichtung oder in der Kindertagespflege. Wird das Kind ausschließlich zu Hause betreut, erhält die Familie das sogenannte „Betreuungsgeld", das derzeit pro Kind € 100 beträgt. Leben mehrere Kinder im Haushalt, die die Anspruchsvoraussetzungen erfüllen (z. B. Zwillinge, Geschwisterkinder), besteht auch ein mehrfacher Anspruch auf das Betreuungsgeld.
> Die Studie mit dem Titel „Nationale Untersuchung zur Bildung, Betreuung und Erziehung in der frühen Kindheit", kurz Nubbek, gibt Aufschluss über die Kinderbetreuung in Deutschland in den ersten vier Lebensjahren. Die Forscher stellten fest, dass vor allem gut gebildete deutsche Mittelschichtsfamilien das Angebot der Kinderbetreuung nutzen. *Sozial benachteiligte Familien mit geringen Bildungsressourcen und Migrationshintergrund* hingegen betreuen ihre Kinder länger zu Hause und beziehen das Betreuungsgeld.

nach: www.bmfsfj.de/ und Der Spiegel Nr. 29/2013, S. 23 ff.

Die Nubbek-Studie zeigt, dass das Betreuungsangebot von den Eltern ganz unterschiedlich genutzt wird.

Stellen Sie je zwei Gründe für das unterschiedliche Verhalten von

a) *Mittelschichtsfamilien* und

b) *sozial benachteiligten Familien* dar.

2.2 Die frühkindliche Förderung in einer Tageseinrichtung und in einem sich daran anschließenden Kindergarten stellt vor allem für Kinder mit ausländischen Wurzeln und aus sozial benachteiligten Familien eine Chance dar.

Belegen Sie diese Aussage.

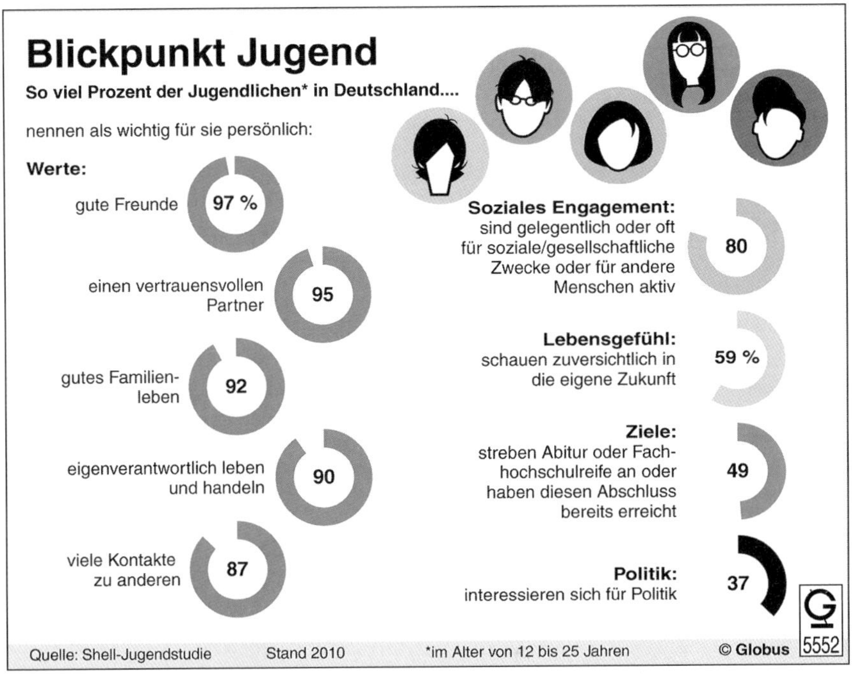

Quelle: picture-alliance/dpa-infografik

3.1 Entwicklungsaufgaben und Herausforderungen im Jugendalter

3.1.1 Nehmen Sie Stellung dazu, warum „gute Freunde" und ein „gutes Familienleben" zu haben von der Mehrheit der in der Shell-Jugendstudie Befragten als wertvolle und wichtige Entwicklungsaufgabe im Jugendalter angesehen wird.

3.1.2 Nennen Sie vier Herausforderungen beziehungsweise Entwicklungsaufgaben, die in der Jugendphase zu bewältigen sind.

3.2 „Eigenverantwortlich leben und handeln" ist für 90 Prozent der in der Shell-Jugendstudie befragten Jugendlichen besonders wichtig.
Erläutern Sie beispielhaft, inwiefern eigenverantwortliches Leben und Handeln der jungen Erwachsenen für den Sozialstaat und seine Belastbarkeit zunehmend von besonderer Bedeutung ist.

3.3 Soziales Engagement versus Politikinteresse

3.3.1 Definieren Sie den Fachbegriff *Gruppennorm*.

3.3.2 Nehmen Sie Stellung zu der Tatsache, dass sich 80 Prozent der Jugendlichen sozial engagieren, aber nur 37 Prozent für Politik interessieren.

4 Sozialisation und Beruf in der globalisierten Welt

4.1 Fallbeispiel 1

> Maximilian Huber bewirbt sich nach dem erfolgreichen Abschluss seiner Ausbildung zum Mechatroniker bei einem mittelständischen Unternehmen, das auch global tätig ist.
> Beim Bewerbungsgespräch äußert der Personalchef: „Wir sind ein modernes Unternehmen, das internationale wirtschaftliche Beziehungen pflegt. Unsere Mitarbeiter müssen deshalb grundsätzlich bereit sein, einen Großteil des Jahres im Ausland zu verbringen. Wir fordern von Ihnen daher in erster Linie *Mobilität und interkulturelle Kompetenz.*"

Definieren Sie die beiden im Fallbeispiel 1 angesprochenen Schlüsselqualifikationen und verdeutlichen Sie an je einem konkreten Beispiel, wie sich Maximilian in seinem Berufsleben verhalten muss, um diese Anforderungen zu erfüllen.

4.2 Fallbeispiel 2

> Der 56-jährige Thomas Kurz arbeitete als Baustellenleiter einer großen deutschen Firma fast zwanzig Jahre im Ausland, hauptsächlich in Übersee.
> Berufliche und persönliche Probleme versuchte er mit Alkohol zu vergessen. Inzwischen ist er geschieden und seit zwei Jahren aufgrund seiner Alkoholsucht und aufgrund der sich daraus ergebenden gesundheitlichen Folgeerkrankungen arbeitsunfähig.

4.2.1 Erörtern Sie an insgesamt drei unterschiedlichen Aspekten die beruflichen und persönlichen Belastungen, denen Thomas Kurz in diesen zwanzig Jahren ausgesetzt war.

4.2.2 Stellen Sie dar, inwiefern der gesundheitsgefährdende Alkoholkonsum von Arbeitnehmern massive negative Auswirkungen sowohl für ein Unternehmen als auch für den Sozialstaat haben kann.

5 Sozialisation und Alter – die Rolle der Großeltern

5.1 Definieren Sie umfassend den Begriff *Alter.*

5.2 Die Rolle der Großeltern

> In Deutschland betreut jedes zweite Großelternpaar die Enkel zumindest zeitweise, berichtet das Deutsche Zentrum für Altersfragen, häufiger als in den meisten anderen europäischen Ländern. Und noch nie, so berichten Studien, waren Oma und Opa emotional so wichtig für die Enkel wie in der Gegenwart. Sie gelten heute häufig noch in der Pubertät als wichtigste Bezugsperson für die Kinder.

[Quelle: nach Süddeutsche Zeitung vom 14./15.09.2013]

Erläutern Sie die zunehmend wachsende gesellschaftliche Bedeutung der Großeltern in der heutigen Zeit.

Lösungsvorschlag

II. Schwerpunktthema Aufgabengruppe B

1.1 *Sozialisation* ist ein lebenslanger Prozess. Er bezeichnet das Hineinwachsen des Menschen in die Gesellschaft. Man unterscheidet zwei Sozialisationsphasen: die primäre und die sekundäre Sozialisation. Die *Primärsozialisation* findet in den ersten Lebensjahren statt. Hier entwickelt der Mensch seine Grundfähigkeiten sowie das wichtige Urvertrauen. Es werden wichtige Grundlagen für ein tragendes Selbstwertgefühl gelegt, das im späteren Leben sehr wichtig ist. Neben der Familie als wichtigster Instanz der Primärsozialisation sind Kinderkrippen und Kindergärten weitere wichtige Einrichtungen. Die *Sekundärsozialisation* führt diesen Prozess fort, indem neue Rollen und Verhaltensmuster hinzugefügt werden. Wichtige Instanzen für die sekundäre Sozialisation des Menschen sind die Schulen, die Berufsausbildung und der Arbeitsplatz.
Unter dem *soziokulturellen Milieu* versteht man alle sozialen und kulturellen Einflüsse und Lebensumstände, die sich aus der sozialen Umgebung für den Einzelnen ergeben. Dazu gehören die Familie, der Beruf der Eltern, politische und religiöse Einstellungen oder auch die Wohnumgebung. Neben der genetischen Ausstattung eines Menschen ist dieses Milieu, die Umgebung, etwas sehr Prägendes für die Sozialisation. Ein positives und anregendes Milieu kann den Sozialisationsprozess erheblich fördern und sogar anlagebedingte Schwächen kompensieren. Darum ist es wichtig, dass sich der Staat und die Gesellschaft um eine positive Ausgestaltung des soziokulturellen Milieus bemühen, um allen Kindern möglichst gute Sozialisationsbedingungen zu ermöglichen.

1.2 Als *Leitbild* bezeichnet man den Entwurf zu einem persönlichen Verhaltenskonzept aufgrund bestimmter Erwartungen oder Wertvorstellungen. Ein Leitbild kann sich auch an Vorbildern oder Idolen orientieren. Besonders für die Leitbilder von Jugendlichen ist das wichtig. Aus dem Leitbild heraus entwickeln sich ganz konkrete Vorstellungen für die Gestaltung des persönlichen Alltags, für die Berufsausübung, für den Umgang mit der persönlichen Freiheit und für das soziale Engagement. Leitbilder geben Orientierung und Sicherheit.

2.1 a) Angehörige von Mittelschichtsfamilien üben häufig gut bezahlte berufliche Tätigkeiten aus. Sie haben zum Teil Führungspositionen inne und sind eher aufstiegsorientiert. Um finanzielle Einbußen oder Nachteile für die Karriere zu vermeiden, kehren sie möglichst früh in den Beruf zurück und nutzen das Angebot der Kinderbetreuung. Ein anderer Grund für die Nutzung des Betreuungsangebots kann sein, dass in dieser Schicht ein höheres Bildungsbewusstsein vorherrscht. Man weiß, dass sich die möglichst frühe Förderung von Kindern sehr positiv auf die weitere Entwicklung auswirkt, und nutzt deshalb bewusst Einrichtungen der Kinderbetreuung.

b) Angehörige aus sozial benachteiligten Familien haben manchmal einen Migrationshintergrund. Es fehlen entsprechende Sprachkenntnisse oder auch Kenntnisse über verschiedene Betreuungseinrichtungen. In solchen Milieus gehört es aber oft auch zur familiären oder religiösen Tradition, Kinder in den ersten Lebensjahren bis zum Schulbeginn in der Familie zu betreuen und sie keinen öffentlichen Einrichtungen anzuvertrauen. Ein anderer Grund für das Verhalten ist manchmal die finanzielle Situation. Oft haben Mütter aus sozial benachteiligten Schichten keine Arbeit oder nur eine gering bezahlte Tätigkeit auf 400-Euro-Basis. Für diese ist es also durchaus lohnend, neben dem Kindergeld und eventuell dem Elterngeld auch das Betreuungsgeld in Anspruch zu nehmen. Damit entsteht für sie oftmals sogar ein kleines Einkommen; gerade für Familien mit mehreren Kindern ist das eine durchaus verlockende Perspektive.

2.2 Für Kinder mit ausländischen Wurzeln oder aus sozial benachteiligten Familien ist der Besuch einer frühkindlichen Betreuungseinrichtung aus verschiedenen Gründen eine Chance. Sie lernen die deutsche Sprache oder verbessern ihre sprachlichen Fähigkeiten. Das ist eine wichtige Grundlage für eine gelingende Integration oder auch für eine erfolgreiche Schullaufbahn, die wiederum der Schlüssel für einen guten Ausbildungs- und Arbeitsplatz ist. In solchen Einrichtungen erhalten die Kinder auch Kontakt zur deutschen Kultur und zu Kindern aus anderen sozialen Schichten. Damit können neue Freundschaften entstehen, die zum Umgang mit Kindern und Eltern aus höheren Milieus führen.

3.1.1 Jugendliche wünschen sich Verständnis und Sicherheit. Durch offene Gespräche finden sie dieses Verständnis bei guten Freunden. Außerdem erhalten sie Sicherheit, weil sie von guten Freunden auch in schwierigen Lebenssituationen und Konfliktsituationen unterstützt werden. Das trifft auch auf ein gutes Familienleben zu. Ein Grund für die hohe Zustimmung zu diesen beiden Werten könnte auch darin liegen, dass man gemeinsame Interessen hat. Dadurch ist es möglich, etwas miteinander zu unternehmen und gemeinsamen Hobbys nachzugehen. Das schafft Geborgenheit und ein Gefühl der Zugehörigkeit, sodass ein positives Lebensgefühl besteht.

3.1.2 Jugendliche haben verschiedene Entwicklungsaufgaben:
- Erlernen der weiblichen oder männlichen Geschlechterrolle
- Entscheidung für einen Beruf mit entsprechender schulischer Qualifikation
- Entwicklung zur emotionalen und geistigen Unabhängigkeit gegenüber dem Elternhaus
- Orientierung an einem eigenen ethischen Wertekanon

3.2 Eigenverantwortliches Leben und Handeln von jungen Erwachsenen unterstützt den Sozialstaat. Kümmern sich Jugendliche um eine gute schulische und berufliche Ausbildung, dann sind die Aussichten auf einen sicheren Arbeitsplatz mit einem guten Einkommen gegeben. Damit wird die Wahrscheinlichkeit von späterer Arbeitslosigkeit und Unterstützung durch den Sozialstaat geringer. Vernünftige Ernährung, Verzicht auf Drogen und verantwortungsvolles Verhalten führen zur Vermeidung von Krankheiten sowie Unfällen und schonen die entsprechenden sozialen Kassen. Aber auch die finanzielle Vorsorge bereits in der Jugend kann wichtig sein, um später Altersarmut und die damit einhergehende finanzielle Unterstützung durch den Sozialstaat zu verhindern.

3.3.1 Als *Gruppennorm* bezeichnet man die gemeinsamen Denk- und Verhaltensweisen der Gruppenmitglieder im Umgang miteinander und auch gegenüber den Mitgliedern von Fremdgruppen. Die Verletzung von Gruppennormen wird oft durch entsprechende Sanktionen geahndet.

3.3.2 Politik hat für viele Jugendliche eine eher negative Bedeutung, weil sie durch Medienberichte recht oft von verschiedenen Skandalen erfahren, die Politiker betreffen. Meistens ist das politische Geschehen für junge Menschen auch sehr weit weg und nicht gut erreichbar, es sei denn, dass die eigenen Eltern oder auch Freunde politisch engagiert sind oder dass es vor Ort ein Jugendparlament gibt.
Soziales Engagement wird oft durch die Schule und die Eltern unterstützt. Es gibt am Wohnort viele Möglichkeiten, sich in Gruppen, Vereinen und Verbänden zu engagieren. Viele Schüler übernehmen z. B. als Lerntutoren oder Streitschlichter an Schulen soziale Verantwortung. Insgesamt erlebt man die Folgen eines sozialen Engagements schneller und spürbarer als die des politischen. Viele Schüler zeigen ihr soziales Engagement auch als Klassensprecher oder durch die Mitarbeit in der SMV.

4.1 Als *Mobilität* bezeichnet man die Fähigkeit, sich in der Arbeitswelt und der Gesellschaft zwischen verschiedenen Positionen zu bewegen. Dies kann sowohl innerhalb eines Betriebes als auch zwischen verschiedenen Orten sein. Für Herrn Huber kann das bedeuten, dass er ohne großen zeitlichen Vorlauf eine Stelle in einer Filiale seines Unternehmens im Ausland annehmen kann. Das heißt, dass er willig ist, seinen Wohnsitz dementsprechend zu verlegen.
Als *interkulturelle Kompetenz* bezeichnet man die Fähigkeit einer Person, bestimmten Anforderungen in mehreren Kulturen gewachsen zu sein. Dies kann die Sprache betreffen sowie die kulturellen Traditionen. Herr Huber verfügt über interkulturelle Kompetenz, wenn er z. B. in der Lage ist, sich mit Menschen aus anderen Ländern zu verständigen und mit ihnen zusammenzuarbeiten. Im Berufsleben ist es sehr wichtig, als Verkehrssprache Englisch und vielleicht sogar noch Französisch gut zu beherrschen. Beide Sprachen können Realschüler an ihren Schulen erlernen.

4.2.1 Durch die langen Auslandsaufenthalte vernachlässigte Herr Kurz seinen ursprünglichen Freundeskreis. Es kann sein, dass er vor seinem Auslandseinsatz ein gutes soziales Netzwerk hatte, dieses aber nicht ausreichend pflegen konnte. Dies führte zur Vereinsamung und Isolation. Auf den Baustellen lernt man zwar immer wieder neue Menschen kennen, es entwickeln sich aber keine tieferen sozialen Kontakte. Der übermäßige Konsum von Alkohol ist dann oft ein Versuch, für eine bestimmte Zeit die Einsamkeit zu vergessen, was aber zur Sucht führen kann.
Falls seine Frau nicht mit ins Ausland gegangen ist, hat es in der Ehe von Herrn Kurz und seiner Frau lange Zeitabschnitte gegeben, in denen sich die Partner nicht gesehen haben. Oft ist man bis zu einem halben Jahr auf einer Baustelle, bevor man Urlaub erhält und wieder lange zu Hause ist. Virtuelle Kommunikationsmittel ersetzen auf Dauer nicht den direkten Kontakt. Vielleicht entfremdeten sich die Eheleute und ihre Ehe scheiterte.
Es könnte auch sein, dass die hohe berufliche Belastung mit der Verantwortung für das Gelingen des Bauvorhabens den Ausschlag für die Alkoholsucht von Herrn Kurz gab. Als Baustellenleiter ist er verantwortlich für den gesamten Bauprozess. Oft gibt es Schwierigkeiten mit den Zulieferfirmen im Ausland oder mit örtlichen Hilfskräften, die nicht immer so zuverlässig arbeiten wie deutsche Arbeitskräfte. Herr Kurz hat vielleicht den Druck auf die Dauer nicht ausgehalten und rutschte in eine Alkoholsucht, die ihn zur Arbeitsunfähigkeit geführt hat.

4.2.2 Gesundheitsgefährdender Alkoholkonsum von Arbeitnehmern wirkt sich für ein Unternehmen nachteilig aus: Durch die Wirkung des Alkohols kommt es zu verschiedenen Arbeitsunfällen mit Fehlzeiten wegen Krankheitstagen. Die Beschäftigten konzentrieren sich nicht mehr so gut und haben eine geringere Leistungsfähigkeit, was die Produktivität des Unternehmens reduziert. Alkoholkonsum bewirkt auch, dass soziale Konflikte schneller eskalieren, weil die Hemmschwelle und die Eigenkontrolle reduziert werden. Das führt zu Streit und Konflikten innerhalb der Belegschaft und verschlechtert das Betriebsklima.
Aber auch der Sozialstaat muss sich unter Umständen mit negativen Auswirkungen auseinandersetzen: Durch Erkrankungen und Unfälle entstehen Kosten für die Krankenkassen. Jemand benötigt eine Therapie, die die Kasse viel Geld kostet. Fallen Arbeitnehmer schon vor dem Rentenalter aus, müssen Sozialversicherungen einspringen und vorhandene finanzielle Lücken schließen. Unter Umständen muss die Pflegeversicherung bei Pflegebedarf oder die Rentenversicherung bei vorzeitigem Beginn des Rentenbezugs zahlen.

5.1 Man unterscheidet *soziales*, *biologisches* und *kalendarisches Alter*. Als *soziales Alter* bezeichnet man einen Lebensabschnitt, dem nach sozialen Wertvorstellungen und Verhaltenserwartungen einer Gesellschaft bestimmte Rollen und Verhaltensweisen zugerechnet werden, z. B. die Kindheit, das Jugend-, Erwachsenen- oder Rentenalter.
Das *biologische Alter* richtet sich nach der körperlichen und seelisch-geistigen Verfassung eines Menschen. Das *kalendarische Alter* bezeichnet das Alter nach der Anzahl der vollendeten Lebensjahre.

5.2 Großeltern haben heute eine wachsende Bedeutung in unserer Gesellschaft: Viele Großeltern unterstützen die eigenen Kinder bei der Betreuung der Enkel, wie es in der Quelle beschrieben ist. Da viele Eltern berufstätig oder auch alleinerziehend sind, ist das eine große Hilfe. Zudem sind Großeltern für ihre Enkel oft auch ein emotionaler Halt, der Stabilität gewährt. Durch ihre größere Lebenserfahrung haben sie mehr Sicherheit und lassen sich nicht so leicht aus der Ruhe bringen. Das fördert die positive Entwicklung des Selbstvertrauens der Enkel. Viele Großväter sind für Kinder ein wichtiges Rollenvorbild. Väter sind oft als Pendler die ganze Woche unterwegs und nicht zu Hause. Auch wenn die Eltern getrennt leben, sehen viele Kinder ihre Väter häufig nur an Wochenenden. Das kann dazu führen, dass Großväter für Kinder sehr wichtig sind, um diese Lücke zu füllen.

Abschlussprüfung an Realschulen – 2015
Sozialwesen: Aufgabengruppe A

Aufeinander angewiesen – Alt und Jung

1 Generationenübergreifende Arbeitswelt

1.1 Definieren Sie den Begriff *Arbeit*.

1.2 Arbeitsleben bis 67 gestalten

> Deutschland gehört zu den Ländern, „die weltweit am schnellsten und am tiefgreifendsten vom demografischen Wandel betroffen sind. [...] Immer mehr Betriebe unternehmen Anstrengungen, um ihre Belegschaften auch im höheren Alter beschäftigen zu können."

Quelle: Deutschlands Zukunft gestalten. Koalitionsvertrag zwischen CDU, CSU und SPD, 18. Legislaturperiode, S. 71

1.2.1 Erklären Sie, was unter dem *demografischen Wandel* zu verstehen ist.

1.2.2 Die Wertschätzung für die Leistungsfähigkeit älterer Arbeitnehmerinnen und Arbeitnehmer ist in Wirtschaft und Gesellschaft spürbar gestiegen.
Begründen Sie anhand von drei Aspekten, warum die Erhaltung der Leistungsfähigkeit älterer Arbeitnehmerinnen und Arbeitnehmer für das Funktionieren unseres Sozialstaates im Sinne des Generationenvertrags von großer Bedeutung ist.

1.3 Die Anzahl der Erwerbstätigen, die über 50 Jahre alt sind, wird weiter ansteigen.
Zählen Sie drei Möglichkeiten der Betriebe auf, um die Leistungsfähigkeit älterer Beschäftigter im Arbeitsprozess auf Dauer erhalten zu können.

1.4 Experten betonen immer wieder, dass mit zunehmendem Alter die körperliche Belastbarkeit abnimmt, *Durchhaltevermögen*, *Geduld* und *Verantwortungsbewusstsein* dagegen zunehmen. Vielleicht konnten Sie das während Ihres Praktikums beobachten.
Erläutern Sie beispielhaft die Bedeutung der drei angesprochenen Selbst- und Sozialkompetenzen älterer Arbeitnehmer für den gesamten Betriebsablauf.

2 Wohnen im Alter

> Wohnen ist ein Grundbedürfnis des Menschen. Selbstständiges und selbstbestimmtes Wohnen so lange wie möglich – das ist das Ziel der Projekte und Initiativen des Bundesfamilienministeriums rund um das Thema „Zuhause im Alter – Soziales Wohnen". 93 Prozent der älteren Menschen leben in einer für alle Bedürfnisse gut ausgestatteten Wohnung. Die meisten wollen in der vertrauten Wohnumgebung bleiben – auch wenn sie auf Hilfe und Pflege angewiesen sind.

nach: www.bmfsfj.de/BMFSFJ/Aeltere-Menschen/zuhause-im-alter

2.1 Versetzen Sie sich in die Lage älterer Menschen und begründen Sie anhand von drei Aspekten deren Haltung, möglichst lange in der eigenen Wohnumgebung bleiben zu wollen.

2.2 Erklären Sie den Begriff *Altenarbeit* und stellen Sie dabei umfassend Angebote der Altenhilfe dar, die ein selbstbestimmtes Wohnen in vertrauter Umgebung so lange wie möglich unterstützen.

2.3 Manche ältere Menschen finden ihre bisherige Wohnung oder ihr bisheriges Haus als nicht mehr geeignet für ihre Lebensumstände, möchten aber nicht in ein Altenheim oder Altenpflegeheim umziehen. Beschreiben Sie zwei mögliche Alternativen.

3 Jung hilft Alt

3.1 Analysieren und interpretieren Sie das Schaubild M 1 „Auf Pflege angewiesen" im Hinblick auf die Behauptung *„Pflegebedürftige Menschen werden heute doch einfach in Heime abgeschoben!"*.

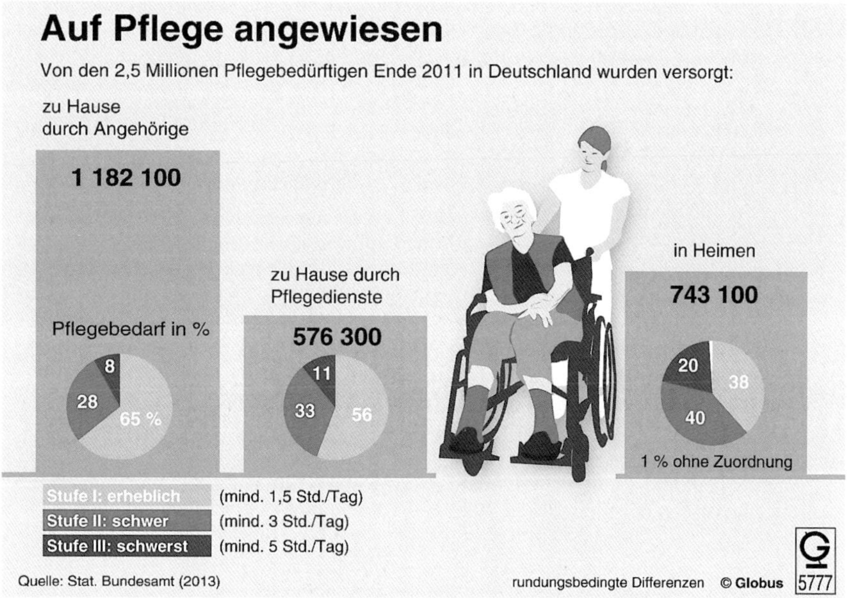

Schaubild M 1: Auf Pflege angewiesen, Quelle: picture-alliance/dpa-infografik

3.2 Die Pflege von Familienmitgliedern zu Hause ist für die Angehörigen keine leichte Aufgabe.
Erläutern Sie an drei Aspekten, warum es aufgrund gesellschaftlicher Veränderungen heute für Angehörige immer schwieriger wird, dieser wichtigen Aufgabe nachzukommen.

3.3 Großvater Karl

Der alleinstehende Großvater Karl Müller (82) ist nach einem Schlaganfall halbseitig gelähmt und auf professionelle Hilfe rund um die Uhr angewiesen (Pflegestufe III). Die Familie seiner Tochter Klara hat ihn vorläufig bei sich in ihrem Haus aufgenommen, der ambulante Pflegedienst unterstützt sie bei der Versorgung.
Die Familie überlegt, den Großvater im städtischen Pflegeheim unterzubringen. Klara könnte für die Heimkosten des Vaters dessen monatliche Rente von 1062 Euro sowie die Zahlungen der Pflegeversicherung verwenden. Dennoch erscheint ihr eine Unterbringung im nahegelegenen Pflegeheim undenkbar.

Begründen Sie anhand von zwei Aspekten ausführlich, warum für Klara und ihre Familie die Unterbringung des Großvaters im Pflegeheim keine passende Alternative ist. Beziehen Sie die Aussagen des Schaubilds M 2 „Was kostet das Pflegeheim?“ in eine Ihrer Argumentationen mit ein.

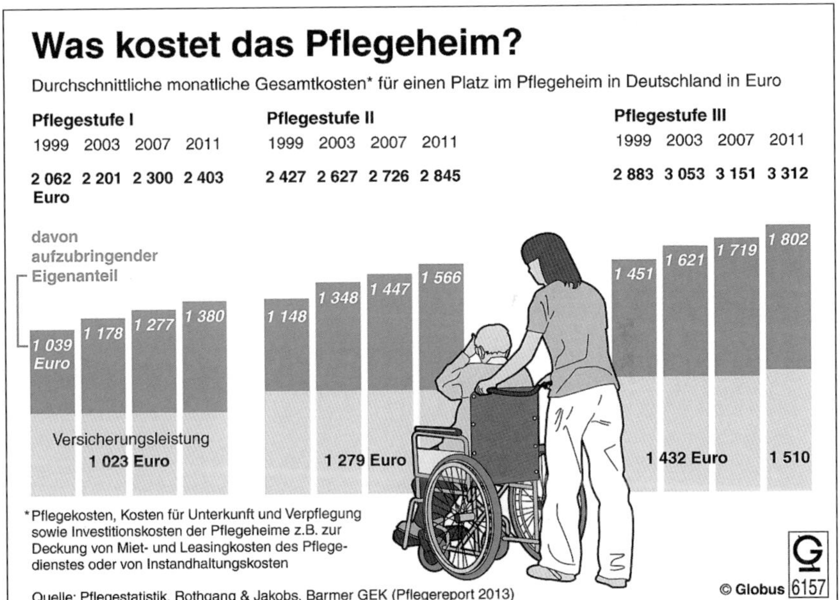

Schaubild M 2: Was kostet das Pflegeheim?, Quelle: picture-alliance/dpa-infografik

4 Schüler betreuen Senioren

4.1 Erklären Sie den Begriff *Ehrenamt.*

4.2 Altenpflegekurs

> An einem Altenpflegekurs für Schülerinnen und Schüler, einem unterfränkischen Realschul-Projekt in Zusammenarbeit mit der zuständigen Caritas-Sozialstation, nahmen 26 Jugendliche mit Erfolg teil. Die Zeugnisse wurden ihnen im Rahmen einer Abschlussveranstaltung überreicht. Die Schülerinnen und Schüler der achten und neunten Jahrgangsstufe hatten sich freiwillig für den Kurs mit insgesamt acht Lerneinheiten angemeldet.
> Inhalte des Kurses waren u. a. „Kommunikation und Demenz“, „Beschäftigung für Menschen mit demenziellen Veränderungen“, „Erste Hilfe in Senioren- und Pflegeheimen“ und „Berufsbild Altenpfleger/-in“.

nach: www.mainpost.de/regional/rhoengrabfeld/

Zeigen Sie an vier Beispielen auf, wie Schülerinnen und Schüler ihr im Altenpflegekurs erworbenes Wissen und Können anwenden können.

Lösungsvorschlag

I. Schwerpunktthema Aufgabengruppe A

1.1 Unter *Arbeit* versteht man eine zielgerichtete körperliche oder geistige Betätigung, um Güter zu produzieren oder Dienstleistungen zu erbringen. Sie dient der materiellen Existenz- und Zukunftssicherung sowie der sinnvollen Lebensgestaltung.

1.2.1 Der *demografische Wandel* gibt die Veränderungen und Tendenzen in der Bevölkerungsentwicklung wieder. In Deutschland wird der demografische Wandel geprägt von einem sehr starken Rückgang der Geburtenrate, einem rapiden Wachstum des Anteils älterer Menschen und insgesamt von einem Rückgang der Gesamtbevölkerung.

1.2.2 Die Erhaltung der Leistungsfähigkeit älterer Arbeitnehmerinnen und Arbeitnehmer führt dazu, dass diese weniger oft erkranken und ärztliche Hilfe benötigen. Dies bewirkt, dass die finanziellen Aufwendungen für die Krankenkassen niedrig bleiben und damit der Sozialstaat weniger belastet wird.
Bleiben die älteren Arbeitnehmer fit, dann können diese auch länger arbeiten. Sie verzichten auf Vorruhestandsregelungen und bleiben länger in ihren Betrieben tätig. Solange sie arbeiten, erhalten sie keine Rente, belasten dadurch nicht die Rentenkasse und stabilisieren den Sozialstaat.
Damit verbunden unterstützen sie, solange sie arbeiten, mit ihren Abgaben in die Sozialversicherungen die Funktionsfähigkeit des Sozialstaates. Da heute die Lebenserwartung immer höher wird, wird auch das Auszahlvolumen an Renten immer größer. Deshalb ist jedes zusätzliche Arbeitsjahr ein positiver Beitrag für die Stabilisierung des Sozialstaates. Wäre es anders, müssten entweder die Renten gekürzt oder die Abgaben in die Rentenkasse erhöht werden – im schlimmsten Fall auch beides gleichzeitig.

1.3
- Flexible Gestaltung von Arbeitszeiten, mit Gleitzeit- und Teilzeitangeboten
- Maßnahmen zur kontinuierlichen Fort- und Weiterbildung
- Ergonomische Gestaltung der Arbeitsplätze

1.4 **Durchhaltevermögen:** Bei auftretenden Schwierigkeiten, z. B. im Bereich von Produktionsvorgängen, geben ältere Arbeitnehmer nicht gleich auf, sondern stellen sich den Problemen und arbeiten an Lösungsmöglichkeiten. Sie haben in ihrem langen Berufsleben die Erfahrung gemacht, dass es immer eine Lösung gibt, wenn man es nur lange genug versucht.

Geduld: Gerade bei Personalveränderungen durch neue Mitarbeiter kann es sein, dass eine bisher stabile Arbeitsgruppe in einen dynamischen Prozess gerät. Wichtige Gruppenphasen wie Storming und Norming können sich wiederholen. Ältere Arbeitnehmer können hier geduldig bleiben, weil sie über Erfahrungen verfügen und solche Phasen schon öfter erlebt haben.

Verantwortungsbewusstsein: Aufgrund einer oft sehr langen Zugehörigkeit zu einem Betrieb entwickelt sich bei älteren Arbeitnehmern häufig ein hohes Verantwortungsbewusstsein für das Wohl des ganzen Unternehmens oder der Einrichtung. Der Betrieb wird zu einer zweiten Familie, um die man sich kümmert, weil man hier auch Zugehörigkeit und Geborgenheit erlebt. Die hohe Identifikation führt zu einem tiefen Verantwortungsbewusstsein.

2.1 Die eigene Wohnung ist älteren Menschen vertraut und sie verbinden damit viele wichtige Lebenserinnerungen. Sie kennen das soziale Umfeld, die Nachbarn und auch die Infrastruktur im Umfeld ihrer Wohnumgebung. Sie wissen, wo sie einkaufen können, wo die nächste Bank ist und haben oft ein langjähriges Vertrauensverhältnis zu ihrem Arzt. Das alles wollen sie nicht aufgeben. Ein weiterer Aspekt kann auch sein, dass es für sie finanziell günstiger ist, in der eigenen Wohnung zu bleiben, als in ein Altenpflegeheim zu ziehen, wo oft sehr hohe Kosten zu zahlen sind, für die sie dann meist auch auf ihre Ersparnisse zurückgreifen müssen.

2.2 *Altenarbeit* umfasst alle Dienste und Pflegemaßnahmen einer planvoll organisierten Altenhilfe zum Wohl der alten Menschen. Man unterscheidet dabei die *stationäre* von der *offenen Altenarbeit.*

Zur *stationären Altenarbeit* zählt man Altenwohnheime, Altenheime und Altenpflegeheime. Diese Einrichtungen ermöglichen bei fehlenden familiären Betreuungsmöglichkeiten oder altersbedingten Krankheiten oder Behinderungen die Versorgung, Betreuung und Pflege der älteren Menschen.

Zur *offenen Altenarbeit* gehören alle Hilfen und Maßnahmen, die es alten Menschen ermöglichen, ihr Leben selbstständig und eigenverantwortlich in ihrer gewohnten Umgebung zu führen und am gesellschaftlichen Leben teilzunehmen. Essen auf Rädern, Seniorenklubs, ambulante Pflege oder Transporthilfen sind Beispiele der offenen Altenarbeit. Häufig sind die Verbände der Freien Wohlfahrtspflege Träger dieser Hilfen.

2.3 Gerade in Städten bilden sich viele Alterswohngemeinschaften. Ältere Menschen ziehen gemeinsam in ein Haus oder teilen sich eine große Wohnung. Sie erledigen zusammen anfallende Arbeiten und verbringen bestimmte Tageszeiten gemeinsam. Somit müssen sie nicht allein wohnen und haben immer auch andere Menschen in ihrer Nähe, die Verständnis für die Situation im Alter haben.

Eine Alternative können auch Mehrgenerationenhäuser sein. Hier leben alte Menschen mit Familien zusammen. Die Senioren übernehmen bestimmte Aufgaben, kümmern sich um die Kinder, indem sie auf diese aufpassen oder gemeinsam mit ihnen lernen. Auch können sie, wenn sie noch rüstig sind, handwerkliche Dienste oder Gartenarbeiten übernehmen. Umgekehrt versorgen die jüngeren dann die alten Menschen, wenn diese krank sind oder Unterstützung brauchen. Im Prinzip wird hier das Modell der Großfamilie wieder reaktiviert.

3.1 Das Schaubild zeigt die Unterbringung von pflegebedürftigen Menschen in Deutschland für das Jahr 2011. Von den ca. 2,5 Millionen Pflegebedürftigen wurden ca. 1,2 Millionen zu Hause durch ihre Angehörigen gepflegt, ca. 0,6 Millionen zu Hause durch Pflegedienste betreut und mehr als 0,7 Millionen befanden sich in Heimen. Somit stehen ca. 1,8 Millionen Pflegebedürftigen, die insgesamt zu Hause leben, 0,7 Millionen Pflegebedürftige in Heimen gegenüber. Das entspricht einem Verhältnis von rund 70 % zu 30 %. Somit lässt sich die Behauptung, dass heute pflegebedürftige Menschen einfach in Heime abgeschoben werden, nicht aufrechterhalten. Was allerdings auffällt, ist die Tatsache, dass der Anteil an Menschen mit der Pflegestufe III, also der Anteil von schwerstpflegebedürftigen, in Heimen mit 20 % am höchsten ist. Man könnte daraus den Schluss ziehen, dass Menschen bei zunehmendem Pflegebedarf zuerst durch Pflegedienste zu Hause betreut und dann in Heimen untergebracht werden, während bei Pflegestufe I der Anteil der Betreuung durch Angehörige zu Hause mit 65 % am höchsten und der Anteil der Betreuung in Heimen mit 38 % am niedrigsten ist.

3.2 Heute ist es angesichts des modernen Rollenbilds üblich, dass auch Frauen berufstätig sind. Somit sind in vielen Familien sowohl die Männer als auch die Frauen für eine bestimmte Zeit nicht zu Hause. Dies erschwert die Betreuung von pflegebedürftigen Familienmitgliedern, weil eine Anwesenheit rund um die Uhr durch Angehörige nicht gewährleistet ist. Außerdem stellt es eine große körperliche und seelische Belastung dar, parallel zur Berufstätigkeit einen Angehörigen zu pflegen.

Nur wenige Menschen leben heute noch in Großfamilien. Eltern leben oft weit entfernt von ihren Kindern in eigenen Wohnungen. Dies schränkt die Erreichbarkeit und damit auch die Versorgung für Angehörige erheblich ein. Um pflegebedürftige Eltern in die

eigene Wohnung aufzunehmen, reicht gerade in Städten die Größe der Wohnung oftmals nicht aus.
Gerade bei schwerster Pflegebedürftigkeit ist eine volle Betreuung notwendig. Berufstätige Angehörige müssten eine Pflegeauszeit nehmen oder die Berufstätigkeit auch ganz beenden. In unserer modernen Leistungsgesellschaft kann dies zu einem Karriereknick führen, den Betroffene dann lieber vermeiden.

3.3 **Finanzielle Aspekte:**
Die Heimkosten für Pflegestufe III betrugen laut Schaubild im Jahr 2011 durchschnittlich 3312 €. Von der Pflegeversicherung erhält der Großvater einen Zuschuss in Höhe von 1510 €. Somit umfasst der Eigenanteil, der von ihm aufgebracht werden muss, 1802 €. Da die Höhe seiner Rente nur bei 1062 € liegt, bleibt ein Defizit in Höhe von 740 € im Monat übrig. Dies muss dann von vorhandenen Ersparnissen, Mieteinnahmen oder Sachwerten finanziert werden. Auch die Angehörigen können bis zu einem gewissen Betrag zu der Zuzahlung herangezogen werden. Hinzu kommen noch private Ausgaben für Körperpflege, Rezeptgebühren, Zuzahlungen zu Medikamenten, Kleidung und mehr. Eine Betreuung zu Hause würde deutlich weniger kosten, was eine Entscheidungsgrundlage für die Familie der Tochter Klara sein könnte.

Ethischer Aspekt:
Angehörige fühlen sich oftmals ethisch verpflichtet, ihren Eltern das zurückzugeben, was sie selbst von diesen in ihrer Kindheit erhalten haben. Es ist für sie dann undenkbar, die Eltern in ein Heim zu geben, und sie entscheiden sich, diese persönlich zu betreuen. Außerdem betrachten sie eventuell eine Heimbetreuung kritisch, weil die Pflegeleistung dort z. B. aufgrund von Personalmangel verringert sein kann.

4.1 Als *Ehrenamt* bezeichnet man ein öffentliches Amt, das freiwillig und ohne Bezüge nebenberuflich wahrgenommen wird.

4.2
- Sie können sich bei ihrer individuellen Berufsentscheidung an den Erfahrungen aus dem Kurs orientieren, da sie ja jetzt das Berufsbild „Altenpfleger/-in“ kennen.
- Gibt es in der eigenen Familie z. B. pflegebedürftige Großeltern, dann können sie bei der Betreuung fachkundig mithelfen.
- Sie können sich in den Ferien um Jobs in Altenpflegeheimen bewerben und dort Geld verdienen.
- Sie können in Diskussionen über alte Menschen aufgrund ihrer Erfahrungen mitreden und dazu beitragen, dass Vorurteile und Ängste überwunden werden.

Der Weg in die Mitte der Gesellschaft

1 Auf der Suche nach Asyl

1.1 Verfassen Sie einen Wikipedia-Eintrag, in dem Sie umfassend den Begriff *Asyl* erklären. Gehen Sie dabei auch auf *Asylrecht* und *Asylberechtigte* ein.

1.2 Beschreiben Sie das Schaubild „Auf der Suche nach Asyl" in Bezug auf die drei Kernaussagen.

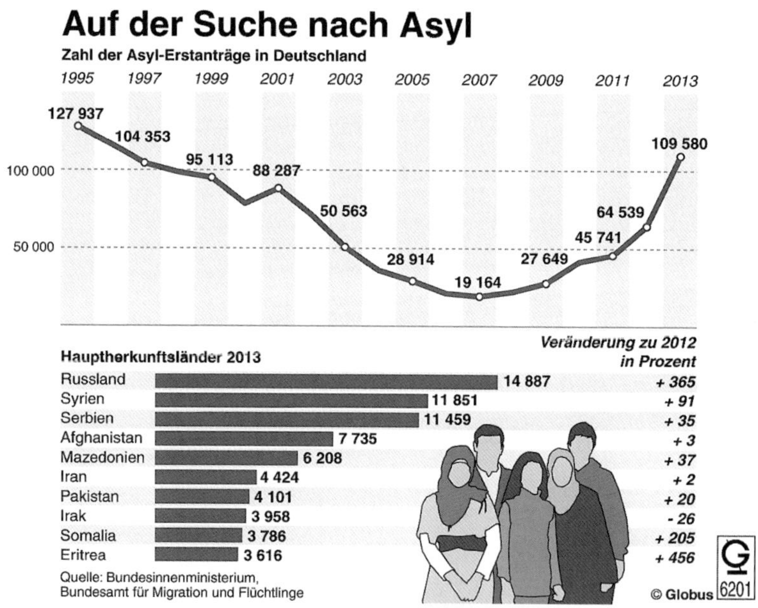

1.3 Im Jahr 2013 sind vor allem viele junge Männer und Frauen geflohen. Beschreiben Sie drei mögliche, aber unterschiedliche Situationen in den Herkunftsländern, die sie dazu veranlassten, ihre Heimat zu verlassen.

1.4 Statt Vorurteile – offen sein für Flüchtlinge

> Der Bayerische Flüchtlingsrat hat im Oktober 2014 dem Landkreis Regensburg ein Lob ausgesprochen für seinen Umgang mit Asylbewerbern. Hier engagiert sich die „Initiative pro Asylanten" zusammen mit ehrenamtlichen Helfern der Freien Wohlfahrtspflege, um zu helfen und Vorurteile abzubauen. Inzwischen ist in vielen Orten die „Mauer der Ablehnung längst einer Willkommenskultur" gewichen.

nach: Mittelbayerische Zeitung vom 30. 10. 2014

1.4.1 Erklären Sie, was unter der *Freien Wohlfahrtspflege* zu verstehen ist, und nennen Sie zwei Wohlfahrtsverbände, die sich an vielen Orten für Flüchtlinge engagieren.

1.4.2 Begründen Sie anhand von drei unterschiedlichen Maßnahmen, wie die Wohlfahrtsverbände dazu beitragen können, Vorurteile abzubauen und die Integration der Asylbewerber von Anfang an zu fördern.

1.5 Leben in der neuen Heimat

Fallbeispiel

> Herr Suchary erinnert sich: Manchmal kann ich es selbst nicht glauben, wie sich mein Leben zum Positiven verändert hat. 1980 flüchtete ich als junger Student aus dem Iran nach Deutschland und bat hier um Asyl. Es war eine schwere Zeit. Ich fühlte mich einsam in diesem Land, dessen Kultur und Sprache mir vollkommen fremd waren. Zunächst arbeitete ich bei einer großen Automobilfabrik am Fließband und am Wochenende besuchte ich einen Sprachkurs. Ich habe nicht aufgegeben und alles versucht, dass ich auch in Deutschland studieren kann. Ich habe jahrelang nachts als Pflegehelfer im Seniorenheim gejobbt und so mein Medizinstudium an der Münchner Universität finanziert. Inzwischen habe ich eine Praxis als Facharzt für Allgemeinmedizin und lebe mit meiner deutschen Frau und meinen zwei Kindern in einer bayerischen Kleinstadt. In meiner Freizeit bin ich im örtlichen Schützenverein und im Fußballverein engagiert. Ich besitze die deutsche Staatsbürgerschaft und fühle mich hier nicht mehr fremd, sondern zuhause.

1.5.1 Erklären Sie, was allgemein unter einer gelungenen *sozialen Integration* zu verstehen ist.

1.5.2 Erläutern Sie mithilfe des Fallbeispiels fünf Kompetenzen, über die Herr Suchary verfügen musste, damit seine Integration gelingen konnte.

2 Von der Obdachlosigkeit zurück in die Gesellschaft

Obdachlose Frauen – Armut ist weiblich

> Seit dem Jahre 2008 steigt die Zahl der Frauen, die von Obdachlosigkeit bedroht sind, kontinuierlich an, berichtet die Leiterin eines Münchner Obdachlosenheims für Frauen. Denn Frauen, vor allem Alleinerziehende, aber auch Frauen im Rentenalter, sind von Armut besonders gefährdet, können sich oftmals keine eigene Wohnung leisten und sind auf Obdachlosenheime und Notunterkünfte angewiesen.

nach: http://www.br.de/bayern2/sendungen/notizbuch/obdachlose-frauen-armut-100.html

2.1 Definieren Sie den Begriff *Obdachlosigkeit*.

2.2 Begründen Sie an drei unterschiedlichen Aspekten, warum gerade die in der Quelle genannten Frauen gefährdet sind, in die Obdachlosigkeit abzugleiten.

2.3 Beratungscafé

> Die Einrichtung von „Beratungscafés" soll nach Aussage der Sozialreferentin der Stadt München dazu beitragen, die Situation von Wohnungslosen und Bettlern zu verbessern. Sie sollen einen Tagesaufenthalt zum Ausruhen, Essen und Trinken, aber auch Hilfe zur Selbsthilfe bieten.

nach: Süddeutsche Zeitung vom 16. 09. 2014

Nennen Sie anhand aussagekräftiger Stichpunkte drei mögliche Hilfen zur Selbsthilfe, die es Betroffenen ermöglichen, einen Weg aus der Obdachlosigkeit zurück in die Mitte der Gesellschaft zu finden.

3 Mehr als Integration: Inklusion

Gleichberechtigte Teilnahme aller am gesellschaftlichen Leben

> Seit 2009 gilt in der Bundesrepublik Deutschland die UN-Behindertenrechtskonvention. Sie fordert Inklusion, das heißt, die gleichberechtigte Teilhabe aller Menschen am gesellschaftlichen Leben. Bundespräsident Joachim Gauck spricht in diesem Zusammenhang von einer „Gesellschaft, die sich nicht aufteilen lässt in die Einen und die Anderen, einem selbstverständlichen Miteinander von behinderten und nicht-behinderten Menschen".

nach: http://www.rehatreff.de/inklusion-gauck-fordert-gesellschaftlichen-perspektivwechsel/

3.1 Verfassen Sie eine ausführliche Definition zum Begriff *Behinderung*.

3.2 Selina, die am Down-Syndrom leidet, kann zur Freude ihrer Eltern die zweite Klasse der örtlichen Grundschule besuchen, anstatt täglich mit dem Bus in die 22 km entfernte Sonderpädagogische Förderschule zu fahren.
Erläutern Sie an jeweils zwei Aspekten, inwiefern sich ein Besuch der örtlichen Grundschule sowohl auf Selina als auch auf ihre Mitschülerinnen und Mitschüler positiv auswirken kann.

3.3 Grundschule oder Förderschule?

> Eltern können in der Regel frei entscheiden, ob ihr beeinträchtigtes Kind eine Grundschule oder eine Förderschule besucht. In München besuchen in diesem Schuljahr 5888 Schülerinnen und Schüler mit einer Beeinträchtigung die 30 Förderschulen der Landeshauptstadt.

nach: Süddeutsche Zeitung vom 16. 09. 2014

Legen Sie überzeugend zwei Gründe dar, die Eltern veranlassen, ihr Kind nicht in einer Grundschule, sondern in einer speziellen Förderschule anzumelden.

3.4 Inklusion als Werbemittel?

> Die gleichberechtigte Teilhabe beeinträchtigter Menschen am gesellschaftlichen Leben stellt die Kommunen vor neue Herausforderungen.
> Eine Gemeinde wirbt beispielsweise mit dem Slogan *„Urlaubsoase für Menschen mit Handicap – in unserer Gemeinde werden Sie nicht behindert"*.

Führen Sie fünf unterschiedliche Aspekte aus, die eine Gemeinde für einen Urlaubsaufenthalt von Menschen mit verschiedenen Arten von Beeinträchtigungen besonders attraktiv macht.

Lösungsvorschlag

II. Schwerpunktthema Aufgabengruppe B

1.1 Als *Asyl* bezeichnet man einen Zufluchtsort, der Flüchtlingen gewährt wird, die in ihren Heimatländern verfolgt werden. Gründe für die Verfolgung können sein: Religion, Nationalität, politische Überzeugung, Zugehörigkeit zu einer bestimmten sozialen Gruppe oder die ethnische Herkunft. Das *Asylrecht* ist ein grundlegendes Menschenrecht. Es ist im Grundgesetz der Bundesrepublik Deutschland im Artikel 16 und im Artikel 14 der Menschenrechtserklärung der Vereinten Nationen verankert. *Asylberechtigte* sind diejenigen Menschen, die in einem Rechtsverfahren anhand schriftlicher Beweise glaubhaft darstellen können, dass sie bei einer Rückkehr in ihr Heimatland bedroht sind.

1.2
- **Zahl der Asyl-Erstanträge in Deutschland**
  Die Entwicklung der Asyl-Erstanträge verlief, bis auf wenige Ausnahmen, vom Jahr 1995 bis zum Jahr 2007 rückläufig. Waren es 1995 noch 127 937 Anträge, so ging diese Zahl 2007 auf 19 164 zurück. Seit 2007 stieg die Zahl der Anträge jedes Jahr. So stellten 2013 109 580 Menschen einen Asyl-Erstantrag, was schon fast der Größenordnung des Jahres 1995 entspricht.

- **Hauptherkunftsländer 2013**
  Die meisten Asyl-Erstanträge wurden im Jahr 2013 von Menschen aus Russland (14 887), Syrien (11 851) und Serbien (11 459) gestellt. Eher wenige Anträge kamen nach dieser Quelle von Menschen aus Somalia (3 786) und Eritrea (3 616).

- **Veränderungen zu 2012 in Prozent**
  Hier fällt auf, dass mit Ausnahme von Irak bei allen Hauptherkunftsländern im Jahr 2013 eine Zunahme im Vergleich zum Jahr 2012 vorliegt. Ganz besonders hoch ist diese mit 456 % in Eritrea, mit 365 % in Russland und mit 205 % in Somalia.

1.3 In vielen Herkunftsländern von Asylbewerbern gibt es Kriege und Gewalt. Momentan kann man das z. B. in Syrien beobachten. Der IS (Islamischer Staat) kämpft im Norden des Irak und in Syrien und möchte dort einen islamischen Gottesstaat errichten. Diese kriegerischen Auseinandersetzungen bedrohen viele Menschen. Weil sie überleben wollen, verlassen sie ihr Herkunftsland.
Gerade in Afrika kommt es immer wieder zu schrecklichen Hungerkatastrophen. Weil es oft jahrelang kaum regnet, fallen die Ernten schlecht aus und viele Menschen leiden an Hunger und Armut. Gerade junge Menschen sehen in solchen Situationen oft keine Zukunftsperspektive und verlassen ihr Land.
In islamisch geprägten Ländern werden Mädchen und junge Frauen oft unterdrückt und sind nicht gleichberechtigt. Sie haben dort häufig keine Möglichkeit, eine höhere Schulbildung zu erlangen. Zwangsverheiratung und auch Beschneidung gehören immer noch zum Ritual. Junge Frauen fliehen deshalb oft in sichere Länder.

1.4.1 Als *Freie Wohlfahrtspflege* bezeichnet man alle Einrichtungen, finanziellen Hilfen oder psychosozialen Maßnahmen der Sozialhilfe und Jugendhilfe, die auf freiwilliger Basis erfolgen und nicht vom Staat oder den Kommunen ausgeübt werden. Bedeutende Wohlfahrtsverbände, die sich für Flüchtlinge engagieren, sind z. B. das Deutsche Rote Kreuz und der Deutsche Caritasverband.

1.4.2 Wohlfahrtsverbände können im Sinne einer Willkommenskultur dabei helfen, erste Kontakte zu knüpfen. Wenn Asylbewerber bei uns ankommen, dann ist es sehr wichtig, diese zu begrüßen und dafür zu sorgen, dass sie mit Einheimischen in Kontakt kommen und die Menschen sich kennenlernen.

Wohlfahrtsverbände können sich bemühen, dass Asylbewerber ohne Deutschkenntnisse Sprachpaten erhalten, die ihnen bei Behördengängen zur Seite stehen. Gerade für Kinder und Jugendliche wäre es wichtig, dass diese schnell erste Deutschkenntnisse erwerben. Um diese Unterstützung zu ermöglichen, könnten Wohlfahrtsverbände vor Ort auch Senioren ansprechen und gewinnen.
Um Vorurteile am besten gar nicht entstehen zu lassen, wäre es sehr wichtig, die Bevölkerung über die Herkunft und die Gründe für die Flucht der Asylbewerber zu informieren. Vorträge und Infoabende, aber auch Pressemeldungen leisten hier sicher gute Dienste. Wenn die Bevölkerung weiß, dass es brutale Kriege und Verfolgungen in den Herkunftsländern sind, die die Menschen zur Flucht bewegen, dann entsteht Verständnis und Vorurteile werden abgebaut.

1.5.1 Unter *sozialer Integration* versteht man die Eingliederung von Personen oder Gruppen in eine größere Gemeinschaft, in der sie angenommen werden und bestimmte Rollen und Aufgaben erhalten.

1.5.2 Folgende Kompetenzen von Herrn Suchary haben zu seiner gelungenen Integration beigetragen:
- **Flexibilität:** Er arbeitete am Fließband in einer Automobilfabrik und auch nachts in einem Pflegeheim, um sich Geld zu verdienen.
- **Anpassungsbereitschaft:** Er absolvierte am Wochenende Sprachkurse.
- **Eigenverantwortung:** Er finanzierte sein Studium durch Jobs selbst.
- **Kontaktfähigkeit:** Er engagiert sich im örtlichen Schützenverein und im Fußballverein.
- **Durchhaltevermögen:** Er hat nicht aufgegeben und alles versucht, damit er in Deutschland studieren kann.

2.1 Als *obdachlos* bezeichnet man Personen oder Familien, die über keine eigene Wohnung verfügen. Sie können sich vom Sozialamt registrieren und in entsprechende Wohnunterkünfte einweisen lassen. Zu den Obdachlosen zählt man auch die Gruppe der Nichtsesshaften, die „auf der Straße“ leben und für bestimmte Zeiten Einrichtungen und Hilfsorganisationen zur Übernachtung bzw. zum Essen aufsuchen.

2.2 Alleinerziehende Frauen müssen oft allein für den eigenen Lebensunterhalt und den ihrer Kinder aufkommen, wenn die Väter der Kinder keinen finanziellen Beitrag leisten. Gerade in Großstädten sind Wohnraum und Lebensmittel sehr teuer. Dies führt zu hohen Lebenshaltungskosten. Das kann zur Folge haben, dass das Geld für die Wohnung zu knapp wird und solche Frauen dann obdachlos werden.
Oft arbeiten Frauen mit Kindern nur Teilzeit, weil sie sich auch noch um die Kinder kümmern wollen bzw. müssen. Teilzeitjobs sind schlechter bezahlt, was zu einem geringen Einkommen führt. Das Geld reicht dann nicht mehr aus, um alle Erfordernisse des Alltags zu finanzieren.
Gerade Frauen der älteren Generation erhalten oft wenig Rente. Gemäß der damals vorherrschenden Rollenverteilung haben sie sich ausschließlich um Haushalt und Kindererziehung gekümmert. Damit haben sie keinen eigenen Rentenanspruch erwirtschaftet und müssen nun vielleicht von der Witwenrente ihrer verstorbenen Männer leben. Diese Renten sind häufig sehr gering und reichen nicht aus, um auch die Miete für eine Wohnung zu zahlen.

2.3
- Hilfen bei der Bewerbung um einen Arbeitsplatz bzw. eine bezahlte Tätigkeit
- Hilfen zur Fortbildung, z. B. Unterstützung beim Erwerb von Computerkenntnissen
- Hilfen bei der Bewältigung psychischer Probleme, z. B. dem Umgang mit Minderwertigkeitsgefühlen

3.1 Man spricht von einer Behinderung, wenn eine Person durch ein angeborenes Leiden, eine äußere Schädigung oder eine Krankheit in ihren körperlichen, geistigen oder seelischen Funktionen eingeschränkt ist und deshalb in ihrer persönlichen, familiären, beruflichen, gesellschaftlichen oder sozialen Entfaltung beeinträchtigt ist.

3.2 **Positive Auswirkungen für Selina:**
Selina bleibt durch den Besuch der örtlichen Grundschule in ihrem Wohnort und ihrer Heimat. Damit können soziale Kontakte aus dem bisherigen Wohn- und Lebensumfeld der Familie auch weiterhin bestehen bleiben.
Selina muss nicht den weiten Weg zur Förderschule fahren und spart sich somit jeden Tag Zeit und Stress. Sie kann am Morgen länger zu Hause bleiben, braucht nicht mit einem überfüllten Bus oder einem Bus für Behinderte fahren und ist somit diesen Belastungen schon vor Schulbeginn nicht ausgesetzt.

Positive Auswirkungen für die Mitschülerinnen und Mitschüler von Selina:
Sie können durch die Anwesenheit von Selina lernen, Vorurteile gegenüber Behinderten abzubauen. Zudem erwerben sie Kompetenzen im Umgang mit Menschen mit Beeinträchtigungen.
Sie können durch den Umgang mit Selina ihr Einfühlungsvermögen und ihre empathischen Fähigkeiten erweitern und entwickeln somit weitere Kompetenzen.

3.3 Trotz Unterstützung können Menschen mit Behinderungen in einer Grundschule oft nicht die Leistungen erreichen, die gefordert werden. Sie erhalten schlechte Bewertungen und Noten. Das kann dazu führen, dass sie sich ständig als Verlierer wahrnehmen und ein niedriges Selbstwertgefühl entwickeln. Sie erleben täglich, dass die anderen Schüler besser sind, was dazu führen kann, dass sie psychisch leiden. Auf einer Förderschule bleibt ihnen dieser direkte Vergleich erspart, was sich dann eher stärkend auf ihr Selbstwertgefühl auswirkt.
An Grundschulen ist die notwendige Förderung für Kinder mit Einschränkungen oft nicht so gut gegeben wie an Förderschulen. Der Personalschlüssel ist an Förderschulen viel günstiger, die Klassengrößen sind geringer und es gibt auch speziell ausgebildete Fachkräfte wie z. B. Therapeuten, die Schüler mit Behinderungen unterstützen können.

3.4
- An den Fußgängerampeln gibt es akustische Signale.
- Stadtführungen werden bei Bedarf auch in Gebärdensprache angeboten.
- Wichtige Informationen existieren auch in Blindenschrift.
- In Kliniken gibt es spezielle medizinische Versorgungsangebote.
- Alle Zugänge zu öffentlichen Einrichtungen sind barrierefrei.

Die Welt der Arbeit im Wandel

1 Geschichte der Arbeitswelt

1.1 Definieren Sie den Begriff *Arbeit*.

1.2 Auszug aus einem Geschichtsbuch

Arbeitswelt um 1850

Maschinensaal einer Spinnerei

Holzstich, um 1860

Mein Großvater war in einer Spinnerei tätig, in der Stoffe hergestellt wurden. Er arbeitete jeden Tag sechzehn Stunden von morgens 4 Uhr bis abends 8 Uhr. Ohne seine Arbeit zu unterbrechen, verzehrte er nebenbei mit aller Hast sein mitgebrachtes Mittagessen. Sein Stundenlohn reichte nur annähernd für die Versorgung seiner Familie. Aufgrund des Wollstaubs in der trockenen Luft erkrankte mein Großvater schließlich an der Lunge. Während seiner Krankenhausaufenthalte musste die Familie von ihren mühevoll angesparten Geldreserven leben. Am Ende verlor mein Großvater aufgrund seiner chronischen Lungenerkrankung seine Arbeit und seine Familie stand ohne Geld da.

Text nach: www.schultreff.de/; Foto: © bpk / Dietmar Katz, https://www.in-die-zukunft-gedacht.de

1.2.1 Die Arbeitsbedingungen des Großvaters sind heute nicht mehr denkbar. In den 1970er-Jahren verbesserte das staatliche Programm „Humanisierung der Arbeit“ die Arbeitsbedingungen der Menschen in Deutschland.
Erklären Sie in einem Satz, was man unter der Formulierung *Humanisierung der Arbeit* versteht.

1.2.2 Schreiben Sie das Fallbeispiel aus der „Arbeitswelt um 1850“ auf heutige Bedingungen um, indem Sie die aktuellen gesetzlichen Bestimmungen berücksichtigen:
„Mein Vater ist in einem großen Autokonzern als Lackierer tätig. […]“

2 Arbeit und Gesundheit im Wechselspiel

Seit 2013 verpflichtet ein Gesetz die Arbeitgeber, neben den physischen nun auch die psychischen Belastungen am Arbeitsplatz zu ermitteln und die Gefährdung zu minimieren (sog. „Gefährdungsbeurteilung“).
Mittels eines Fragebogens wurden von der bayerischen Gewerbeaufsicht daraufhin die Belastungsfaktoren von Pflegekräften in Alten-/Pflegeheimen ermittelt. Auch das Altenpflegeheim St. Anna hat daran teilgenommen.

nach: Peter Stadler / Joachim Beitner: Psychische Belastungen in der Altenpflege, http://www.regierung.oberpfalz.bayern.de/download/gewerbeaufsicht/medz_arbeitsschutz/gda_pflege/psych_belast_pflege.pdf, herausgegeben von der Regierung der Oberpfalz, S. 24

2.1 Belastungen für die Mitarbeiter im Altenpflegeheim St. Anna

2.1.1 Erklären Sie mithilfe der Faktoren, die im Schaubild dargestellt sind, einen möglichen Intrarollenkonflikt einer Pflegekraft.

2.1.2 Einige der genannten Belastungsfaktoren können auch zu möglichen Interrollenkonflikten führen. Arbeiten Sie hierzu ein Beispiel aus.

2.1.3 Benennen Sie fünf unterschiedliche Krankheitsbilder, die im Zusammenhang mit der beruflichen Belastungssituation einer Altenpflegekraft auftreten können.

2.2 Verantwortung der Heimleitung des Altenpflegeheims St. Anna

2.2.1 In Ihrer Position als Leiter/in des Altenpflegeheims entwickeln Sie vier konkrete Maßnahmen, wie Sie psychischen Belastungen Ihrer Mitarbeiter positiv entgegenwirken und damit Stress reduzieren können.

2.2.2 Nennen Sie drei konkrete Maßnahmen, die Ihr Pflegeheim St. Anna zu einem ergonomischen Arbeitsplatz machen, um die physischen Gefahren Ihres Pflegepersonals zu minimieren.

2.2.3 Zu den Pflichten einer Führungsperson bzw. der Heimleitung gehört es, über Führungsstile Bescheid zu wissen.
Benennen Sie die Ihnen bekannten Führungsstile und führen Sie jeweils einen Vor- und Nachteil dazu aus.

3 Vereinbarungsmöglichkeiten von Arbeit und Familienalltag

Nach mehreren vergeblichen Versuchen, ein Kind zu bekommen, haben sich die Eheleute Paulsen mit der Situation abgefunden und ihre Erfüllung in der beruflichen Karriere gesucht. Frau Paulsen (38) ist nun Abteilungsleiterin der Forschungsabteilung eines Chemieunternehmens. Dort macht sie häufig Überstunden und auch am Wochenende müssen Arbeiten erledigt werden. Die Arbeit bereitet ihr sehr viel Freude, da sie eigene Ideen einbringen und umsetzen kann, für die sie schon mehrere Auszeichnungen erhalten hat. Herr Paulsen (44) ist inzwischen in einer mittleren Führungsposition in einem global tätigen Unternehmen beschäftigt, in welchem er mehrere Monate im Jahr im Ausland verbringen muss.
Eine unerwartete Schwangerschaft stellt die Eheleute vor eine neue Herausforderung. Glücklich über die verspätete Erfüllung ihres Kinderwunsches plant das Ehepaar, sowohl ihre gute berufliche Position als auch die Kindererziehung unter einen Hut zu bringen. Dennoch hat Frau Paulsen Angst vor der Zukunft, da ihr viele Fragen durch den Kopf gehen.
Sie sucht ihren Chef auf und lässt sich von ihm beraten.

3.1 Zeigen Sie Frau Paulsen sechs realistische Möglichkeiten auf, was sie selbst und ihr Arbeitgeber dazu beitragen können, damit sie ihre Arbeit mit der Erziehung ihres Kindes vereinbaren kann, bis das Kind 16 Jahre alt ist.

3.2 Frau Paulsen macht sich Sorgen, dass sie zu wenig Zeit mit ihrem Kind verbringen könnte. In einer Elternzeitschrift liest sie den folgenden Satz: *„Nicht die Quantität, sondern die Qualität der Eltern-Kind-Beziehung ist für eine gelungene Primär- und Sekundärsozialisation ausschlaggebend.“*

Geben Sie Frau Paulsen je drei Ratschläge, wie sie trotz der geringen gemeinsamen Zeit in den beiden ersten Sozialisationsphasen eine positive Eltern-Kind-Beziehung aufbauen kann.

4 Arbeit im Zeichen der Globalisierung

4.1 Definieren Sie den Begriff *Globalisierung*.

4.2 Verantwortung der Verbraucher

M 1

M 2

Bangladesch

Die Schattenseite der Globalisierung

Der Einsturz vom Rana Plaza, einer Textilfabrik in Bangladesch, bei dem mehr als 1100 Menschen starben, ist nur ein Beispiel der negativen Folgen der Globalisierung.

Foto: ullstein bild – Lineair / Ron Giling

4.2.1 Der Verbraucher kann nur verantwortungsbewusst handeln, wenn er die Hintergründe kennt.
Benennen Sie vier Einflussfaktoren, die einen derart geringen Preis für Textilien „Made in Bangladesh“ möglich machen (vgl. M 1 und M 2).

4.2.2 Machen Sie drei Vorschläge für global verantwortungsbewusstes Verbraucherverhalten beim Kleidungskauf.

Lösungsvorschlag

I. Schwerpunktthema Aufgabengruppe A

1.1 Unter *Arbeit* versteht man eine zielgerichtete körperliche oder geistige Betätigung, um Güter zu produzieren oder Dienstleistungen zu erbringen. Sie dient der Existenz- und Zukunftssicherung sowie der sinnvollen Lebensgestaltung.

1.2.1 Als *Humanisierung der Arbeit* bezeichnet man alle Bemühungen, Initiativen und Regelungen des Staates, der Verbände und der Unternehmen, die das Ziel haben, die Arbeitswelt möglichst menschenwürdig und gerecht zu gestalten.

1.2.2 „Mein Vater ist in einem großen Autokonzern als Lackierer tätig. Dort arbeitet er nach dem gültigen Tarifvertrag 38 Stunden in der Woche. Die Arbeitszeit beginnt um 7.30 Uhr morgens und endet um 16.30 Uhr. Samstag und Sonntag sind arbeitsfrei. Mittags hat er eine Stunde Mittagspause, in der er auch in der Werkskantine essen kann. Gemäß dem Tarifvertrag erhält er einen Stundenlohn, der ausreicht, um seine Familie gut zu ernähren. Es gibt klare Vorschriften für die Beschäftigten, damit bei der Arbeit keine gesundheitlichen Schäden entstehen. Mein Vater trägt deshalb beim Lackieren einen Mundschutz. Es gibt verschiedene Verordnungen, die verhindern, dass giftige Dämpfe eingeatmet werden. Für den Fall, dass mein Vater erkranken sollte, tritt die Lohnfortzahlung in Kraft. Damit erhält er auch weiterhin seinen Lohn. Sollte mein Vater dauerhaft erkranken, würde der Staat finanzielle Unterstützung oder andere Hilfen wie z. B. auch eine Umschulung anbieten."

2.1 Belastungen für die Mitarbeiter im Altenpflegeheim St. Anna

2.1.1 Im Schaubild wird ganz oben aufgeführt, dass die Pflegekräfte einerseits zu wenig Zeit für den einzelnen Bewohner haben. Demgegenüber steht eine hohe quantitative Arbeitsbelastung. Diese steht im Schaubild an zweiter Stelle. Eine Pflegekraft soll also einerseits sehr viele Bewohner eines Altenpflegeheims versorgen, andererseits fehlt die Zeit für den einzelnen Bewohner. Für die Pflegekraft entsteht somit ein Intrarollenkonflikt mit möglichen psychischen Belastungen. Denn sie steht angesichts der Aufgabe, eine hohe Zahl von Bewohnern zu betreuen, im Konflikt mit dem eigenen inneren Anspruch, auch genügend Zeit für jeden einzelnen zu haben.

2.1.2 Es könnte sein, dass die Notwendigkeit von Wochenend- oder auch Nachtschichten zu einem Interrollenkonflikt führt. Hat z. B. eine Altenpflegekraft einen Partner, der gerne am Wochenende oder abends zusammen mit ihr etwas unternehmen würde, dann kommt es hier immer wieder zu Konflikten. Denn für die Pflegekraft ist es in diesem Fall nicht möglich, alle Rollenerwartungen zu erfüllen. An ihren Dienstwochenenden wird sie nicht genügend Zeit haben, um mit ihrem Partner auszugehen oder Ausflüge zu machen. Für den Fall, dass ihr Partner nur wenig verständnisvoll ist, wird es zu Konflikten kommen.

2.1.3
- Muskelverspannungen
- Rückenschmerzen
- Schlafstörungen
- Depressionen
- Burnout

2.2 Verantwortung der Heimleitung des Altenpflegeheims St. Anna

2.2.1 Einmal könnte ich als Heimleitung mehr Personal einstellen, um die Arbeitsbelastungen besser auf mehr Mitarbeiter zu verteilen. Dadurch würde sich auch deren psychische Belastung reduzieren. Diese Maßnahme wäre aber nur dann möglich, wenn genügend freie Finanzmittel vorhanden sind.

Als Leiter/in könnte ich für das Personal Fortbildungen zum Thema „Konfliktmanagement“ anbieten. Ein Referent schult die Mitarbeiter, damit diese auftretende Konflikte mit den Bewohnern und auch mit Kollegen professionell lösen können. Wenn es gelingt, Konflikte zu bearbeiten, dann nimmt auch die mögliche Belastung durch diese ab.

Ich könnte mich um einen noch besseren Kontakt zum Personal bemühen. Dabei frage ich die Mitarbeiter immer wieder, wie es ihnen geht, und äußere mich wertschätzend über ihre Arbeit. Auch das Zeigen von echtem Interesse für ihre Arbeitssituation kann dazu beitragen, psychische Belastungen abzubauen.

Ich würde auch kontinuierlich die Arbeitsabläufe überprüfen und optimieren. Dabei ist festzustellen, wo die Organisation noch verbessert und auch Zeit eingespart werden könnte. Zu diesem Zweck wäre es sicher auch hilfreich, einen Qualitätszirkel aus den Reihen des Personals einzurichten, der mich in den Bemühungen unterstützt.

2.2.2 Es sollte ein Wechsel der verschiedenen Belastungen herbeigeführt werden. Dies kann geschehen, wenn die Mitarbeiter ihre Tätigkeitsfelder öfter tauschen. So könnte jemand nach einer Woche pflegerischer Tätigkeiten ein paar Tage Büroarbeit verrichten.

Die Betten und Waschvorrichtungen der Bewohner sollten variabel jeweils nach der Körpergröße des arbeitenden Personals eingestellt werden können, sodass hier Zusatzbelastungen vermieden werden.

Gefährliche Arbeitsmittel wie chemische Putzmittel müssen sicher aufbewahrt werden und dürfen nur von dem dafür zuständigen Personal verwendet werden.

2.2.3 Generell unterscheidet man drei verschiedene Führungsstile:
- Demokratisch-partnerschaftlicher Führungsstil:
  Vorteil: Kooperation und Konfliktlösung werden gefördert.
  Nachteil: Klare Entscheidungen werden oft vermieden.
- Laisser-faire-Führungsstil:
  Vorteil: Eigeninitiative und kreative Lösungen werden gefördert.
  Nachteil: Der Mangel an Führung kann Orientierungslosigkeit und Frustration bewirken.
- Autoritärer Führungsstil:
  Vorteil: Die Aufgaben sind klar verteilt. Jeder weiß, was er tun muss.
  Nachteil: Es kann eine schlechte Arbeitsatmosphäre entstehen. Eigenverantwortung und Eigeninitiative entwickeln sich nur sehr zurückhaltend.

3.1 Liebe Frau Paulsen, ich möchte Sie ungern als Mitarbeiterin verlieren und sehe deshalb folgende Möglichkeiten:

Für die Betreuung in den ersten Lebensjahren haben wir eine Kooperation mit einer Kindertagesstätte in der Nähe der Firma. Wir garantieren Ihrem Kind einen Betreuungsplatz in dieser Einrichtung.

Vielleicht haben Sie in Ihren Familien noch rüstige Großeltern, die sich gerade an Wochenenden oder auch an Abenden um Ihr Kind kümmern können, wenn Sie berufliche Termine haben.

Viele Kindergärten haben sehr flexible Öffnungszeiten. Sie können dort Ihr Kind auch einmal schon sehr früh abgeben oder erst spät abholen.

Wenn Ihr Kind zur Schule geht, gibt es an vielen Schulen eine Ganztagesbetreuung. Die Schüler erhalten ein vollwertiges Mittagessen und werden auch am Nachmittag betreut. Sie können mit Unterstützung lernen, Hausaufgaben machen und haben auch durch spielerische Angebote die Möglichkeit, soziale Kontakte zu knüpfen.

In den Ferien bieten viele Wohlfahrtsverbände gut geplante und betreute Ferienfreizeiten an. Zusammen mit Gleichaltrigen genießen Kinder dann schöne und erholsame Ferienprogramme.

In unserer Firma gibt es sehr flexible Arbeitszeitmodelle. Wenn Sie mit Gleitzeit arbeiten, wäre es ohne Stress möglich, Ihr Kind vor der Arbeit in Ruhe in eine Betreuungseinrichtung zu bringen. Eine andere Möglichkeit wäre es, für eine bestimmte Dauer in Teilzeit zu arbeiten. Dann könnten Sie Beruf und Kind gut verbinden. Wir werden Ihnen bei der Regelung Ihrer Arbeitszeiten sehr entgegenkommen, weil wir Sie im Betrieb nicht verlieren wollen.

3.2 **Ratschläge für die Primärsozialisation:**
Förderung des Urvertrauens durch intensiven Körperkontakt in den ersten Lebensmonaten durch Stillen, Babymassage und Streicheln.
Intensive Kommunikation mit dem Kind in den verbleibenden gemeinsamen Zeiten.
Vermittlung von klaren Regeln und Einhalten von Grenzen.

Ratschläge für die Sekundärsozialisation:
Feste Bezugsperson bei längeren Abwesenheiten der Eltern.
Interesse und Freude am Kind zeigen.
Schaffen gemeinsamer Erlebnisse und Erfahrungen durch Unternehmungen an Wochenenden und in den Ferien.

4.1 Unter *Globalisierung* versteht man die weltweite Ausbreitung in verschiedenen Bereichen. In wirtschaftlicher Hinsicht beinhaltet Globalisierung das Entstehen weltweiter Märkte und eine stärker werdende Produktionsverflechtung über nationale Grenzen hinweg. Diese Entwicklung hat vielfältige ökologische, kulturelle, soziale und gesellschaftliche Veränderungen zur Folge. Diese können positive und negative Seiten haben.

4.2.1 Geringe Preise für Textilien „Made in Bangladesch" sind aus folgenden Gründen möglich:
- Es gibt in Bangladesch kaum gesetzliche Auflagen für den Umweltschutz.
- Die Rohstoffe sind in Ländern der Dritten Welt für die Großkonzerne oft sehr günstig.
- Die Löhne der Arbeiter sind sehr niedrig.
- Es gibt kaum Regelungen für einen Arbeitsschutz wie z. B. Unfallversicherungen, Fortzahlung des Lohnes im Krankheitsfall oder Verbot von Kinderarbeit.

4.2.2 Kleidungsstücke sollten mit geringer ökologischer Belastung hergestellt werden. Dafür gibt es bestimmte Siegel, die an den Kleidungsstücken angebracht sind und darüber informieren. Kleidungsstücke aus regionaler Produktion sind meistens eher ökologisch, da die Herkunftswege kürzer sind.

Man könnte darauf achten, Kleidung aus Entwicklungsländern nur dann zu kaufen, wenn diese unter Fairtrade-Bedingungen hergestellt werden, also z. B. ohne Kinderarbeit und mit einer angemessenen Bezahlung der bei der Herstellung beteiligten Arbeitskräfte.

Man könnte beim Kauf auf die Qualität achten. Gute Kleidungsstücke halten länger. Damit lässt sich der Neukauf von Kleidung reduzieren, weil der Verschleiß viel geringer ist. Das Prinzip „Qualität vor Quantität" ist Ausdruck eines verantwortungsbewussten Verbraucherverhaltens.

Abschlussprüfung an Realschulen – 2016
Sozialwesen: Aufgabengruppe B

Verantwortung für sich und andere

1 Verantwortung der Eltern

1.1 Erklären Sie in einem Satz den Begriff *Sozialisation.*

1.2 Zeit für die Kinder

> Stefan (28) erzählt: „Für mich und meine Brüder war es vollkommen selbstverständlich, dass wir ohne Vater bei unserer Mutter aufwuchsen. Es war nie ein Thema, weder zu Hause noch unter Freunden und bei uns zu Hause lief ja auch alles ganz normal. Rückblickend denke ich aber, dass es für meine Mutter sehr anstrengend gewesen sein muss. Das hat sie uns jedoch nie so vermittelt. Sie hat auch nie mit uns darüber gesprochen oder sich beschwert. Zu zweit ist es aber sicherlich einfacher, da haben beide Eltern mehr Zeit für die Kinder."

nach einem Artikel aus: Süddeutsche Zeitung vom 15.05.2010

Schildern Sie vier Probleme, die Stefans Mutter als Alleinerziehende aufgrund ihrer Situation möglicherweise hatte.

1.3 Stefans Mutter fragt sich, ob es stimmt, dass Singlemütter aus ihren Söhnen die besseren Männer machen, wie sie es in einer Zeitschrift gelesen hat.
Führen Sie je ein Pro- und Kontra-Argument dazu aus, inwieweit sich das Singledasein ihrer Mütter auf die Sozialisation von Männern wirklich auswirken könnte.

2 Verantwortung für sich selbst

> *Drogen in der Arbeitswelt*
>
> Sie nehmen freiwillig leistungssteigernde Medikamente und Drogen ein, die unter das Betäubungsmittelgesetz fallen. Sie, das sind Menschen, die eines wollen: Leistung bringen und Stress bewältigen. Ihr Wunsch ist es, mehr und besser arbeiten zu können, länger wach und konzentriert zu sein und keine Angst mehr vor beruflichen Problemen zu haben.

nach: Gott und die Welt, ARD-Reportage vom 03.11.2013

2.1 Verfassen Sie einen Lexikonartikel zu dem Begriff *Sucht.*

2.2 Zeigen Sie jeweils ein Problem auf, das sich aus den vermeintlichen Vorteilen langfristig für den Arbeitgeber, die Kollegen und den Konsumenten ergeben kann, wenn Arbeitnehmer unter „leistungssteigernden" Drogen arbeiten.

2.3 Sie sollen im Fach Sozialwesen ein Referat zum Thema „Prävention statt Intervention – Stressbewältigung statt leistungssteigernde Drogen" vorbereiten.
Machen Sie zwei Vorschläge, welche Inhalte vermittelt werden müssten, und begründen Sie Ihre Auswahl.

3 Der Staat übernimmt Verantwortung

Das Jugendschutzgesetz (JuSchG)

Eltern müssen nicht alles erlauben, was das Gesetz gestattet.
Sie tragen bis zur Volljährigkeit die Verantwortung.

▇ = erlaubt ▨ = nicht erlaubt

● = zeitliche Beschränkungen/Begrenzungen
(werden durch die Begleitung einer erziehungsbeauftragten Person aufgehoben)

		Kinder unter 14 Jahre	**Jugendliche**	
			unter 16 Jahre	**unter 18 Jahre**
§ 4	Aufenthalt in **Gaststätten**	nicht erlaubt ●	nicht erlaubt ●	erlaubt bis 24 Uhr
§ 5	Anwesenheit bei **öffentlichen Veranstaltungen**, u. a. **Discos** (Ausnahmegenehmigung durch zuständige Behörde möglich)	nicht erlaubt ●	nicht erlaubt ●	erlaubt bis 24 Uhr
	Anwesenheit bei **Tanzveranstaltungen** von anerkannten Trägern der Jugendhilfe, bei künstlerischer Betätigung oder zur Brauchtumpflege	erlaubt bis 24 Uhr	erlaubt bis 24 Uhr	erlaubt bis 24 Uhr
§ 9	Abgabe/Verzehr von Branntwein (Schnaps), branntweinhaltigen Getränken und Lebensmitteln	nicht erlaubt	nicht erlaubt	nicht erlaubt
	Abgabe/Verzehr anderer alkoholischer Getränke, z. B. Wein, Bier o. ä. (Ausnahme: Erlaubt bei 14- und 15-Jährigen in Begleitung einer personensorgeberechtigten Person [Eltern])	nicht erlaubt	nicht erlaubt	erlaubt
§ 10	Abgabe und Konsum von Tabakwaren	nicht erlaubt	nicht erlaubt	nicht erlaubt

3.1 Definieren Sie den Begriff *Normen.* Begründen Sie dabei, welcher Art von Norm man das Jugendschutzgesetz zuordnen kann.

3.2 Michael ist endlich 15 Jahre alt und interessiert sich dafür, was laut Jugendschutzgesetz für Jugendliche in seinem Alter erlaubt ist und was nicht. Im Jugendzentrum will er sich informieren.
Erklären Sie Michael in Ihrer Rolle als Sozialarbeiter/in, was er laut Jugendschutzgesetz darf und was nicht. Beschränken Sie sich dabei auf die in der obigen Abbildung abgedruckten Paragraphen des Jugendschutzgesetzes.

3.3 Die Bestimmungen zu Paragraph 9 des Jugendschutzgesetzes *(Abgabe und Verzehr von Branntwein/Schnaps)* können sich positiv auf die Gesellschaft und den Sozialstaat auswirken.
Erläutern Sie diese Aussage anhand von zwei Argumenten.

4 Verantwortung der Medien

Ein berühmter Fernsehkoch wagte ein Experiment. In seiner mehrteiligen TV-Dokumentation begab sich der Koch in eine Justizvollzugsanstalt, um den Inhaftierten das Kochen beizubringen. Ziel war es, mit den zumeist ungelernten Strafgefangenen ein Bistro im Gefängnis zu eröffnen. Da viele der Insassen noch nie einer geregelten Arbeit nachgegangen waren, wollte ihnen der Fernsehkoch neue Perspektiven für die Zukunft aufzeigen. Zu Beginn der TV-Serie waren es elf Teilnehmer – ihre Straftaten reichten von Diebstahl bis zu Raub mit Todesfolge.

Der Vorsitzende der Polizeigewerkschaft, Rainer Wendt, kritisierte die Kochshow hinter Gittern heftig. Was in der Sendung aus einem Gefängnis zu sehen war, habe mit Resozialisierung nichts zu tun, sagte Wendt dem „Handelsblatt Online".

nach: www.radiobremen.de/

4.1 Definieren Sie den Begriff *Resozialisierung*.

4.2 Benennen Sie vier Kompetenzen, die die Inhaftierten durch ein solches Kochprojekt erwerben können. Erklären Sie dabei ausführlich, wie die von Ihnen ausgewählten Kompetenzen zur Resozialisierung der Strafgefangenen beitragen könnten.

4.3 Zeigen Sie an zwei unterschiedlichen Aspekten auf, inwiefern Kritik an der Show gerechtfertigt sein kann.

5 Verantwortung für andere

Sie gehören zur Generation 60plus?
Sie wollen spüren, wie es ist, gebraucht zu werden?
Ehrenamtliches Engagement liegt Ihnen am Herzen?
Sie investieren dafür gerne zwei bis drei Stunden pro Woche?
Dann melden Sie sich!

nach einer Anzeige: Augsburger Allgemeine vom 14. 05. 2014

5.1 Definieren Sie den Begriff *Ehrenamt*.

5.2 Benennen Sie sechs Möglichkeiten aus mindestens drei unterschiedlichen Bereichen, wie sich die in der Anzeige benannte „Generation 60plus" ehrenamtlich engagieren kann.

5.3 Zeigen Sie an vier Aspekten auf, warum eine ehrenamtliche Tätigkeit für die „Generation 60plus" persönlich von Gewinn sein kann.

Lösungsvorschlag

II. Schwerpunktthema Aufgabengruppe B

1.1 Als *Sozialisation* bezeichnet man das Hineinwachsen des Menschen in die Gesellschaft und in das geregelte Zusammenleben von einzelnen und Gruppen.

1.2 Stefans Mutter könnte finanzielle Probleme gehabt haben. Als Alleinerziehende war sie sicher auf die finanzielle Unterstützung des Vaters angewiesen. Wenn diese nicht entsprechend erfolgte, dann hat es ihr an notwendigem Geld gefehlt und sie musste sehr sparsam wirtschaften.

Ein weiteres Problem als Alleinerziehende könnte gewesen sein, dass sie zu wenig Zeit für sich selbst hatte. Sie musste sich ja um die Kinder und den Haushalt kümmern und war wahrscheinlich gleichzeitig berufstätig. Da blieb vermutlich nicht viel Zeit für eigene Interessen oder Hobbys. Unter Umständen hatte sie auch keine Zeit für einen neuen Partner. So ein Zustand kann sehr schnell zu psychischen Problemen führen.

Es könnte auch sein, dass Stefans Mutter soziale Probleme hatte, weil sie zu wenig soziale Kontakte pflegen konnte. Durch die vielen Anforderungen konnte sie keinen großen Bekanntenkreis aufrechterhalten. Dies hat möglicherweise dazu geführt, dass sie vereinsamte und sich isoliert fühlte.

Die übernommene Verantwortung als Alleinerziehende könnte auch dazu geführt haben, dass sie kaum Zeit hatte für sportliche Tätigkeiten oder auch für die Erholung. So wäre es möglich, dass sie dadurch gesundheitliche Probleme im Bereich des Kreislaufs oder bezüglich ihrer nervlichen Belastbarkeit bekommen hat.

1.3 Eine positive Auswirkung für Männer wäre, dass diese durch die Situation mit ihren Singlemüttern lernen, ihre Mitmenschen zu unterstützen und auch Aufgaben im Haushalt zu übernehmen. Sie machen die Erfahrung, dass Hilfsbereitschaft wichtig ist und jeder auf die Hilfe des anderen angewiesen ist. Dies wäre ein positiver Einfluss von Singlemüttern auf ihre Söhne.
Negativ könnte sein, dass die Söhne ein einseitiges Rollenverhalten erlernen. Einerseits fehlt ihnen ja häufig das männliche Vorbild, weil die Väter selten anwesend sind. Dann erleben sie die Mutter als eine Frau, die alles alleine schafft, stark ist und im Prinzip alle Aufgaben bewältigen kann. Das kann dazu führen, dass solche Söhne als spätere Männer ein unrealistisches Frauenbild entwickeln und gegenüber ihren Partnerinnen eine überzogene Erwartungshaltung haben.

2.1 Die heute zunehmend durch den Begriff *Abhängigkeit* ersetzte Bezeichnung *Sucht* definiert das unabweisbare Verlangen nach einem bestimmten Erlebniszustand. Dieser Zustand kann entweder durch Substanzen wie Alkohol, Medikamente, Drogen oder durch Verhaltensweisen wie Spielen, Fernsehen, Essen hervorgerufen werden. Sucht bezeichnet also eine Art von zwanghaftem Drang, sich bestimmten Reizen auszusetzen oder bestimmte Verhaltensweisen auszuführen und dadurch subjektiv befriedigende Gefühle oder Zustände zu erleben.

2.2 Für den Arbeitgeber kann es zu einem möglichen Qualitätsverlust der Produkte führen. Der Drogen konsumierende Arbeitnehmer wird nach einer bestimmten Zeit Konzentrationsschwierigkeiten haben, die sich auf die Qualität der Dienstleistungen oder der angefertigten Produkte negativ auswirken können.

Für die Kollegen kann es ein Problem werden, wenn der Drogenkonsument wegen Krankheit ausfällt und sie dadurch Mehrarbeit haben. Problematisch wäre es auch, wenn sie sich ständig an Krankheitsvertretungen gewöhnen und diese einarbeiten müssen, weil ihr konsumierender Kollege für eine bestimmte Zeit nicht arbeitsfähig ist.

Für den konsumierenden Arbeitnehmer kann das eigene Verhalten im Extremfall zum Verlust des Arbeitsplatzes führen. Wenn sein Drogenverhalten beim Arbeitgeber bekannt wird, kann dies massive arbeitsrechtliche Konsequenzen haben. Im Extremfall erhält der Arbeitnehmer nach mehrmaligen Abmahnungen eine Kündigung.

2.3 Im Referat müsste der Bereich des Konfliktmanagements bearbeitet werden. Konflikte schon im Ansatz zu lösen, wäre ein hilfreiches Mittel, um eine Eskalation zu vermeiden. Ab einer gewissen Konfliktdichte entsteht Stress. Eine gute Kommunikationsfähigkeit kann schon in der Frühphase Konflikte entschärfen.

Ein weiterer Schwerpunkt des Referats wäre der Hinweis auf die Bedeutung einer gesunden Lebensführung. Ausreichend Schlaf, sportliche Betätigung, gesunde Ernährung, sinnvolle Hobbys und ein unterstützender Bekanntenkreis können dazu beitragen, Stress zu vermeiden. Dies sind somit wichtige Präventionsmaßnahmen.

3.1 *Normen* sind allgemein verbindliche Regeln, deren Einhaltung von der überwiegenden Mehrheit der Gesellschaft erwartet und deren Übertretung entsprechend sanktioniert wird. Normen lassen sich von übergeordneten Werten ableiten und sind veränderbar.

Das Jugendschutzgesetz zählt zu den Muss-Normen: Dies sind Rechtsnormen, die das menschliche Zusammenleben verbindlich regeln. Sie schützen Grundwerte, die für ein geordnetes Zusammenleben unerlässlich sind und deren Einhaltung auch erzwungen werden kann. Ein weiteres Beispiel hierfür sind die Verkehrsregeln. Bei Nichteinhaltung von Muss-Normen erfolgen immer auch Sanktionen.

3.2 Michael, nach dem aktuellen Jugendschutzgesetz ist mit 15 Jahren Folgendes erlaubt bzw. nicht erlaubt:

Nach § 4 darfst du dich in Gaststätten nur in Begleitung einer erziehungsbeauftragten Person aufhalten. Nach § 5 gilt das auch für den Besuch von öffentlichen Veranstaltungen, wie z. B. Discos. Anders ist das bei Tanzveranstaltungen von anerkannten Trägern der Jugendhilfe sowie bei Veranstaltungen zur künstlerischen Betätigung oder zur Brauchtumspflege: Hier kannst du bis 24 Uhr teilnehmen. Nach § 9 ist der Kauf und Verzehr von Schnaps verboten, das gilt auch für andere alkoholische Getränke. Wein, Bier oder ähnliches ist für dich aber erlaubt, wenn du in Begleitung deiner Eltern bist. Ganz verboten ist für dich nach § 10 der Kauf und Konsum von Tabakwaren.

3.3 Der Konsum von Schnaps und anderen hochprozentigen alkoholischen Getränken führt bei Jugendlichen oft zu einer schnellen und starken Alkoholisierung. Darauf reagieren besonders männliche Jugendliche manchmal mit Aggressivität und auch Gewalttätigkeit. Daraus entstehen dann Sachbeschädigungen oder auch Personenverletzungen. Gerade bei Fußballspielen, Demonstrationen und Konzerten kann man das oft beobachten. Der Sozialstaat wird dabei z. B. durch entstehende Kosten für Polizei und Krankenkosten belastet.

Regelmäßiger Konsum von starken alkoholischen Getränken kann bei Jugendlichen sehr schnell zu Sucht führen. Damit riskieren Jugendliche ihre Ausbildungs- oder Lehrstelle. Es ist nur eine Frage der Zeit, bis es zu Arztbesuchen oder gar Klinikaufenthalten kommt. Dies führt zu zusätzlichen Belastungen für den Sozialstaat.

Die beiden Beispiele zeigen, dass sich die Bestimmungen von § 9 positiv auf die Gesellschaft und auch den Sozialstaat auswirken können.

4.1 Als *Resozialisierung* bezeichnet man die Wiedereingliederung von Menschen mit extremen Sozialisationsmängeln in ein geordnetes und nach den Normen der Gesellschaft ausgerichtetes Leben.

4.2 *Konfliktlösefähigkeit:* Beim Kochen und beim Bistro-Projekt kommt es sicher in der Gruppe immer wieder zu Konflikten. Manche Abläufe führen zu Missverständnissen, gerade auch deshalb, weil viele der beteiligten Insassen keine Berufsausbildung haben. Diese Konflikte müssen dann bearbeitet und gelöst werden. Dazu ist Feedback ebenso notwendig wie die Wahrnehmung der überschrittenen Grenzen. Die Gefangenen können auf diese Weise lernen, später auf Provokationen angemessen zu reagieren.

Teamfähigkeit: Beim Kochprojekt in der Gruppe entsteht ein Team mit verschiedenen Aufgaben und Rollen. Gerade auch für den Betrieb eines Bistros ist es notwendig, auf andere Teammitglieder Rücksicht zu nehmen. Man lernt dabei, sich an Absprachen zu halten und auch die anderen Rollen zu respektieren. Teamfähigkeit ist in der heutigen Arbeitswelt oder in Vereinen eine grundlegende Kompetenz für ein gelingendes Miteinander. Ihr Erwerb ist deshalb ein wichtiger Bestandteil für eine erfolgreiche Resozialisierung.

Disziplin: Ungelernte Strafgefangene haben oft ein Defizit darin, länger bei der Sache zu bleiben. Im Projekt lernen sie, auch über einen längeren Zeitraum hinweg zuverlässig ihre Aufgaben zu erfüllen. Disziplin ist eine wichtige Kompetenz, um kontinuierlich Belastungen und Herausforderungen zu ertragen. Disziplin erhöht die Frustrationstoleranz der Betroffenen und steigert auch ihre Zuverlässigkeit. Das sind wichtige Beiträge für eine gelingende Resozialisierung.

Kochen und Bistro: Mit dem Projekt eignen sich die beteiligten Insassen Kenntnisse und Fertigkeiten über das Kochen und das Führen eines Bistros an. Damit haben sie nach ihrer Entlassung schon eine bestimmte Vorstellung über eine berufliche Tätigkeit in diesen Arbeitsfeldern. Gerade wenn das Projekt erfolgreich läuft, kann es für die Beteiligten motivierend sein, sich einen Arbeitsplatz in diesen Bereichen zu suchen. Durch die Vorqualifikation im Projekt haben sie bessere Chancen bei den Bewerbungen um gewünschte Ausbildungsplätze. Die eigene berufliche Tätigkeit mit dem Ziel der finanziellen Unabhängigkeit gehört zu den ganz wichtigen Zielen einer gelingenden Resozialisierung.

4.3 Es kann zu Recht kritisiert werden, dass das Fernsehen in einer mehrteiligen Serie über das Koch- und Bistroprojekt Straftätern eine öffentliche Bühne gibt. Strafgefangene werden wie Medienstars behandelt und vermarktet. Ihr eigentliches Vergehen wird verharmlost und tritt in den Hintergrund.

Für die Opfer und Geschädigten der Straftäter könnte es eine Zumutung sein, diese gut gelaunt im Fernsehen beim Kochen und bei der Organisation ihres Bistros zu sehen. Sie erwarten sich Buße für die begangenen Taten und keine Show.

5 Verantwortung für andere

5.1 Ein *Ehrenamt* ist ein öffentliches Amt, das freiwillig und in der Regel ohne Vergütung nebenberuflich wahrgenommen wird.

5.2 In folgenden Bereichen könnte sich die „Generation 60plus" ehrenamtlich einbringen:
- im politischen Engagement für Parteien oder Bürgerinitiativen
- im Sport als Trainer und Betreuer von Kinder- und Jugendmannschaften
- bei der Unterstützung von Flüchtlingen im Schriftverkehr und bei Behördengängen
- im kirchlichen Engagement in Pfarrgemeinde- und Kirchenräten
- im Naturschutz bei Artenschutzmaßnahmen von Umweltverbänden
- bei der Betreuung von Kindern und Jugendlichen durch die Beteiligung an Veranstaltungen des Kinderschutzbundes

5.3 Man lernt durch das Engagement Menschen kennen und erweitert damit seinen Bekannten- und vielleicht sogar Freundeskreis. Damit ist einer möglichen sozialen Vereinsamung vorgebeugt.

Eine regelmäßige ehrenamtliche Tätigkeit gibt dem Wochenablauf eine feste Struktur. Viele ältere Menschen sind gefährdet, keinen festen Tagesablauf mehr zu haben und dadurch Struktur und Halt zu verlieren. Die festen Termine durch das Ehrenamt bewirken bei den Engagierten, dass diese einen Anreiz erhalten, auch weiterhin aktiv am gesellschaftlichen Leben teilzunehmen.

Eine ehrenamtliche Tätigkeit gibt den älteren Menschen das berechtigte Gefühl, gebraucht zu werden. Dies wirkt sich positiv auf ihr Selbstwertgefühl aus und stärkt ihre psychische Stabilität.

Das Engagement in einem Ehrenamt regt ältere Menschen auch geistig an und fordert sie. Sie müssen planen und sich vorbereiten. Somit bleiben sie geistig aktiv.

Menschen mit Beeinträchtigung

1 Behinderung – was ist das?

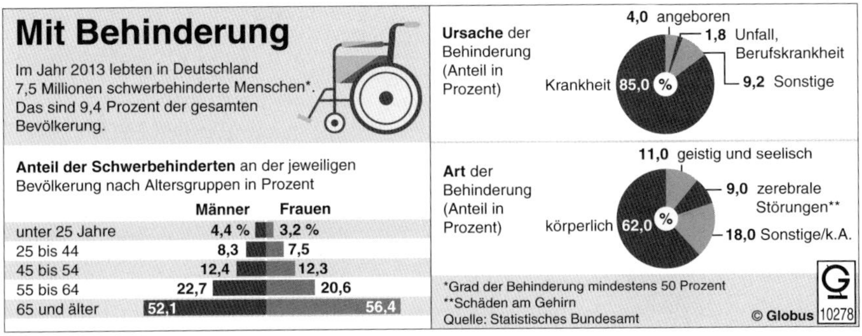

Schaubild M 1, leicht verändert: © picture-alliance / dpa-infografik

1.1 Erklären Sie den Begriff *Behinderung.*

1.2 Werten Sie das Schaubild „Mit Behinderung" (M 1) aus, indem Sie drei grundlegende Aussagen treffen.

1.3 Beschreiben Sie zwei Ursachen, warum deutliche Unterschiede im Hinblick auf das Alter beim Anteil der Schwerbehinderten bestehen (vgl. Schaubild M 1).

1.4 Man unterscheidet verschiedene Behinderungsursachen.
Nennen Sie zwei unterschiedliche konkrete Behinderungsursachen und geben Sie je ein passendes Beispiel dazu an.

1.5 Definieren Sie den Begriff *Prävention.*

1.6 Stellen Sie vier präventive Möglichkeiten für Jugendliche dar, wie diese im Sinne der Eigenverantwortung einer möglichen Behinderung vorbeugen können.

2 Inklusive Familie

Fallbeispiel

> Ein schrecklicher Unfall stellt Marias Leben völlig auf den Kopf. Die junge, sportliche Frau, die als Tennistrainerin arbeitet, ist von einem Tag auf den anderen vom Bauch an abwärts gelähmt. Sie hat kein Gefühl mehr in den Beinen, kann nicht mehr laufen. Ihr Mann Tim ist Geschäftsführer einer großen Firma und oft auf Reisen. Zudem haben die beiden zwei Kinder, die vierjährige Tina und den neunjährigen Hannes. Sie bewohnen seit einigen Jahren ein großes Haus am Stadtrand von München. Marias und Tims Eltern wohnen in Hamburg.

Beschreiben Sie fünf Herausforderungen, die auf die Familie durch den Unfall zukommen. Zeigen Sie dabei Möglichkeiten auf, wie die jeweilige Herausforderung bewältigt werden kann.

3 Inklusive Vorbilder

Die einzige Behinderung im Leben ist die falsche Einstellung!
Gemäß diesem Motto gingen 155 deutsche Athleten bei den Paralympischen Spielen in Rio de Janeiro 2016 an den Start.
In Sportarten wie beispielsweise Sitzvolleyball, Kugelstoßen, Rollstuhlrugby, Laufen, Schwimmen, Tischtennis oder Paratriathlon bewiesen sie, dass sie trotz Beeinträchtigung zu großen Leistungen fähig sind.
Mit 57 Medaillen ist das Team des Deutschen Behindertensportverbandes aus Rio zurückgekehrt.

Quelle Text: basierend auf www.deutsche-paralympische-mannschaft.de/de/athleten.html
Quelle Bild:© picture-alliance / ZUMAPRESS.com

3.1 Definieren Sie den Begriff *soziale Integration.*

3.2 Beschreiben Sie kurz anhand von drei Aspekten, inwiefern paralympische Sportler als Vorbild für Jugendliche mit Behinderung dienen können.

4 Integrative Arbeitswelt

Fallbeispiel

Daniel Weber ist 24 Jahre alt und kam mit einer leichten geistigen Behinderung auf die Welt. Er lebt bei seinen Eltern.
Seit mehreren Jahren arbeitet er in einer Werkstatt für Menschen mit Beeinträchtigungen (WfB) in Aschaffenburg. Er ist in der Holzverarbeitung tätig. Dort schneidet er z. B. Spanplatten, verleimt diese und verschraubt sie zu Verpackungskisten.
Nach dem Grundkurs im ersten Jahr und dem Aufbaukurs im zweiten Jahr (vgl. M 2) durfte er auch schon ein Praktikum in einer großen Schreinerei ableisten, das von der Behindertenwerkstätte begleitet wurde. So hofft er, irgendwann auf dem allgemeinen Arbeitsmarkt eine Stelle zu bekommen.

4.1 Für Daniel ist es sehr wichtig, einer Arbeit nachzugehen. Erklären Sie ausführlich anhand von vier Aspekten, welche Vorteile ein geregeltes Arbeitsleben für Daniel bietet.

4.2 Erläutern Sie zwei positive Auswirkungen auf den Sozialstaat, wenn Daniel in einer Werkstatt für Menschen mit Beeinträchtigungen arbeitet.
Beziehen Sie die entsprechenden Sozialstaatsprinzipien in Ihre Ausführungen mit ein.

4.3 In Daniels Arbeitsstätte sind Menschen mit und ohne körperliche bzw. geistige Beeinträchtigung beschäftigt. Dies beeinflusst u. a. das Betriebsklima.

4.3.1 Definieren Sie den Begriff *Betriebsklima.*

4.3.2 Beschreiben Sie drei Maßnahmen, die der Chef/die Chefin in diesem <u>besonderen</u> Betrieb umsetzen sollte, um für ein gutes Betriebsklima am Arbeitsplatz zu sorgen.

„Werkstatt für Menschen mit Beeinträchtigung“

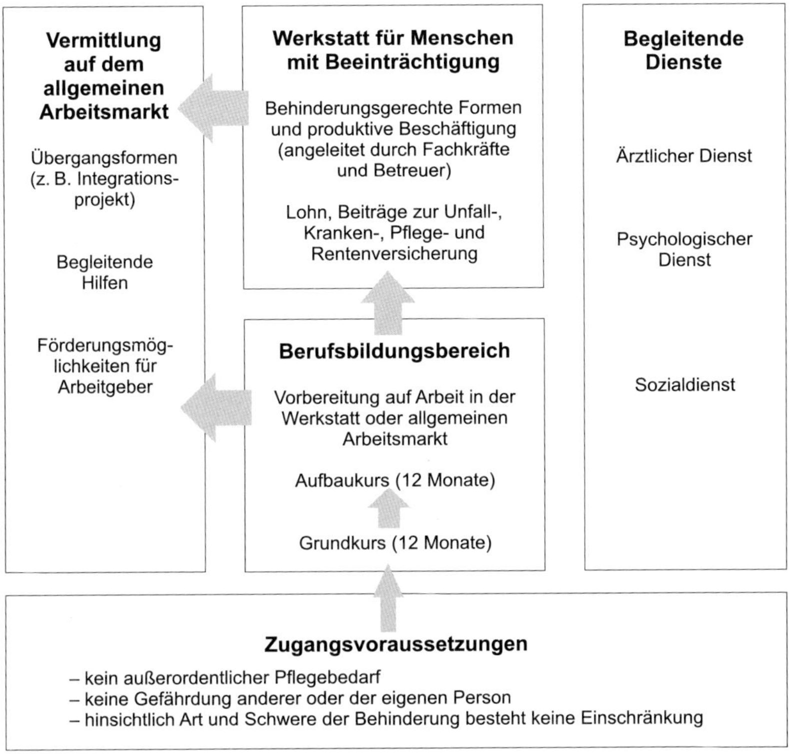

Quelle basierend auf: http://www.werkstaetten-im-netz.de/images/struktur_wfbm.gif

5 Ehrenamt

Fallbeispiel

> In vielen Seniorenheimen engagieren sich ehrenamtliche Mitarbeiter, indem sie am Nachmittag Senioren besuchen.
> Kathi und Elena, zwei 15-jährige Realschülerinnen, möchten zusammen einen Besuchsdienst im Seniorenheim übernehmen. Ihre Gruppe, die sie besuchen, besteht aus vier Damen und einem Herrn, die alle noch geistig fit sind. Das Gehen und Stehen bereitet ihnen jedoch große Schwierigkeiten und Schmerzen, sodass sie in ihrer Bewegungsfreiheit äußerst eingeschränkt sind.

5.1 Definieren Sie den Begriff *Ehrenamt.*

5.2 Beschreiben Sie beispielhaft vier verschiedene Aktionen, mit denen Kathi und Elena ihre Gruppe unterhalten oder ihnen Neues vermitteln können.

5.3 Verdeutlichen Sie ausführlich anhand von drei Aspekten, wie Kathi und Elena durch dieses persönliche Engagement für ihr späteres Berufsleben profitieren können.

Lösungsvorschlag

I. Schwerpunktthema Aufgabengruppe A

1.1 Von einer Behinderung spricht man, wenn eine Person durch eine Krankheit, ein angeborenes Leiden oder eine äußere Schädigung in ihren körperlichen, geistigen oder seelischen Funktionen eingeschränkt und deshalb in ihrer persönlichen, familiären, beruflichen, gesellschaftlichen oder sozialen Entfaltung beeinträchtigt ist.

1.2 Der Anteil der behinderten Menschen in der Bevölkerung steigt mit dem Lebensalter. So ist in der Gruppe der 65-jährigen und älteren Menschen der Anteil mit 52,1 % bei Männern bzw. 56,4 % bei den Frauen am höchsten. Insgesamt haben mehr als die Hälfte der Menschen in einem Alter über 65 eine schwere Behinderung.

Als Ursache für eine mögliche Behinderung liegen Krankheiten mit 85 % deutlich an der Spitze. Alle anderen möglichen Gründe wie z. B. Unfälle oder angeborene Einschränkungen spielen nur eine untergeordnete Rolle.

Die häufigste Art der Behinderung ist die körperliche. Diese macht 62 % aller Fälle aus. Weniger häufig sind mit 11 % geistige und seelische Behinderungen sowie zerebrale Störungen mit 9 %.

1.3 Die Häufigkeit von Erkrankungen steigt mit zunehmendem Alter. Während viele Menschen in jungen und mittleren Jahren noch gesund und leistungsfähig sind, nehmen Erkrankungen im Laufe des Alters zu. Somit steigt auch das Risiko von Behinderungen.

Heute ist es möglich, bereits Ungeborene auf eventuelle Behinderungen zu untersuchen. Sollte ein begründeter Verdacht vorliegen, entscheiden sich viele schwangere Frauen für eine Abtreibung. Auch das ist ein Grund, warum die Behindertenquote unter 25 Jahren sehr gering ist.

1.4 Angeborene Behinderungen: Manche Kinder haben einen angeborenen genetischen Fehler, der zu einer Behinderung führt. Sehr bekannt ist hier das Down-Syndrom bzw. Trisomie 21, eine meist geistige Behinderung. Kinder mit einem solchen Syndrom werden oft abwertend als Mongoloide bezeichnet.

Behinderung durch Unfall: Im Straßenverkehr kommt es jedes Jahr zu vielen Unfällen, bei denen Menschen ihr Leben verlieren oder schwer behindert werden. Besonders schlimm sind Verletzungen an der Wirbelsäule, die zu Querschnittslähmungen führen. Solche Menschen sind dann an einen Rollstuhl gebunden.

1.5 Als Prävention bezeichnet man Maßnahmen zur allgemeinen Vorbeugung, zur Vorsorge oder auch Verhütung. Der Begriff Prävention wird in verschiedenen Bereichen wie z. B. in der Medizin oder der Psychologie verwendet.

1.6 Jugendliche können sich im Straßenverkehr verantwortungsbewusst verhalten. Ob mit Fahrrad, Roller oder auch mit dem Auto: Sie können einen sicheren, aufmerksamen Fahrstil praktizieren und vermeiden somit mögliche Unfälle, die zu Behinderungen führen könnten.

Jugendliche können im handwerklichen Umgang mit gefährlichen Maschinen, z. B. Sägen oder Bohrern, auf vorsichtige und aufmerksame Bedienung achten. So vermeiden sie Unfälle, die im schlimmsten Falle zu einer Behinderung führen können.

Viele Jugendliche verzichten bewusst auf Zigaretten, einen hohen Alkoholkonsum oder Drogen. Damit vermeiden sie das Risiko von Suchtabhängigkeit mit entsprechenden Folgeerscheinungen, die zu Behinderungen führen können.

Jugendliche treiben regelmäßig Sport und halten sich somit fit und gesund. Sie sind in einem Sportverein aktiv oder nützen einen günstigen Schülertarif für den Besuch eines Fitnessstudios.

2 Finanzielle Herausforderungen: Maria ist durch den Unfall an den Rollstuhl gebunden und kann vermutlich ihren Beruf als Tennislehrerin nicht mehr ausüben, was zu einem Verdienstausfall führt. Ein rollstuhlgerechter Umbau des Hauses erfordert größere Investitionen. Maria könnte sich um einen anderen Beruf bemühen und umschulen. Dann hätte sie wieder einen eigenen Verdienst. Es gibt auch staatliche Zuschüsse für Familien, die wegen der Behinderung eines Familienmitgliedes plötzlich in Not geraten.

Seelische Herausforderungen: Für Maria ist der Unfall mit der daraus resultierenden Behinderung sicher eine sehr große psychische Belastung. Vielleicht ist sie sogar traumatisiert; sie wird sich vielleicht nicht mehr als vollwertig erleben. Maria kann eine Therapie beantragen, um mit der Unterstützung eines Psychologen ihre seelische Stabilität zurückzuerlangen. Auch der Besuch einer Selbsthilfegruppe für Menschen, die ein ähnliches Schicksal ereilt hat, könnte für sie hilfreich sein.

Partnerschaftliche Herausforderungen: Maria wird sich vielleicht durch ihre Lähmung sexuell nicht mehr als genügend attraktiv wahrnehmen. Vielleicht ist sie auch im Hinblick auf ihre sexuellen Möglichkeiten eingeschränkt, was sie als sehr beschämend erleben kann. Es wäre dann wichtig und hilfreich, wenn sie mit ihrem Mann darüber offen sprechen könnte. Auch kann sich das Ehepaar in einer Beratungsstelle für sexuelle Fragen Rat holen.

Körperliche Herausforderungen: Gerade kurz nach dem Unfall wird Maria oft Schmerzen gehabt haben. Zusätzlich kann die Alltagsbewältigung als Rollstuhlfahrerin für sie eine große Herausforderung darstellen. Da ihr Mann beruflich oft auf Reisen ist, könnten vielleicht die Großeltern trotz der Entfernung hin und wieder Maria unterstützen. Auch eine Haushaltshilfe wäre eine Möglichkeit. Diese könnte sich auch um die Kinder kümmern, wenn sie z. B. zu Freunden oder in Vereine gebracht werden müssten.

Familiäre Herausforderungen: Maria wird nicht mehr so wie früher mit ihren Kindern spielen und leben können. Es wird wichtig sein, dass Maria und auch ihre Kinder neue Formen der familiären Alltagsgestaltung lernen. Die Familie braucht alternative Formen der Freizeit- und Urlaubsgestaltung. Wichtig für Maria wäre, dass sie von ihren beiden Kindern auch mit ihrer Behinderung nach wie vor voll als Mutter akzeptiert wird und sich diese nicht wegen ihr schämen.

3.1 Als soziale Integration bezeichnet man das Eingliedern von Personen oder Gruppen in eine größere Gemeinschaft, in der sie angenommen werden und in der sie bestimmte Rollen und Aufgaben erhalten.

3.2 Paralympische Sportler können Jugendliche mit Behinderungen anregen, selbst eine Sportart auszuüben. Dadurch trainieren sie ihren Körper, sie stärken ihre Gesundheit und Ausdauer. Vielleicht streben sie dann sogar an, einmal selbst an den Paralympics teilzunehmen.

Eine weitere Vorbildfunktion kann sein, dass Jugendliche mit Behinderungen ihre Hemmungen verlieren, sich in der Gesellschaft zu zeigen. Die paralympischen Sportler verstecken ihre Behinderungen nicht, sondern bewegen sich mutig in der Öffentlichkeit. Das kann Jugendliche mit Behinderungen motivieren, sich auch offen zu zeigen und ihre Scham wegen ihrer Behinderung abzulegen.

Viele Sportler der Paralympics machen einen sehr selbstbewussten Eindruck. Jugendliche mit Behinderung sind oft gefährdet, psychisch labil oder depressiv zu werden.

Dagegen wirken die Leistungssportler psychisch sehr stabil und optimistisch selbstbewusst. Sie können für solche Jugendlichen positive Vorbilder sein, die ihre psychische Stabilität positiv beeinflussen.

4.1 Daniel erhält durch seine Arbeit ein eigenes Einkommen. Damit ist es für ihn möglich, seinen eigenen Lebensunterhalt zu bestreiten und sich materielle Wünsche zu erfüllen.

Eine geregelte Arbeit könnte Daniel psychische Stabilität geben und sein Selbstwertgefühl steigern. Durch seine leichte geistige Behinderung ist es möglich, dass er sich gegenüber anderen Gleichaltrigen ohne Einschränkung zurückgesetzt fühlt. Die Arbeit gibt ihm dagegen ein Gefühl der Gleichwertigkeit.

Der Vorteil einer geregelten Arbeitstätigkeit ist der damit verbundene feste Tagesablauf. Man muss am Morgen aufstehen, hat eine bekannte Arbeitsumgebung und ist in ein Team von Arbeitskollegen eingebunden. Eine solche feste Struktur ist hilfreich.

Ein weiterer Vorteil ist der soziale Kontakt. Daniel hat Arbeitskollegen, mit denen er sich austauschen kann. Vielleicht entstehen aus diesen Kontakten sogar Freundschaften. Auch schon das Praktikum in der großen Schreinerei kann für Daniel im Hinblick auf neue soziale Kontakte positiv sein.

4.2 Wenn Daniel in einer Werkstatt für Menschen mit Beeinträchtigungen arbeitet, erhält er dafür Lohn. Damit trägt er ganz oder teilweise zur Finanzierung seines Beitrages zu den Sozialversicherungen bei. Dies können z. B. die Abgaben für Kranken- und Rentenversicherung sein. Damit wird der Sozialstaat positiv unterstützt, weil Daniel nicht nur Empfänger ist, sondern auch einen eigenen Beitrag leistet.

Durch das verdiente Geld kann Daniel wenigstens zum Teil sein eigenes Leben finanzieren. Damit entlastet er den Sozialstaat. Daniel übernimmt hier Eigenverantwortung und erfüllt ein wichtiges Prinzip eines funktionierenden Sozialstaates.

4.3.1 Als Betriebsklima bezeichnet man den Gesamteindruck der von allen Beteiligten wahrgenommenen und bewerteten Gegebenheiten in einem Betrieb. Dazu gehören der Führungsstil, die Organisationsabläufe, die Arbeitnehmervertretung und auch die zwischenmenschlichen Beziehungen.

4.3.2 In einem solchen Betrieb gibt es sicher hohen Kommunikationsbedarf. Menschen mit Behinderungen brauchen vielleicht andere Erklärungen für bestimmte Arbeitsabläufe. Auch kann es zwischen den Arbeitenden mit und ohne Behinderungen immer wieder zu Missverständnissen kommen, die dann in Gesprächen geklärt werden müssen. Ein Chef eines solchen Betriebes braucht ein hohes Maß an Kommunikationsfähigkeit.

Eine weitere wichtige Maßnahme könnte die Wertschätzung sein. Mitarbeiter mit Behinderungen fühlen sich vielleicht weniger wertvoll und damit zurückgesetzt. Die Wertschätzung für sie und ihre Arbeit ist wichtig, um das zu vermeiden.

Hilfreich für solche besonderen Betriebe ist sicher auch ein hohes Zusammengehörigkeitsgefühl aller Mitarbeiter. Betriebsfeste zu verschiedenen Anlässen und gemeinsame Ausflüge können dieses fördern.

5.1 Das Ehrenamt ist ein öffentliches Amt, das freiwillig und ohne Dienstbezüge oder Lohn nebenberuflich wahrgenommen wird.

5.2 Kathi und Elena können mit ihrer Seniorengruppe einen Spielenachmittag planen, bei dem die Senioren zusammen an einem Tisch sitzen können, da sie ja Probleme mit ihrer Mobilität haben.

Die beiden könnten den Senioren auch anbieten, ihnen den Umgang mit dem Computer zu erklären. Die Senioren sind geistig fit und interessieren sich vielleicht für den Umgang mit digitalen Medien.

Die Realschülerinnen könnten vorschlagen, sich gemeinsam Filme anzuschauen. Sie könnten diese als DVD besorgen oder auch über das Internet abspielen. Vielleicht interessieren sich die Senioren für aktuelle Filme, die vor Kurzem im Kino gezeigt wurden, dessen Besuch für sie aber wegen ihrer körperlichen Einschränkungen nicht mehr möglich ist.

Motivierend für die Senioren ist es vielleicht auch, wenn diese von Kathi und Elena über ihr Leben befragt werden und sie etwas davon erzählen können. Die beiden Jugendlichen können dann aktiv zuhören und sie erfahren zugleich etwas über das Leben zu früheren Zeiten.

5.3 Kathi und Elena kommen bei ihren Besuchen im Seniorenheim sicher auch mit dem Personal dort in Kontakt. Dies können Pflegekräfte, Ergotherapeuten, Angestellte der Verwaltung oder auch die Leitungskraft des Heimes sein. Durch solche Begegnungen sammeln die beiden Erfahrungen, die ihnen bei der Entscheidung helfen können, ob für sie eventuell ein Beruf in diesem Spektrum infrage kommt.

Die beiden Jugendlichen werden ihre Treffen vorbereiten und nachbesprechen. Auch während der gemeinsamen Zeit mit den Senioren werden Absprachen und Koordination immer wieder wichtig sein. Kathi und Elena verbessern somit ihre Teamfähigkeit. Diese ist in der modernen Berufswelt sehr wichtig. Die Erfahrungen durch den Besuchsdienst werden von manchen Arbeitgebern bei Bewerbungen ebenfalls sicher positiv aufgenommen.

Die beiden Mädchen vertiefen auch ihre kommunikativen Kompetenzen. Sie müssen Gespräche mit den Senioren führen und am Laufen halten. Sie praktizieren das aktive Zuhören und nehmen bestimmte inhaltliche Impulse der Senioren auf, mit denen sie die Gespräche dann fortführen. Auch das Stellen von Fragen schult ihre Gesprächsführungskompetenz. In der modernen Berufswelt ist kommunikative Kompetenz von grundlegender Bedeutung.

Moderne Lebensformen

1 Lebenswelt der Kinder

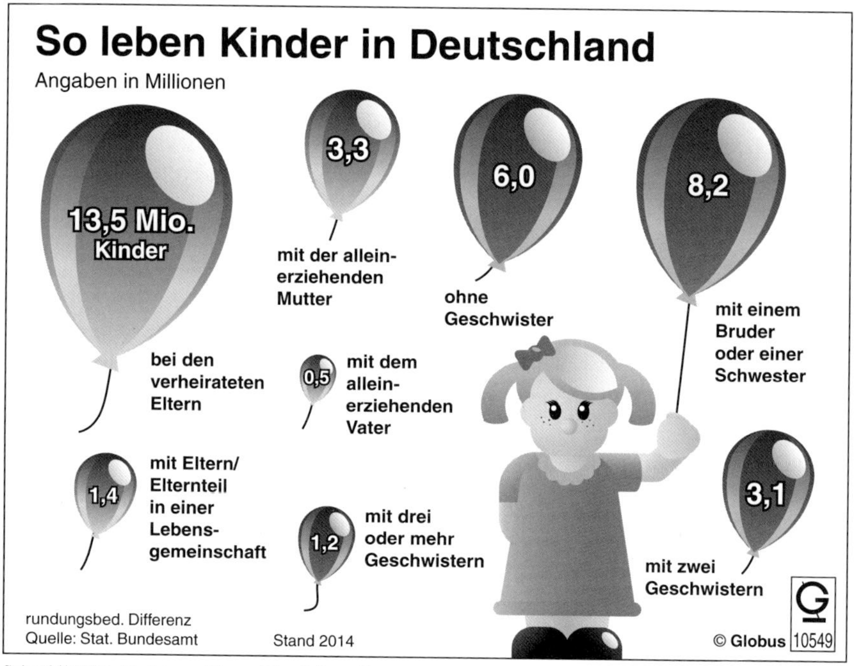

Schaubild M 1: © picture-alliance / dpa-infografik

1.1 Definieren Sie den Begriff *Primärgruppe.*

1.2 Betrachtet man das Schaubild M 1, so leben rund 1,4 Mio. Kinder „mit Eltern/Elternteil in einer Lebensgemeinschaft“.
Benennen Sie die drei dazu passenden möglichen Familienformen.
Beschreiben Sie in kurzen Fallbeispielen die Zusammensetzung der jeweiligen Familienform.

1.3 Mehr als 12 Mio. Kinder in Deutschland wachsen „mit einem oder mehreren Geschwistern“ auf.
Erläutern Sie beispielhaft, wie sowohl jüngere als auch ältere Geschwister in der Sozialisationsinstanz Familie voneinander lernen.

1.4 Laut Schaubild M 1 leben rund 3,3 Mio. Kinder „mit der alleinerziehenden Mutter“, aber nur 0,5 Mio. Kinder „mit dem alleinerziehenden Vater“.
Benennen Sie zwei mögliche Gründe, die diesen Unterschied erklären.

2 Familienform „Nestmodell“

Fallbeispiel

> Die Eltern Anita und Michael Bauer leben getrennt, doch sie kümmern sich partnerschaftlich um ihre beiden Kinder. Eine Woche lang übernimmt diese Aufgabe die Mutter Anita, eine Woche lang der Vater Michael. Am Sonntag wird gewechselt. Eigentlich ganz normal.
> Doch nicht die Kinder Patrick (12) und Klara (5) packen ihre Koffer und ziehen zwischen Vater und Mutter hin und her, sondern die Eltern pendeln. Die Kinder leben weiter in der gewohnten Wohnung, nur der jeweilige Elternteil wechselt wöchentlich. In der „Papawoche“ schläft Michael Bauer bei ihnen, macht Frühstück, bringt sie zu Schule und Kindergarten, kocht, hilft bei den Hausaufgaben und liest abends eine Geschichte vor. Am Ende dieser Woche geht der Vater zurück in seine kleine Ein-Zimmer-Wohnung am anderen Ende der Stadt und Mama Anita kommt aus der Wohnung ihres neuen Partners, die sich im Umland befindet.
> Juristen nennen diese Regelung „Nestmodell“, weil die Eltern sich wie Vögel verhalten, die abwechselnd zum Nest fliegen, um ihre Küken zu füttern.

Quelle: verkürzt zusammengefasst nach einem Artikel aus dem SZ-Magazin Heft 15/2012

2.1 Diese moderne Form der gemeinschaftlichen Erziehung im Trennungsfall hat Vor- und Nachteile.
Formulieren Sie zwei Aspekte, die für dieses Modell sprechen, und benennen Sie zwei Herausforderungen, die möglicherweise die Umsetzung dieses Modells erschweren. Ziehen Sie abschließend ein persönliches Fazit zum „Nestmodell“, indem Sie folgenden Satz weiterführen: *„Ich bin der Meinung, dass …“*

2.2 Bei der Erziehung ihrer Kinder setzen die Eltern Michael und Anita Bauer Sanktionen ein.

2.2.1 Erklären Sie den Begriff *Sanktion.*

2.2.2 Geben Sie für jede Art von Sanktion jeweils ein konkretes Beispiel aus dem Erziehungsalltag an.

3 Alleine leben

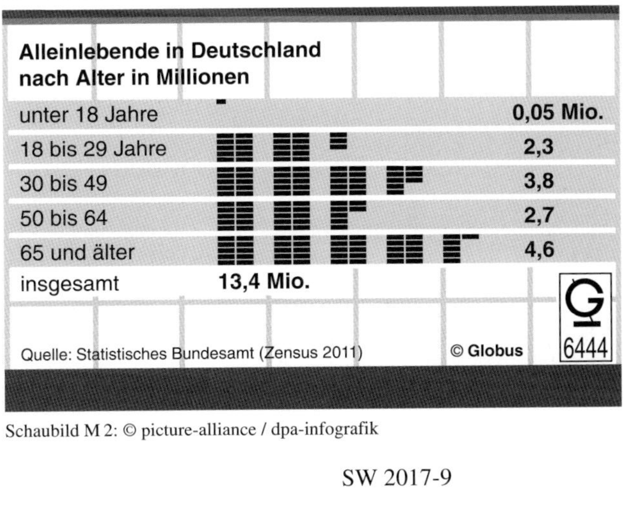

Schaubild M 2: © picture-alliance / dpa-infografik

3.1 In Deutschland leben 13,4 Millionen Menschen alleine (Schaubild M 2). Die Ursachen hierfür sind vielfältig und unabhängig vom Alter.
Benennen Sie drei Gründe für unfreiwilliges Alleinleben.

3.2 Vor 50 Jahren bestand fast die Hälfte aller Haushalte aus mindestens drei Personen. Nur 4,5 Mio. Haushalte waren Einpersonenhaushalte, was einem Anteil von rund 22 Prozent entsprach.
Erläutern Sie zwei Auswirkungen auf unsere Gesellschaft, zu denen es aufgrund der enormen Zunahme der Einpersonenhaushalte kommt.

4 Lebensformen im Alter

4.1 Definieren Sie den Begriff *Alter*.

4.2 Wohnen 65plus

Fallbeispiel

> Die jung gebliebene, kinderlose Hanna Lange (67) möchte nach dem Tod ihres Mannes nicht alleine leben, sondern das große gemeinsame Haus möglichst bald verkaufen. Sie ist auf der Suche nach einer anderen Wohnform mit sozialem Anschluss.
> Ein klassisches Seniorenheim kommt für sie noch nicht in Frage, weil sie sich fit und gesund fühlt. Außerdem möchte sie weiter ihrem Hobby, dem Kochen, nachgehen und Freunde zum gemeinsamen Essen einladen. Auch ihren geliebten Hund dürfte sie nicht mit ins Seniorenheim nehmen.
> Im Internet findet sie verschiedene Angebote, die für sie durchaus in Frage kommen könnten.

4.2.1 Stellen Sie zwei moderne Wohnformen für die Altersgruppe „65plus“ vor, die auch für Frau Lange und ihre Bedürfnisse in Frage kommen könnten.

4.2.2 Begründen Sie an zwei Aspekten, inwiefern derartige moderne Wohnformen den Sozialstaat entlasten können.

4.3 Armut im Alter

4.3.1 In Deutschland sind nach einem Medienbericht 5,6 Millionen Menschen über 55 Jahre von Armut und sozialer Ausgrenzung bedroht.
Erklären Sie zwei mögliche Gründe für die Armut im Alter. Beziehen Sie die Regelungen des Sozialstaates in Ihre Überlegungen mit ein.

4.3.2 Erläutern Sie anhand von drei Beispielen den Zusammenhang zwischen Altersarmut und sozialer Ausgrenzung.

5 Jugend im Ausland

Fallbeispiel

Simone möchte vor ihrer Ausbildung zur Erzieherin nach dem Schulabschluss für ein Jahr als Au-Pair-Mädchen nach Südamerika gehen. Dort wird sie für die Familie Sanchez die Kinder Carlos (4) und Maria (8) betreuen und kleinere Aufgaben im Haushalt übernehmen.

Simone benötigt für dieses Jahr im Ausland mehrere Kompetenzen.
Benennen Sie vier wesentliche Kompetenzen. Schildern Sie zu jeder genannten Kompetenz jeweils eine Situation aus dem Alltag, in der genau diese Kompetenz gewinnbringend eingesetzt werden kann.

Lösungsvorschlag

II. Schwerpunktthema Aufgabengruppe B

1.1 Als Primärgruppe bezeichnet man eine Gruppe, die zeitlich sehr früh im Leben des Menschen wegen ihrer intensiven, gefühlsmäßigen Beziehungen einen stark prägenden Einfluss auf seine persönliche Entwicklung hat. Wichtige Primärgruppen sind die Familie und der Kindergarten.

1.2 Es gibt verschiedene Familienformen, bei denen beide Eltern oder nur ein Elternteil in einer Lebensgemeinschaft leben:

Nichteheliche Lebensgemeinschaft: Hier leben die beiden Elternteile unverheiratet zusammen. Frau und Mann gehen eine Partnerschaft ein. Die Partnerin bekommt Kinder, was aber nicht dazu führt, dass die beiden Elternteile heiraten. Sie kümmern sich partnerschaftlich um ihre gemeinsamen Kinder.

Regenbogenfamilie: Hier leben die Kinder bei einem Elternteil, das in einer gleichgeschlechtlichen Beziehung lebt. So kann es z. B. sein, dass sich die Mutter vom Vater ihrer Kinder trennt und dann mit einer anderen lesbischen Frau eine gleichgeschlechtliche Partnerschaft eingeht. Nimmt sie ihre Kinder mit, die dann zusammen mit den beiden Frauen leben, nennt man das eine Regenbogenfamilie.

Patchworkfamilien: Eltern finden nach der Trennung oder Scheidung neue Partner, die auch schon Kinder haben. Zusätzlich können beide Partner auch gemeinsame Kinder haben. Die jeweils mitgebrachten Kinder leben dann mit den gemeinsamen Kindern des Paares zusammen.

1.3 Jüngere Geschwister haben in ihren älteren Geschwistern wichtige Vorbilder. Dadurch können sie lernen, wie man sich in bestimmten Situationen verhält, z. B. wenn sie die älteren Geschwister beim Spielen mit Freunden erleben. Umgekehrt können ältere Geschwister davon profitieren, dass sie Verantwortung für die jüngeren übernehmen. Sie unterstützen die Eltern bei der Pflege oder beim Aufpassen und werden so in ihrer eigenen Entwicklung selbstständiger.

1.4 In vielen Familien ist es immer noch so, dass der Mann als finanzieller Hauptversorger voll arbeitet und die Frau nur einer Teilzeittätigkeit nachgeht, weil sie sich zusätzlich noch um Haushalt und Kinder kümmert. Bei einer Trennung kann es passieren, dass beide Partner dann an diesem Rollenmuster festhalten. Die Kinder bleiben bei der Mutter und diese wird zur Alleinerziehenden.

Ein anderer Grund kann sein, dass Väter, gerade wenn ihre Kinder noch kleiner sind, sich die Pflege und Versorgung der Kinder nicht zutrauen und es ihnen lieber ist, wenn die gemeinsamen Kinder den größeren Teil der Zeit bei der Mutter und nicht bei ihnen sind.

2.1 Zwei Aspekte, die für dieses Modell sprechen:
Die Kinder bleiben die ganze Zeit in ihrer vertrauten Wohnumgebung und somit auch in ihren sozialen Kontexten. Sie wohnen in ihren eigenen Zimmern und können ohne Probleme ihre Hobbys pflegen oder in die gleichen Vereine gehen. Es kann sein, dass ihnen das psychische Stabilität gibt, weil sie nicht aus den gewohnten Umgebungen herausgerissen werden.

Die Kinder erleben ihre beiden Elternteile jeweils immer eine ganze Woche lang. Somit verbringen sie auch den gewöhnlichen Alltag mit allen Pflichten und das Wochenende mit den angenehmeren Tätigkeiten zusammen. Damit wird vermieden, dass es zu einer Zweiteilung kommt, bei der das Elternteil mit dem zweiwöchentlichen Kontakt am Wochenende nur für die schöneren Freizeitangelegenheiten zuständig ist, während der andere sich auch um den Alltag, wie z. B. die Erledigung häuslicher und schulischer Pflichten, kümmern muss.

Zwei Aspekte, die gegen das Modell sprechen:
Im Sinne des „Nestmodells" müssen die getrennten Eltern insgesamt drei Wohnungen finanzieren bzw. mitfinanzieren. Das kostet mehr Geld, als wenn die beiden nur jeweils eine Wohnung hätten.

Gerade wenn die Trennung nicht gut verlaufen ist und es immer noch zu Konflikten kommt, kann dieses Modell dazu führen, dass diese verstärkt werden. Es kann vorkommen, dass eines der beiden Elternteile die Wohnung entgegen den Wünschen des anderen verändert oder diese nicht so verlässt, wie es ausgemacht war. Solche immer wieder entstehenden Konflikte können für die betroffenen Kinder sehr belastend sein. Sie kommen psychisch nicht zur Ruhe und werden immer wieder mit dem Ärger und Streit der Eltern konfrontiert.

Ich bin der Meinung, dass das „Nestmodell" eine gute Lösung sein kann, aber nur dann, wenn es beiden Elternteilen gelingt, miteinander konstruktiv und vernünftig umzugehen. Dann bleiben die Kinder in ihrer gewohnten Umgebung und haben ihre Eltern zu gleichen Teilen.

2.2.1 Als Sanktionen bezeichnet man gesellschaftliche Reaktionen auf Verhalten. Im Handlungsbereich der Eltern Anita und Michael Bauer sind Sanktionen bewusste Maßnahmen auf erwünschte oder unerwünschte Verhaltensweisen ihrer Kinder. Belohnungen bezeichnet man dabei als positive, Bestrafungen als negative Sanktionen. Durch Sanktionen soll sozial erwünschtes Verhalten aufgebaut und verstärkt, sozial unerwünschtes Verhalten dagegen abgebaut und vermindert werden.

2.2.2 Die Mithilfe im Haushalt und das Erledigen von häuslichen Pflichten können durch Lob der Eltern positiv verstärkt werden.

Wenn sich Kinder nicht an Abmachungen halten, z. B. an die vorgegebenen Zeiten zum Nach-Hause-Kommen, dann können Eltern dies mit Verboten, z. B. einem Computerverbot für eine bestimmte Zeit, negativ sanktionieren.

3.1 Mögliche Gründe für unfreiwilliges Alleinleben können sein:
- Menschen hätten zwar gerne einen Partner, finden aber keinen, der mit ihnen leben möchte.
- Der Tod eines Partners führt dazu, dass man alleine ist.
- Man lebt alleine, weil sich der andere Partner von einem getrennt hat oder sich hat scheiden lassen.

3.2 Die Belastungen für den Sozialstaat werden durch die immer größere Anzahl von Einpersonenhaushalten zunehmen. Gerade in Krankheits- oder Pflegefällen fehlen Familienangehörige, die unterstützend tätig werden könnten. Hier müssen ambulante Dienste einen immer größeren Anteil übernehmen, was auch die entsprechenden Kosten explodieren lassen wird. Diese Entwicklung wird vor allem durch die vielen älteren Menschen in Einpersonenhaushalten beschleunigt.

Eine weitere Auswirkung für unsere Gesellschaft könnte sein, dass die sozialen Netzwerke und das Internet eine immer größere Rolle spielen werden. Um abnehmende soziale Kontakte zu ersetzen und möglicher Vereinsamung zu entgehen, werden immer mehr allein lebende Menschen in Einpersonenhaushalten auf das Internet zurückgreifen und in sozialen Netzwerken kommunizieren. Der Ausbau des Internets und eine entsprechende technische Ausstattung werden – zusammen mit den entsprechenden Kompetenzen als Nutzer – immer wichtiger werden.

4.1 Man unterscheidet das soziale, biologische und kalendarische Alter:
Das soziale Alter bezeichnet einen Lebensabschnitt, dem nach sozialen Wertvorstellungen und Verhaltenserwartungen einer Gesellschaft bestimmte Rollen und Verhaltensweisen zugeordnet werden, z. B. die Kindheit, die Jugend oder das Rentenalter.

Das biologische Alter richtet sich nach der körperlichen und seelisch-geistigen Verfassung eines Menschen.

Das kalendarische Alter bezeichnet das Lebensalter nach dem Geburtstag und zählt die bereits gelebten Jahre.

4.2.1 Frau Lange fühlt sich noch fit, kocht gerne, lädt gerne Freunde zum Essen ein und möchte ihren Hund bei sich behalten. Eine gut geeignete Wohnform für sie als Mitglied der Altersgruppe „65plus" wäre ein Mehrgenerationenhaus. In solchen Häusern wohnen Menschen verschiedenen Alters in verschiedenen Familiensituationen zusammen. Es könnte sein, dass in einem solchen Mehrgenerationenhaus eine junge Familie mit Kindern sowie ältere alleinstehende Menschen und Senioren unter einem Dach miteinander leben. Hier könnte Frau Lange dann ihre Interessen und Bedürfnisse einbringen.

Eine andere geeignete Wohnform wäre eine private Alten-Wohngemeinschaft. Rüstige Senioren schließen sich hier zu einer Wohngruppe zusammen. Sie teilen sich die Küche und ein gemeinsames Wohnzimmer. Jeder Bewohner hat für sich private Räume. Man hilft und unterstützt sich gegenseitig. Zugleich ist man durch die Mitbewohner vor Vereinsamung und Isolation geschützt.

4.2.2 Dadurch, dass in solchen Wohnformen immer auch andere Menschen da sind, gibt es wechselseitige Unterstützung im Krankheitsfall und vielleicht auch sogar bei Pflegebedürftigkeit. Die Mitbewohner kümmern sich, kochen für andere mit, erledigen Einkäufe oder holen bei Bedarf Medikamente aus der Apotheke. Dies hilft, Kosten für den Sozialstaat zu reduzieren.

Gemeinsames Wohnen unter einem Dach mit anderen kann oft auch für den Einzelnen die finanziellen Aufwendungen für Miete und Nebenkosten reduzieren und ist somit billiger, als alleine oder in einem Heim zu wohnen. Senioren mit einer geringen Rente erhalten Zuschüsse wie z. B. Wohngeld. Moderne Wohnformen tragen also hier indirekt auch dazu bei, dass der Sozialstaat entlastet wird.

4.3.1 Es gibt immer wieder Menschen, die gezwungen sind, deutlich vor dem Erreichen des regulären Rentenalters Rente zu beantragen. Gründe hierfür können Erkrankungen oder auch Schicksalsschläge sein. In vielen Fällen ist ein frühzeitiger Rentenbeginn mit sehr hohen Abschlägen verbunden. So kann es passieren, dass jemand, der bereits mit 55 Jahren Rente beantragen muss, wegen der hohen monatlichen Abschläge so wenig Geld erhält, dass er in die sogenannte Altersarmut fällt.

Ein anderer Grund kann sein, dass jemand ein sehr niedriges Einkommen hat. Die Höhe der Rente hängt von der Höhe des Einkommens während der Berufstätigkeit ab. Erzielt jemand also ein relativ niedriges Einkommen, wird auch seine Rente sehr niedrig ausfallen. So entsteht dadurch ebenfalls Armut im Alter.

4.3.2 Gute soziale Integration ist in vielen Fällen mit finanziellen Aufwendungen und Kosten verbunden. Bei entsprechender Armut kann sich jemand manches nicht mehr leisten und läuft Gefahr, sozial ausgegrenzt zu werden:

Für viele Senioren ist die Teilnahme am kulturellen Leben wichtig. Bücher, Besuche von Kinofilmen und Theaterveranstaltungen kosten aber Geld. Mit dem Wegfall solcher Möglichkeiten kann es zum Verlust von Gesprächsthemen und gemeinsamen Aktivitäten kommen. Man verliert soziale Kontakte und Anschluss.

Unternehmungen mit Bekannten erfordern auch finanzielle Mittel. Kann man zusammen mit anderen nicht mehr zum Essen gehen oder einen kleinen Ausflug machen, dann reduziert sich die Anzahl sozialer Kontakte und es kann schnell zu Ausgrenzungen kommen.

Dies kann auch dadurch entstehen, dass man sich nicht mehr aktuell kleiden oder sich nur noch eine kleine, billige Wohnung leisten kann. Dann könnte es sein, dass man sich schämt, jemanden zu sich nach Hause einzuladen oder sich mit gebrauchter Kleidung aus der Kleiderkammer in der Öffentlichkeit zu zeigen. Aus Verlegenheit zieht man sich zurück und bleibt immer mehr alleine.

5 Konfliktfähigkeit: In der Gastfamilie kann es zu vielfältigen Konflikten kommen. Vielleicht erfüllt Simone nicht sofort alle Erwartungen der Gasteltern bei der Betreuung der beiden Kinder und den Aufgaben im Haushalt. Simone muss diese Konflikte lösen können. Dazu gehört aktives Zuhören, die Anwendung von Regeln für die konstruktive Konfliktbewältigung und auch die Fähigkeit, die eigenen Bedürfnisse wahrzunehmen und nach außen hin zu vertreten.

Sprachliche Kompetenzen: Um sich verständigen zu können, braucht Simone unbedingt Fremdsprachenkenntnisse. Sie kann schon vor ihrer Abreise Grundkenntnisse in Sprachkursen erwerben und im neuen Land dann regelmäßig eine Sprachenschule besuchen.

Selbstkompetenz: Simone muss gut mit sich selber zurechtkommen können, wenn sie als Jugendliche ein ganzes Jahr nach der Schule im Ausland lebt und keinen direkten Kontakt mehr mit Eltern und Freunden hat. Zur Selbstkompetenz gehören auch Selbstständigkeit und die Fähigkeit, alleine etwas unternehmen zu können.

Kontaktfähigkeit: Eine wichtige soziale Kompetenz für Simone wird ihre Kontaktfähigkeit sein. Sie muss auf fremde Menschen zugehen und neue Kontakte knüpfen. Das kann wichtig sein, wenn sie zusammen mit anderen Jugendlichen dort am Wochenende ausgehen will oder gemeinsam etwas unternehmen möchte.

Abschlussprüfung an Realschulen – 2018
Sozialwesen: Aufgabengruppe A

Leben in einer globalisierten Welt

1 Globalisierung

Definieren Sie den Begriff *Globalisierung* und beschreiben Sie anhand von je einem konkreten Beispiel ökologische, kulturelle und gesellschaftliche Folgen der Globalisierung.

2 Junge Menschen im Zeitalter der Globalisierung

M 1: Fallbeispiel

> Linda (18) absolviert in einem indischen Waisenhaus bei einer NGO (Nichtregierungsorganisation) für sechs Monate ein Auslandspraktikum, um für sich herauszufinden, ob sie später als Entwicklungshelferin arbeiten möchte.

2.1 Linda (M 1) benötigt für das Praktikum verschiedene Voraussetzungen.
Erläutern Sie die Notwendigkeit von Sozialkompetenz, Selbstkompetenz und interkultureller Kompetenz und belegen Sie diese jeweils anhand eines konkreten Beispiels aus Lindas Praktikumsalltag.

2.2 Konflikte in interkultureller Umgebung

M 2: Fallbeispiel

> Linda (18) (vgl. M 1) genießt es, in ihrem Praktikum mit jungen Erwachsenen aus der ganzen Welt zusammenzuarbeiten. Sie ist stolz auf ihre Sprachfertigkeit in Englisch, für die sie schon viele Komplimente erhalten hat. Gerade auch die Arbeit mit den Kindern bereitet ihr große Freude, da sie von allen als enge Bezugsperson angenommen wird. Linda hat deshalb mit viel Hingabe als Teil ihres Praktikums einen mehrtägigen Ausflug mit einer kleinen Kindergruppe geplant, die sich schon sehr darauf freut. Zwei Wochen vor der Exkursion wird Linda aber von ihrem Chef Kumar (46) gebeten, genau an dem Termin des Ausfluges einen Vortrag in englischer Sprache bei einer wichtigen Firma zu halten, die das Waisenhaus mit großzügigen Spenden unterstützt. Linda ist unentschlossen, wie sie sich verhalten soll.

2.2.1 Definieren Sie den Begriff *Konflikt.*

2.2.2 Benennen und erklären Sie den im Fallbeispiel (M 2) beschriebenen Rollenkonflikt, der für Linda entstehen könnte.

2.2.3 Benennen und erläutern Sie ausführlich zwei Techniken zur Konfliktlösung, wie Linda und ihr Chef Kumar (M 2) aus einem Konflikt ohne Sieger und Verlierer hervorgehen könnten. Verwenden Sie sozialwissenschaftliche Fachbegriffe.

3 Gewinner und Verlierer einer globalisierten Arbeitswelt

3.1 Gewinner einer globalisierten Arbeitswelt

M 3: Informationsgrafik

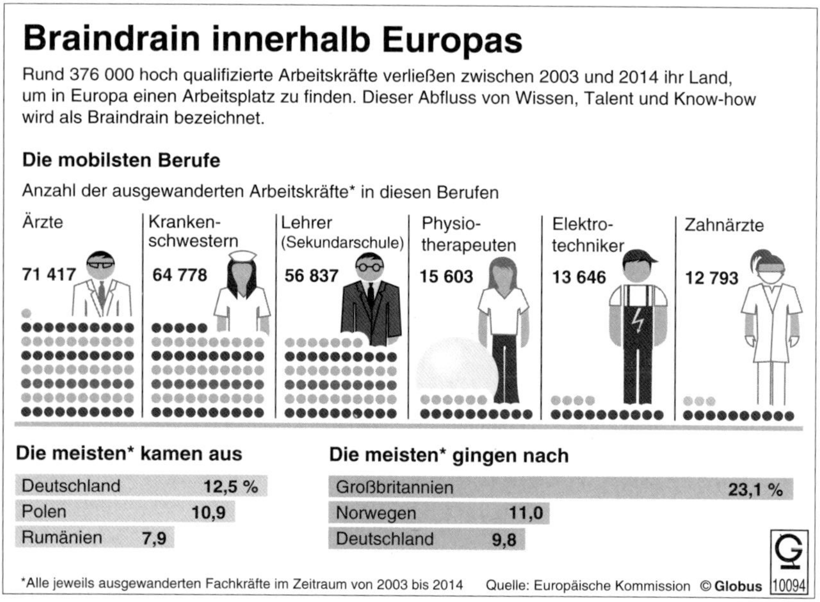

Schaubild verändert © dpa-Infografik

3.1.1 Definieren Sie den Grundbegriff *soziale Mobilität.* Erläutern Sie zusätzlich, welche Form der *sozialen Mobilität* in der Informationsgrafik (M 3) thematisiert wird.

3.1.2 Formulieren Sie drei grundlegende Aussagen zur Informationsgrafik „Braindrain innerhalb Europas“ (M 3).

3.1.3 Erläutern Sie ausführlich anhand von drei Aspekten, welche negativen Folgen durch die Abwanderung von qualifizierten Arbeitskräften ins Ausland (M 3) auf unseren Sozialstaat zukommen.

3.1.4 Beschreiben Sie ausführlich zwei mögliche Maßnahmen, um qualifizierte Arbeitskräfte in Deutschland zu behalten und damit deren Abwanderung (vgl. M 3) entgegenzuwirken.

3.2 Verlierer einer globalisierten Arbeitswelt

M 4: Karikatur

Karikatur: © Horst Haitzinger

M 5: Pressemitteilung

„Firma Bauer und Söhne GmbH wird von dem US-amerikanischen Konzern Haitech Solutions übernommen und verlagert einen Teil der Produktion von Oberfranken nach China. Mehr als 300 Mitarbeiterinnen und Mitarbeiter verlieren in Oberfranken ihre Arbeitsstelle."

3.2.1 Beschreiben Sie die Karikatur (M 4) und analysieren Sie diese, indem Sie unter Einbezug der Pressemitteilung (M 5) die grundlegende Aussage erklären.

3.2.2 Zeigen Sie je zwei verschiedene psychische und soziale Folgen von Arbeitslosigkeit für den Betroffenen auf.

4 Senioren auf dem Weg ins Ausland

M 6: Fallbeispiel

Der Tag der Abreise ist angebrochen. Der alleinstehende, ehemalige Landschaftsgärtner Heinrich, der seit seiner Geburt im Jahr 1940 in einem kleinen Ort bei München lebte, verlässt heute endgültig seine Heimat. Er möchte seinen Lebensabend in einer Seniorenresidenz mit angeschlossenem Pflegeheim in Thailand verbringen. Der Abschied fällt ihm sehr schwer, da er stark mit den bayerischen Traditionen verbunden ist. So war Heinrich seit 1962 Mitglied im örtlichen Musikverein.

4.1 Definieren Sie die drei Aspekte des Grundbegriffs *Alter* und verdeutlichen Sie diese am Beispiel des Senioren Heinrich (M 6).

4.2 Erläutern Sie einen triftigen Grund neben dem angenehmen Klima in Thailand, warum sich Heinrich (M 6) veranlasst fühlte, seine Heimat trotz tiefer Verbundenheit zu verlassen.

4.3 Beschreiben Sie anhand von drei Beispielen, wie Heinrich (M 6) selbst zur *sozialen Integration* in Thailand beitragen kann.

Lösungsvorschlag

I. Schwerpunktthema Aufgabengruppe A

1 Als Globalisierung bezeichnet man die weltweite Ausbreitung. Globalisierung beinhaltet in wirtschaftlicher Hinsicht das Entstehen und Zusammenwachsen weltweiter Märkte und eine stärker werdende Produktionsverflechtung über nationale Grenzen hinweg. Diese Entwicklung hat vielfältige ökologische, kulturelle, soziale und gesellschaftliche Veränderungen zur Folge, die positiv und negativ sein können.

Ökologische Folgen: Es gibt heute eine Vielzahl von internationalen, globalen Initiativen, die sich für den Erhalt vom Aussterben bedrohter Tierarten einsetzen. Eine sehr bekannte ist die Kampagne zum Schutz der Wale. Dabei werden Fangverbote bzw. Einschränkungen des Fangs angestrebt.

Kulturelle Folgen: Eine negative Folge der Globalisierung für die Kulturen zeigt sich im Verlust heimischer Bräuche und Traditionen. Dies lässt sich sehr gut bei den Ernährungsgewohnheiten und auch der Mode wahrnehmen. Weltweit breiten sich Fastfoodketten aus und verdrängen die bisherige einheimische Gastronomie. Gerade Jugendliche orientieren sich in ihrem Kleidungsverhalten an den weltweiten Modetrends.

Gesellschaftliche Folgen: Die Menschheit wächst immer mehr zusammen. Es ist heute viel leichter als früher, in einem Land seiner Wahl zu arbeiten oder zu wohnen. Im Gegensatz zu früheren Zeiten können Menschen heute relativ gut frei reisen und sich weltweit miteinander vernetzen.

2.1 Linda wird im Waisenhaus viel Umgang mit anderen Menschen haben. Für eine positive Gestaltung dieser Kontakte ist eine hohe Sozialkompetenz förderlich. Manche Kinder haben in ihrem bisherigen Leben vielleicht schon schlimme Erlebnisse und Traumatisierungen erlitten. Um ein Vertrauensverhältnis zu diesen Kindern aufzubauen, braucht Linda ein gut entwickeltes empathisches Einfühlungsvermögen und eine sensible Gesprächsführung.

Wenn Linda in einem Alter von 18 Jahren für ein halbes Jahr in ein fremdes Land geht, muss sie sich dort selbstständig um die Gestaltung ihres Alltags kümmern. Sie benötigt eine Wohnung, muss sich über die Verkehrsmöglichkeiten informieren und muss wissen, wo sie einkaufen kann. Zur Selbstkompetenz Lindas gehört aber auch, dass sie mit dem am Beginn ihres Praktikumsaufenthalts eventuell vorhandenen Einsamkeitsgefühl und Heimweh gut umgehen kann.

Indien gehört zum asiatischen Kontinent und es gibt deswegen in vielen Bereichen eine ganz andere Kultur als vergleichsweise in Deutschland und Europa. Um diesen Unterschied konstruktiv bewältigen zu können, muss Linda über ausreichende interkulturelle Kompetenzen verfügen. Linda verbringt ihr Praktikum in einem Land, das eine ganz andere Tradition bezüglich der Geschlechterrollen hat. Frauen werden dort in manchen Bereichen immer noch deutlich benachteiligt bzw. den Männern untergeordnet. Linda braucht hier entsprechende Kompetenzen, um die interkulturellen Unterschiede positiv bewältigen zu können.

2.2.1 Als *Konflikt* bezeichnet man den Zusammenstoß von unvereinbaren, konträren Bedürfnissen und Interessen. Dadurch können Auseinandersetzungen zwischen Personen mit anderen Personen oder Gruppen entstehen, die eine sehr unterschiedliche Intensität und Dauer erreichen können.

2.2.2 In Linda entsteht ein Konflikt in ihr selbst, der sich aus verschiedenen inneren Ansprüchen ergibt. Konflikte dieser Art bezeichnet man als *Intrarollenkonflikte*. Linda hat mit viel Engagement den mehrtägigen Ausflug mit der kleinen Kindergruppe geplant. Auch die Kinder freuen sich schon sehr darauf. Andererseits erwartet ihr Chef Kumar, dass Linda genau an diesem Termin einen Vortrag bei einer Firma hält, die wegen ihrer Spenden für die Finanzierung des Waisenhauses sehr wichtig ist. Diese beiden sich widersprechenden Ansprüche schaffen für Linda das Problem eines massiven Intrarollenkonflikts.

2.2.3 Aktives Zuhören: Für eine niederlagenlose Konfliktlösung ist aktives Zuhören sehr hilfreich. Man lässt sich dabei ganz auf den anderen Konfliktpartner ein und versucht, diesen zunächst einfühlsam zu verstehen. Man hält dabei Blickkontakt, achtet auf die körperlichen Signale des anderen, vermeidet vom Thema wegführende Fragen und verwendet verschiedene sprachliche Spiegeltechniken. Dabei wiederholt man mit eigenen Worten das Gehörte auf der Sachebene und benennt die jeweiligen Emotionen des Gesprächspartners. Aktives Zuhören wertet die Position des anderen nicht ab, schafft Verständnis und verstärkt die Vertrauensebene. Somit ist aktives Zuhören eine wichtige Grundlage für eine sich dann anschließende Suche nach möglichen Lösungen.

Ich-Botschaften: Bei Ich-Botschaften spricht man nur von sich und nicht vom anderen. Eine klassische Ich-Botschaft setzt sich aus drei Teilen zusammen: 1. Was liegt gerade vor? Worum geht es? Was ist der Sachverhalt? Linda müsste hier aus ihrer Sicht darstellen, dass es zu einer Überschneidung von zwei für sie wichtigen Ansprüchen kommt. An den Gesprächspartner werden dabei keine Vorwürfe gemacht. 2. Was sind die eigenen Emotionen? Wie fühlt man sich? Hier könnte Linda mitteilen, dass sie ratlos ist, sich vielleicht auch frustriert und verärgert fühlt. 3. Was wäre eventuell eine Lösung? Was bräuchte man? Linda könnte hier ihrem Chef z. B. mitteilen, dass sie gerne beides machen würde und dass sie sich frage, ob eine Terminverschiebung des Vortrages möglich sei. Wichtig ist, dass an keiner Stelle Vorwürfe an den anderen erhoben werden. Man vermeidet in Ich-Botschaften also jede Form von „Du-Botschaften".

3.1.1 Als soziale Mobilität bezeichnet man die Bewegung von Individuen zwischen verschiedenen Positionen innerhalb der Gesellschaft. Dabei unterscheidet man die vertikale Mobilität (sozialer Auf- und Abstieg) von der horizontalen Mobilität (Positionswechsel auf gleicher Ebene). In der Informationsgrafik wird die horizontale Mobilität thematisiert, weil die hier dargestellten Ein- bzw. Auswanderungen einen Positionswechsel auf der gleichen Ebene darstellen.

3.1.2 In den Jahren von 2003 bis 2014 haben in Europa 376 000 hoch qualifizierte Arbeitskräfte ihr Land verlassen, um einen geeigneten Arbeitsplatz zu finden. Mit 12,5 % kamen die meisten dieser Auswanderer aus Deutschland. Unter den Berufsgruppen sind medizinische Berufe wie Ärzte (71 417) sowie Krankenpflege (64 778) und soziale Berufe wie Lehrer (56 837) am häufigsten vertreten.

3.1.3 Die Abwanderung von qualifizierten Arbeitskräften ins Ausland wirkt sich negativ auf unseren Sozialstaat aus. Die gesetzliche Rentenversicherung funktioniert nach dem Generationenprinzip. Die aktuell arbeitende Generation finanziert mit ihren Abgaben die Rente. Qualifizierte Arbeitskräfte sind, wie im Schaubild dargestellt, oft Menschen, die wie Ärzte ein höheres Einkommen erzielen und damit auch einen höheren Beitrag in die Rentenkasse einzahlen. Dieser Anteil fällt dann durch die Abwanderung weg. Die Konsequenz, die sich ergibt, besteht darin, dass der Anteil von Rentnern gleich bleibt, die Gruppe der Einzahler aber abnimmt. Damit vergrößert sich die ohnehin schon durch die Zunahme des individuellen Lebensalters immer größer werdende Rentenlücke.

Eine weitere negative Auswirkung für den Sozialstaat liegt darin, dass der Mangel an bestimmten Berufen noch zunimmt. So gibt es in Deutschland bereits jetzt einen großen Ärztemangel auf dem Land. Wandern zunehmend Ärzte, Zahnärzte und auch Krankenpfleger aus Deutschland aus, dann werden die Engpässe in der Ärzteversorgung und auch in der Pflege in Krankenhäusern noch zunehmen. Im Extremfall kann dies zu Versorgungslücken führen, die zu einer Minderung der Qualität des Sozialstaates führen.

Eine weitere negative Auswirkung der Abwanderung auf den Sozialstaat kann sein, dass die Beiträge für die Pflegeversicherung erhöht werden müssen. Der finanzielle Aufwand für die Pflegekosten steigt ohnehin kontinuierlich, da die Menschen immer älter werden und die Aufwendungen für Pflegemaßnahmen steigen. Durch den Wegfall von oft gut verdienenden Beitragszahlern wird diese Diskrepanz dann noch erhöht.

3.1.4 Eine Möglichkeit wäre es, die Verdienstmöglichkeiten von qualifizierten Arbeitskräften zu erhöhen. Im Bereich der Gesundheits- und Krankenpflege sind die Gehälter im Vergleich zu anderen Berufsfeldern wie z. B. der Autoindustrie eher niedrig. Oft reicht ein einziges Einkommen nicht aus, um eine Familie zu ernähren. Lohnerhöhungen würden bewirken, dass betroffene Menschen mehr verdienen und sich einen etwas höheren Lebensstand leisten könnten.

Auch eine weitere Optimierung in der Arbeitszeitregelung könnte einer Abwanderung entgegenwirken. Im Gesundheitsbereich müssen Angestellte oft auch in der Nacht und am Wochenende in Schichten arbeiten. Man könnte z. B. diese Arbeitsschichten nicht von allen verpflichtend einfordern, sondern gegen entsprechende finanzielle Aufschläge nur noch auf freiwilliger Basis. Hilfreich im Bereich der Arbeitszeitregelung wären auch flexible Arbeitszeitmodelle zur besseren Vereinbarkeit von Familie und Beruf. Arbeitgeber könnten Jahresarbeitszeitbudgets anbieten, die ein Mehr an individueller und kreativer Gestaltung bieten würden.

3.2.1 Die Karikatur zeigt ein Plakat mit fünf Fischen, die der Größe nach aufgereiht sind. Der jeweils kleinere Fisch wird vom größeren gefressen. Am Ende gibt es dann nur einen großen Fisch, der alle anderen gefressen hat und übrig bleibt. Über dem kleinsten Fisch befindet sich der Schriftzug „SIE BEFINDEN SICH HIER“. Ein Bauarbeiter steht nachdenklich vor dem Plakat. Die Pressemitteilung M 5 berichtet, dass ein kleineres deutsches Unternehmen von einem amerikanischen Konzern übernommen worden ist. Ein Teil der Produktion wird nach China verlagert, was dazu führt, dass 300 Arbeitsplätze in Oberfranken abgebaut werden und verloren gehen. Die grundlegende Aussage ist, dass die Globalisierung auch immer mehr Arbeitsplätze durch die Verlagerung der Produktion in andere Länder mit einem niedrigeren Lohnniveau kostet. Wie auf dem Plakat dargestellt, werden die Kleinen von den Größeren gefressen. Der einzelne Arbeiter, der seinen Arbeitsplatz verliert, ist dabei das schwächste Glied der Kette.

3.2.2 Eine psychische Folge von Arbeitslosigkeit kann die Resignation sein. Man sieht keine Chance, wieder einen Arbeitsplatz zu erhalten und gibt die Hoffnung langsam auf. Aber auch das Selbstwertgefühl kann in Mitleidenschaft gezogen werden. In unserer Leistungsgesellschaft wird der Wert einer Person sehr über die Arbeit und das Einkommen geregelt. Fallen diese Faktoren weg, reduziert sich unter Umständen das Selbstwertgefühl der betreffenden Person.

Soziale Folgen von Arbeitslosigkeit können Vereinsamung und der Verlust finanzieller Mittel zur Teilhabe am gesellschaftlichen Leben sein. Verliert man die Arbeit, so fehlen auch die sozialen Kontakte mit Kollegen am Arbeitsplatz. Arbeitslose Menschen verlieren somit wichtige Gesprächskontakte für den Austausch. Da das Arbeitslosengeld nur einen Teil des bisher erzielten Einkommens deckt, kommt es auch zu finanziellen Einschränkungen. Arbeitslos gewordene Menschen müssen sparen und können sich manche gewohnten gesellschaftlichen Aktivitäten nicht mehr leisten.

4.1 Das kalendarische Alter benennt das aktuelle Alter nach Lebensjahren. Heinrich ist im Jahre 1940 geboren und hat im Jahre 2018 das kalendarische Alter von 77 oder 78 Jahren, je nachdem an welchem Tag und in welchem Monat er genau geboren worden ist.

Mit dem Begriff soziales Alter meint man einen Lebensabschnitt, dem nach sozialen Wertvorstellungen und Verhaltenserwartungen einer Gesellschaft bestimmte Rollen und Verhaltensweisen zugesprochen werden. Mit ca. 78 Jahren befindet sich Heinrich diesbezüglich im Rentenalter.

Das biologische Alter orientiert sich nach der aktuellen körperlichen und seelisch-geistigen Verfassung eines Menschen. Heinrich fühlt sich offensichtlich körperlich und seelisch-geistig noch fit genug für eine Auswanderung.

4.2 Ein wichtiger Beweggrund für Heinrich, seine Heimat zu verlassen, könnten finanzielle Erwägungen bzw. das Drohen von Altersarmut sein. Als Landschaftsgärtner erhält Heinrich sicher nur eine geringe Rente, vielleicht war er auch einige Jahre arbeitslos bzw. nicht erwerbstätig, was seinen Rentenanspruch nochmals reduzieren würde. Aufgrund der im Vergleich zu Deutschland sehr geringen Lebenshaltungskosten in Thailand ist es für Heinrich dort möglich, mit seiner Rente einen Platz in der Seniorenresidenz zu finanzieren, ohne dabei die vorhandenen Ersparnisse zu verbrauchen.

4.3 Heinrich kann auf verschiedene Weisen selbst zur sozialen Integration in Thailand beitragen:
Das Lernen der thailändischen Sprache wäre hierfür sehr hilfreich. Vielleicht hat Heinrich schon vor seiner Abreise einen Sprachkurs belegt und nimmt nach seiner Ankunft in Thailand intensiven Sprachunterricht. Damit kann er vorhandene Sprachbarrieren gegenüber Einheimischen überwinden und schneller Kontakte knüpfen. Heinrich könnte sich in Thailand einer Musikgruppe anschließen, um zusammen mit einheimischen Menschen sein Hobby zu pflegen. Vielleicht gibt es ein solches Angebot sogar in der Seniorenresidenz. Des Weiteren könnte Heinrich anbieten, für einige Stunden in der Woche seine Erfahrungen als Gärtner zur Verfügung zu stellen. Für die Verwaltung der Seniorenresidenz wird Heinrich damit zu einem wertvollen Bewohner, der soziale Wertschätzung und Aufmerksamkeit erhält. Auch kann der dadurch sich ergebende Kontakt zu thailändischen Gärtnern positiv zur sozialen Integration Heinrichs beitragen.

Abschlussprüfung an Realschulen – 2018
Sozialwesen: Aufgabengruppe B

Soziale Rollen im Lebensverlauf

1 Soziale Rollen eines Jugendlichen

1.1 Definieren Sie ausführlich den Begriff *soziale Rolle* und seine beiden Arten anhand der Karikatur (M 1).

1.2 Erklären Sie die in der Karikatur (M 1) dargestellte Problematik.
Beschreiben Sie ausführlich zwei Lösungsmöglichkeiten, wie der Jugendliche in der Karikatur (M 1) seine Situation verbessern kann.

1.3 Definieren Sie den Begriff *Jugendarbeit.*
Geben Sie jeweils ein Beispiel für die beiden Arten der *Jugendarbeit.*

1.4 Viele Jugendliche engagieren sich beispielsweise als Gruppenleiter in der Jugendarbeit.
Erläutern Sie anhand von drei konkreten Beispielen, welche Kompetenzen ein Jugendlicher dabei erwerben kann.
Verwenden Sie sozialwissenschaftliche Fachbegriffe.

Schaubild M 1: © Zeichnung: David Sommer, Politik und Unterricht 3/98

2 Rollenverteilung in der Familie

M 2: Artikel

> Das Ideal der meisten Menschen in Deutschland ist laut einer Studie eine in Teilzeit arbeitende und unabhängige Mutter, die sich nachmittags um die Kinder kümmert. Der ideale Vater ist nicht mehr Alleinernährer der Familie – auch wenn eine Minderheit der Männer sich noch in dieser Rolle sieht –, tritt im Beruf kürzer und engagiert sich zuhause verstärkt in der Erziehung der Kinder.

Artikel basiert auf: Björn Schwenzer, So stellen sich Deutsche die ideale Familie vor, 30.08.2013, https://www.t-online.de/leben/familie/id_64096212/familienleitbild-so-malen-sich-deutsche-die-ideale-familie-aus.html

2.1 Definieren Sie den Begriff *Leitbild.*
Arbeiten Sie anschließend die Leitbilder für die Kernfamilie, die im Artikel (M 2) aufgeführt sind, anhand von zwei Aspekten heraus.

2.2 In ihrer Rolle als Mutter bzw. Vater haben Eltern einen Erziehungsauftrag.
Erläutern Sie drei konkrete Möglichkeiten für Eltern, wie diese ihren Kindern in der Primärsozialisation Normen und Werte vermitteln können. Verwenden Sie sozialwissenschaftliche Fachbegriffe.

2.3 In der Realität sehen sich viele Mütter und Väter angesichts der Leitbilder von Familie (vgl. M 2) im Alltag überfordert.
Beschreiben Sie knapp anhand von vier konkreten Beispielen, woran die Vereinbarkeit von Familie und Beruf häufig scheitert.

2.4 In Teilzeit arbeiten

M 3: Fallbeispiel

> Die ehemalige Realschülerin Michaela (27) arbeitet seit ihrer Ausbildung als Sozialversicherungsfachangestellte bei der deutschen Rentenversicherung. Ihr monatliches Bruttogehalt liegt im Moment bei 2 648 €. Als sie im vierten Monat schwanger ist, überlegt Michaela zusammen mit ihrem Mann, wie sie das Familien- und Berufsleben mit Kind organisieren sollen. Sie entscheiden sich dafür, dass Michaela nach der Elternzeit zunächst 20 Stunden in Teilzeit, dann jedoch auf jeden Fall wieder die vollen 40 Stunden in der Woche arbeiten soll.

Michaela und ihr Mann müssen einiges beachten, wenn sie das im Fallbeispiel (M 3) dargestellte Familienmodell umsetzen möchten.
Beschreiben Sie ausführlich mithilfe der entsprechenden Informationen aus dem unten abgebildeten Schaukasten (M 4), welche Regelungen das Paar in Bezug auf Rechtsanspruch, Finanzielles und Antragstellung in diesem Fall (M 3) beachten muss.

M 4: Schaukasten

<table>
<tr><td>Rechtliche Regelungen</td><td rowspan="2">
</td></tr>
<tr><td>Nach dem Teilzeit- und Befristungsgesetz haben Arbeitnehmer in Betrieben mit mehr als 15 Mitarbeitern Anspruch auf Verringerung der Arbeitszeit, wenn ihr Arbeitsverhältnis seit mindestens 6 Monaten besteht. Arbeitgeber müssen zustimmen, wenn keine betrieblichen Gründe dagegen sprechen.</td></tr>
<tr><td>Finanzielle Regelungen</td><td>Antragstellung</td></tr>
<tr><td>Gehalt und andere Geldleistungen
(z. B. Urlaubsgeld)
Mindestens entsprechend dem Anteil der Arbeitszeit des Teilzeitbeschäftigten an der Arbeitszeit eines Vollzeitbeschäftigten
Rechenbeispiel für 30-Stunden-Teilzeitmodell (monatliches Bruttogehalt):
Vollzeitbeschäftigter: 3 000 €
Teilzeitbeschäftigter (75 % Stelle):
(3 000 € · 75) : 100 = 2 250 €</td><td rowspan="3">Wurde die Teilzeit befristet, kann der Arbeitnehmer nach Ablauf der Frist wieder Vollzeit arbeiten.
Wurde die Teilzeit unbefristet vertraglich vereinbart, hat der Arbeitnehmer kein Recht auf Rückkehr in Vollzeit; bei der Besetzung einer frei werdenden Stelle ist er jedoch bei gleicher Eignung bevorzugt zu berücksichtigen.</td></tr>
<tr><td>Weiterbildung</td></tr>
<tr><td>Teilnahme an Weiterbildungsmaßnahmen ist auch Teilzeitbeschäftigten zu gewähren.</td></tr>
</table>

3 Typisch Frau, typisch Mann? – Geschlechtsspezifische Rollen

3.1 Definieren Sie den Begriff *Gleichberechtigung*.

3.2 Beschreiben Sie anhand von drei Aspekten aus dem Fallbeispiel (M 5), wie sich die sozialen Rollen in der Primärgruppe Familie damals und heute gewandelt haben.

M 5: Fallbeispiel

> Wenn ihre Urgroßmutter Erika (83) von ihrer Kindheit erzählt, hört die 15-jährige Tanja immer wieder gespannt zu: „Meinem Vater zu widersprechen, war für mich undenkbar. Gehorchten meine vier Brüder und ich nicht, bestrafte er uns mit Schlägen. Dabei war er kein schlechter Vater – damals war es ganz normal, seine Kinder auf diese Weise zu erziehen. Mutter war nicht so streng wie er, aber sie wäre nie auf die Idee gekommen, einen Streit mit ihm anzufangen. Ich glaube, sie hätte uns gerne in Schutz genommen, hat sich aber einfach nicht getraut. Als Ehefrau hatte sie sich meinem Vater genauso wie wir Kinder unterzuordnen."

3.3 „Rollenbilder engen ein. Umdenken öffnet Horizonte" – so lautet der Slogan einer Kampagne der Stadt Zürich.
Erklären Sie ausführlich anhand des Plakats (M 6) diese Aussage.

M 6:

© Stadt Zürich, www.stadt-zuerich.ch/gleichstellung

4 Neue Rollen lernen – „Geliehene Großeltern"

4.1 Definieren Sie den Begriff *Freie Wohlfahrtspflege* und geben Sie zwei Beispiele an.

4.2 *Freie Wohlfahrtsverbände* vermitteln Leihgroßeltern, die sich ohne verwandtschaftliche Beziehung um Kinder in ihrer Nähe kümmern.
Stellen Sie ausführlich zwei Herausforderungen für Leihgroßeltern dar, vor denen diese im Gegensatz zu leiblichen Großeltern stehen können.

Lösungsvorschlag

II. Schwerpunktthema Aufgabengruppe B

1.1 Als soziale Rolle bezeichnet man die Verhaltenserwartungen einer sozialen Gruppe gegenüber dem Inhaber einer sozialen Position. Man unterscheidet formelle und informelle Rollen. Formelle Rollen sind von der Gesellschaft festgeschrieben und benennen klare Verhaltensweisen, informelle Rollen erlauben ein breiteres Spektrum an Verhaltensweisen. In der Karikatur sind als formelle Rollen „Sportler“ und „Schüler“ genannt. Informelle Rollen dagegen sind „Enkel“, Freund“, „Bruder“ und „Sohn“.

1.2 In der Karikatur hat der Jugendliche viele verschiedene Rollen zu tragen. Er wird von der Last dieser Rollenvielfalt niedergedrückt und geht dabei in die Knie. Die dargestellte Problematik beschreibt, dass es auch schwer sein kann, sehr viele Rollen zu haben bzw. diese aufeinander abzustimmen. Der Jugendliche könnte Rollenverzicht üben und auf bestimmte Rollen verzichten. Damit würde er die Anzahl der vorhandenen Rollen reduzieren. So könnte er z. B. die Rolle des „Sportlers“ abgeben oder auch einschränken. Eine andere Möglichkeit wäre es, das Zusammenspiel der einzelnen Rollen noch besser zu planen und diese organisatorisch aufeinander abzustimmen. Damit würde sich der Druck der Rollenvielfalt vielleicht etwas reduzieren lassen.

1.3 Unter Jugendarbeit fasst man alle Einrichtungen und Maßnahmen zusammen, die Jugendlichen in ihrer Freizeit von öffentlichen oder freien Trägern der Jugendhilfe angeboten werden und die freiwillig angenommen werden können. Man unterscheidet die offene und die geschlossene Jugendarbeit. Ein z. B. von einer Stadt betriebenes Jugendzentrum ist ein Beispiel für die offene Jugendarbeit. Die Jugendabteilung eines Sportvereins gehört zur geschlossenen Jugendarbeit.

1.4 Konfliktlösekompetenz: In Gruppen kommt es immer wieder zu Konflikten zwischen einzelnen Gruppenmitgliedern oder auch zwischen verschiedenen Untergruppen. Als Gruppenleiter wird ein Jugendlicher mit solchen Situationen konfrontiert und erwirbt dabei Fähigkeiten zur Konfliktlösung. Manche Jugendverbände bieten hierzu ihren neuen Gruppenleitern auch extra Kurse und Schulungen an.

Teamfähigkeit: In vielen Gruppen der Jugendarbeit gibt es nicht einzelne Gruppenleiter, sondern Leitungsteams. Man bereitet dann zu zweit oder zu dritt eine Gruppenstunde vor. Dabei lernt man das Arbeiten in einem Team. Man muss auf andere Jugendliche eingehen, deren Ansichten wahrnehmen und sich auch immer wieder um einen Kompromiss bemühen. Dadurch kann sich die Teamkompetenz von Jugendlichen positiv entwickeln.

Selbstkompetenz: Als Leiter von Gruppen in der Jugendarbeit übernehmen Jugendliche Verantwortung für den Ablauf von Gruppentreffen. Sie müssen eventuell verschiedene Dinge vorbereiten und vielleicht auch etwas organisieren, um für einen erfolgreichen Ablauf des Treffens zu sorgen. Jugendliche Gruppenleiter müssen auch pünktlich und zuverlässig sein. All diese inneren Haltungen bewirken die Stärkung ihrer Selbstkompetenzen.

2.1 Ein Leitbild fasst bestimmte Vorstellungen über eine erstrebenswerte Gestaltung des Lebens innerhalb der Gesellschaft zusammen. Durch diese Vorstellungen soll das Verhalten des einzelnen Individuums im Sinne der Gesellschaft beeinflusst werden. Wichtige gesellschaftliche Leitbilder sind z. B. regelmäßiges Einkommen, ein sicherer Arbeitsplatz, Bildung oder Umweltschutz.

Ein im Artikel beschriebenes Leitbild für die Kernfamilie ist die beidseitige Berufstätigkeit von Frau und Mann. Für Frauen trägt die Berufstätigkeit, oft auch auf Teilzeitebene, zu ihrer Unabhängigkeit bei. Männer verdienen dann zwar oft den größeren Teil des Familieneinkommens, können aber auch darauf verzichten, nur wegen der Karriere in Vollzeit zu arbeiten.

Ein weiteres Leitbild der Kernfamilie im Artikel ist die Kindererziehung. Beide Elternteile kümmern sich um die Erziehung ihrer Kinder. Die Elternteile stimmen dabei ihre jeweiligen Arbeitszeiten so aufeinander ab, dass sie beide optimal für ihre Kinder da sein können.

2.2 Im Umgang mit Medien können Eltern klare Regeln vorgeben. Sie können z. B. nur bestimmte Fernsehsendungen zulassen und das Gerät dazwischen immer wieder ausschalten. So lernt das Kind, dass es selbstverständlich ist, sich nicht alles anzusehen, sondern eine Auswahl zu treffen.

Durch ihr eigenes Vorbild sind Eltern ganz wichtig für das Erlernen von sozialen Verhaltensformen. Wenn die Eltern freundlich sind zu Gästen, sie mit einem Händedruck begrüßen und verabschieden, wenn sie beim Essen höflich warten, bis alle ihren Teller gefüllt haben, dann übernehmen Kinder in ihrer Primärsozialisation diese Verhaltensformen.

Ganz wichtig im Kindesalter ist ein professionelles erzieherisches Verhalten der Eltern. Durch ein konsequentes positives und negatives Konditionieren lernen die Kinder, sich entsprechend von Normen und Werten zu verhalten. Die Eltern reagieren mit angemessenen Strafen bei nicht erwünschten Verhaltensweisen und verstärken die erwünschten durch Lob und Anerkennung.

2.3 Es fehlen immer noch genügend Betreuungsmöglichkeiten für Kinder wie Krippen- oder Kindergartenplätze.

Nicht alle Betriebe bieten entsprechend viele Teilzeitarbeitsplätze an.

In manchen sehr leistungsorientierten Milieus gibt es einen starken sozialen Druck, ganztags zu arbeiten. Es besteht nur ein geringes Verständnis dafür, Beruf und Familie zu verbinden.

Betreuungseinrichtungen für Kinder sind oft teuer. Eltern mit einem geringen Einkommen können sich diese kaum leisten.

2.4 Bezüglich der Teilzeitarbeit steht Michaela ein Rechtsanspruch zu. Sie arbeitet schon viele Jahre und damit länger als die geforderten sechs Monate in der Rentenversicherung. Auch das zweite Kriterium ist gegeben: Die Rentenversicherung hat eindeutig mehr als 15 Mitarbeiter und muss deshalb einen Teilzeitantrag Michaelas gewähren. Von der rechtlichen Seite ist also für Michaela ein Anspruch auf Teilzeit gegeben.

Bezüglich der Antragsstellung muss Michaela mit ihrem Mann bedenken, dass nur bei einer befristeten Teilzeit auch der Anspruch besteht, danach wieder in Vollzeit zurückzukehren. Wenn Michaela einen unbefristeten Antrag stellt, hat sie bei einem Rückkehrwunsch keinen Anspruch auf eine Vollzeitstelle, müsste aber bei gleicher Eignung bevorzugt werden. Falls Michaela also eine sichere Rückkehr planen möchte, müsste sie ihre Teilzeit befristet beantragen.

Finanziell hätte eine Teilzeit mit 20 Stunden eine Reduzierung des Gehalts auf 50 % zur Folge. Michaela bekäme dann also nur ein Bruttogehalt in Höhe von 1 324 €. Auch andere Geldleistungen wie z. B. Urlaubsgeld würden sich entsprechend halbieren.

3.1 Gleichberechtigung ist ein im Grundgesetz unseres Staates verankertes Prinzip, das jedem in der Gesellschaft ohne Ausnahme gleiche Rechte bzw. vor dem Gesetz Gleichbehandlung zugesteht.

3.2 Der Vater war damals das Familienoberhaupt, er konnte in der Familie bestimmen, was geschieht. Die Frau musste sich ihm unterordnen. Heute ist es in vielen Familien so, dass beide Elternteile miteinander die Autorität ausüben und gemeinsam die Familie leiten.

Bei der Erziehung der Kinder hat der Vater früher auch Gewalt angewendet. Die Kinder wurden mit Schlägen bestraft. Das ist heute anders. Gewalt ist heute in Familien verboten und kann rechtlich geahndet werden.

Die Kinder waren früher zu absolutem Gehorsam gegenüber ihren Eltern verpflichtet. Anordnungen der Eltern zu widersprechen war nicht möglich. Heute praktizieren Eltern häufig einen sehr kindbezogenen, partnerschaftlichen Erziehungsstil, der es Kindern ermöglicht, ihre Bedürfnisse zu äußern und ihren Eltern auch einmal zu widersprechen.

3.3 Auf dem Plakat sieht man die Abbildung einer Frau und eines Mannes mit dem Slogan „Von wem lassen Sie lieber Ihr Auto reparieren? Rollenbilder engen ein. Umdenken öffnet Horizonte." Das Plakat knüpft an vorherrschende Rollenbilder an. KFZ-Mechatroniker sind in unserer Gesellschaft in den allermeisten Fällen Männer, nur ganz selten finden sich in Werkstätten Frauen, die diesen Beruf ausüben. Das in diesem Berufsfeld dominierende, geschlechtsspezifische Rollenbild schränkt Frauen ein, einen solchen Beruf zu ergreifen. Frauen, die das trotzdem tun, werden eher skeptisch betrachtet. Das Plakat fordert die Betrachter deshalb auf, ihre Rollenbilder kritisch zu überdenken.

4.1 Als freie Wohlfahrtspflege bezeichnet man alle Einrichtungen, finanziellen Hilfen und psychosozialen Maßnahmen der Sozial- und Jugendhilfe, die auf freiwilliger Basis erfolgen und nicht vom Staat oder von Kommunen wahrgenommen werden. Zwei wichtige Einrichtungen der freien Wohlfahrtspflege sind der Deutsche Paritätische Wohlfahrtsverband und das Deutsche Rote Kreuz.

4.2 Leihgroßeltern müssen erst das notwendige Vertrauen aufbauen. Im Gegensatz zu den leiblichen Großeltern sind sie ja sowohl den Eltern als auch deren Kindern noch nicht lange bekannt. Für eine gute Betreuung ist ein vertrauensvoller Umgang wichtig, man muss sich wechselseitig kennenlernen und auch wertschätzen. Dies alles erfordert genügend Zeit.

Wenn die zu betreuenden Kinder noch leibliche Großeltern haben, dann kann es sein, dass sie die Leihgroßeltern mit den echten vergleichen. Gerade bei erzieherischen Maßnahmen werden die Kinder vergleichen, ob eventuell die Leihgroßeltern strenger sind als die leiblichen. Wäre dies der Fall, könnte dies zu einer Ablehnung seitens der Kinder führen.

Abschlussprüfung an Realschulen – 2019
Sozialwesen: Aufgabengruppe A

Leben in einer digitalen Welt

1 Digitales Familienleben

1.1 Definieren Sie den Begriff *Kommunikation*.

M 1: Plakat

© PINAX Werbemedien

1.2 Beschreiben Sie das Plakat (M 1) und erklären Sie ausführlich dessen Absicht.

1.3 Ein übermäßiger Smartphone-Gebrauch der Eltern kann Kinder in der *Primär-* und *Sekundärsozialisation* beeinflussen.
Erläutern Sie zwei mögliche negative Auswirkungen auf das Sozialverhalten der Kinder. Verwenden Sie sozialwissenschaftliche Fachbegriffe.

2 Jugendliche in einer digitalen Welt

M 2: Aussage

> Psychologen stellen fest: „Positive Reaktionen auf gepostete Bilder oder Beiträge in Snapchat, Instagram und Co. können den sozialen Status von Jugendlichen in ihrer Peer Group erhöhen.“

2.1 Definieren Sie die Begriffe *Selbstkonzept* und *sozialer Status*.

2.2 Erklären Sie die Aussage (M 2) anhand eines konkreten Beispiels und erläutern Sie zwei weitere Gründe für die Selbstdarstellung in den sozialen Medien. Verwenden Sie sozialwissenschaftliche Fachbegriffe.

2.3 **M 3:** Post in einem sozialen Netzwerk

> „Hey Leute, willkommen im Reallife! Verzichtet mal auf die digitale Selbstdarstellung im Netz und macht etwas richtig Cooles im realen Leben!"

Kommentieren Sie diesen Post (M 3), indem Sie knapp anhand von drei ehrenamtlichen Tätigkeiten eines Jugendlichen beschreiben, wie diese dessen Persönlichkeit stärken können.

2.4 Verfassen Sie drei *Normen* zum Verhalten in sozialen Netzwerken.
Berücksichtigen Sie dabei alle drei Arten von *Normen* und begründen Sie jeweils Ihre Einordnung anhand von möglichen *Sanktionen*.

3 Digitale Partnerfindung

M 4: Hintergrundinformationen

> Online-Dating erfreut sich immer größerer Beliebtheit. Auf virtuellen Plattformen knüpfen die Nutzer Bekanntschaften und häufig ergibt sich nach längeren Chats ein Treffen im realen Leben. Von zwanglosen Dates bis hin zu festen Partnerschaften ist alles möglich.

3.1 Erklären Sie ausführlich den Begriff *Medien* inklusive *Medienkompetenz*.

3.2 Beschreiben Sie jeweils drei emotionale und drei rationale Faktoren der Partnerfindung, die beim Online-Dating (vgl. M 4) eine Rolle spielen.

3.3 Traditionelle Werte können beim Online-Dating verloren gehen.
Benennen Sie zwei Werte und beschreiben Sie den möglichen Werteverlust jeweils anhand eines Beispiels.

4 Digitale Arbeitswelt

4.1 Digitaler Arbeitsalltag

M 5: Fallbeispiel

> Stefanie ist 35 Jahre alt, wohnt mit ihrem Mann Thomas und ihrem dreijährigen Sohn Lucas in Nürnberg. Sie ist Grafikerin in einer Werbeagentur. Seit zwei Jahren bietet ihre Firma die Möglichkeit, dass die Mitarbeiterinnen und Mitarbeiter bis zur Hälfte ihrer Arbeitszeit im Home-Office von zu Hause aus ableisten können. In Videokonferenzen werden Absprachen getroffen, per E-Mail wird Kontakt zu den Kunden gehalten und in einer Cloud* auf Dateien zugegriffen.

*Cloud: Daten werden über das Internet auf einem entfernten Server gespeichert und von dort wieder abgerufen.

4.1.1 Benennen Sie drei Vorteile für Stefanie (M 5), wenn sie dieses Angebot der Agentur nutzt und regelmäßig im Home-Office arbeitet.

4.1.2 Erläutern Sie ausführlich drei mögliche Gründe, warum die Tätigkeit im Home-Office Stefanie (M 5) psychisch belasten kann.

4.2 Der Arbeitsmarkt von morgen

M 6: Schaubild

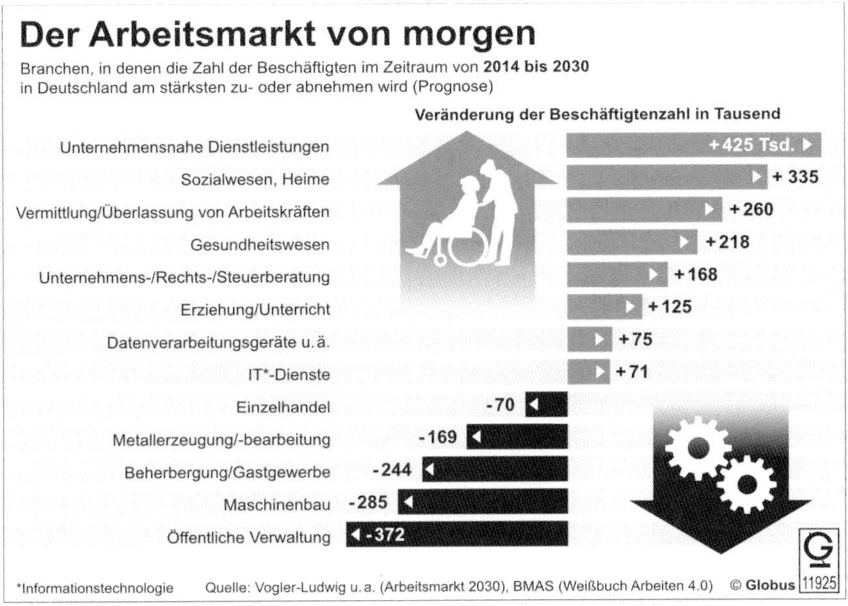

Quelle: dpa-infografik

4.2.1 Definieren Sie den Grundbegriff *Flexibilität* und erläutern Sie seine Bedeutung für den Arbeitsmarkt von morgen (vgl. M 6) anhand eines Beispiels.

M 7: Industrie 4.0

> Industrie 4.0 ist durch Digitalisierung und Vernetzung charakterisiert. Mit dem verstärkten Einzug von Informations- und Kommunikationstechnologien in die industrielle Fertigung verschmilzt die reale Welt mit der virtuellen. Maschinen, Menschen und Prozesse sind miteinander verbunden und alle relevanten Informationen werden in Echtzeit verarbeitet.

4.2.2 Erläutern Sie je einen Grund für die Entwicklung der folgenden drei Branchen aus dem Schaubild (M 6):
- Sozialwesen, Heime
- Maschinenbau
- Öffentliche Verwaltung

Berücksichtigen Sie – wenn möglich – in Ihren Ausführungen die Informationen zu Industrie 4.0 (M 7).

Lösungsvorschlag

I. Schwerpunktthema Aufgabengruppe A

1.1 Als Kommunikation bezeichnet man den Informationsaustausch oder Vorgang der Verständigung mittels sprachlicher (z. B. Wort, Schrift) und nicht sprachlicher (z. B. Mimik, Gestik, Bilder, optische und akustische Signale) Symbolsysteme zwischen Personen und Gruppen.

1.2 Auf dem Plakat sieht man ein Kleinkind im Kinderstuhl sitzend beim Essen, während die Eltern jeweils für sich mit ihren Smartphones beschäftigt sind. Sie schauen auf die Displays und sind vom Kind abgewandt. Auch haben sie keinen Blickkontakt zueinander. Die Absicht des Plakats könnte ein Appell an Eltern sein, trotz der Digitalisierung den direkten Kontakt zu ihren Kindern nicht zu verlieren. Hierfür spricht auch der Slogan auf dem Plakat „Heute schon mit Ihrem Kind gesprochen?“. Die Absicht ist, dass Eltern ihren Medienkonsum kritisch reflektieren sollen. Wichtig wäre, den direkten Kontakt miteinander zu pflegen und diesen nicht zu verlieren.

1.3 In der Primärsozialisation entwickelt sich gerade in den ersten Lebensjahren das Urvertrauen eines Menschen. Dieses wird z. B. durch den unmittelbaren Kontakt des Kleinkindes mit den Eltern gefördert. Dazu gehören z. B. Körper- und Blickkontakt, soziale Ansprache, gemeinsames Spielen und Erleben oder einfach auch eine ausreichende Anwesenheit der Eltern. Wird dieses Urvertrauen in den ersten Lebensjahren nicht genügend entwickelt, kann das bei solchen Kindern zu erheblichen Persönlichkeitsdefiziten, wie z. B. Beziehungsstörungen, führen, die sich manchmal auch erst in späteren Jahren auswirken. Wenn Eltern sich zu sehr mit ihren Smartphones beschäftigen und nicht mit ihren Kindern, kann sich das, wie gerade beschrieben, sehr negativ auswirken.

In der Sekundärsozialisation in der späteren Kindheit orientieren sich Kinder sehr an den Erwachsenen. Die Eltern fungieren dabei als wichtige Modelle. Das bei den Eltern gesehene und erlebte Verhalten wird nachgeahmt und damit gelernt. Praktizieren Eltern einen übermäßigen Smartphone-Gebrauch in ihrer Freizeit, dann betrachten Kinder dies als normal und ahmen dieses Verhalten nach. Dies führt bei ihnen zu einer intensiven digitalen Beschäftigung. Negative Auswirkungen können für solche Kinder der Verlust sozialer Kontakte und Vereinsamung sein. Aber auch die Gefahr, süchtig zu werden, ist nicht zu vernachlässigen.

2.1 Als Selbstkonzept bezeichnet man das Bild und die Vorstellung, die eine Person von sich selbst hat, sowie die Bewertung dieser Auffassungen.

Der soziale Status ist der Rang einer Person in einem sozialen Gefüge entsprechend der Stellung, dem Rollenverhalten und den persönlichen Eigenarten.

2.2 Postet ein Jugendlicher von sich eine Aktion oder ein Foto und erhält er hierfür im gewählten sozialen Netzwerk Zustimmung in Form von Likes, kann das seinen sozialen Status in seiner Peer Group erhöhen. Er bekommt ja durch seine Aktion mehr Zuspruch und Anerkennung, was zu einem höheren Ansehen in seiner Gruppe führen kann.

Ein weiterer Grund für die Selbstdarstellung in sozialen Medien kann das Bestreben nach Erhöhung des eigenen Selbstwertgefühls sein. Der Jugendliche steigert dadurch sein eigenes Ego und fühlt sich durch die positiven Rückmeldungen von Followern wichtig und bedeutsam. Ein weiterer Grund für dieses Verhalten kann auch durch den Gruppendruck einer Clique verursacht werden. Ist man Mitglied in einer solchen Clique, in der alle anderen Gruppenmitglieder regelmäßig etwas von sich posten, entsteht für Jugendliche ein sehr hoher Druck, sich an diesem Verhalten zu beteiligen und mitzumachen.

2.3 Prima! Übernehmt die Leitung in einer Jugendgruppe im Sportbereich. Ihr werdet dadurch viele echte Kontakte und wirkliche Freunde erhalten!

Organisiert bei euch eine „Friday-for-Future"-Demo, falls es eine solche noch nicht gibt. Das Engagement für den Erhalt eines lebenswerten Klimas wird euch Sinn geben und auch stolz machen!

Arbeitet in euerer Realschule bei den Tutoren, Streitschlichtern oder Verkehrslotsen mit. Die Erfahrung, etwas für andere zu tun, macht euch stark!

2.4 Kann-Norm: Zu Beginn des Chats kann man eine Begrüßung bzw. zum Ende eine Verabschiedung wählen. Erfolgt dies nicht, dann hat das keine Folgen oder negativen Auswirkungen.

Soll-Norm: Man sollte keine falschen Fakten oder Informationen verwenden und weitergeben. Die Folgen eines solchen Tuns können der Ansehensverlust bei anderen oder auch der Ausschluss sein, weil man als nicht glaubwürdig gilt.

Muss-Norm: Andere Teilnehmer dürfen nicht gemobbt werden oder durch gepostete Bilder, die ihre Persönlichkeitsrechte verletzen, diskriminiert werden. Sollte dies trotzdem erfolgen, kann es zu strafrechtlichen Konsequenzen kommen.

3.1 Als Medien bezeichnet man alle Quellen der Informationsvermittlung. Vor allem die Massenmedien haben in der modernen Welt eine große Bedeutung. Massenmedien sind eine Sammelbezeichnung für die Vermittler von Informationen, Unterhaltung und Werbung, die große Teile der Gesellschaft erreichen. Dazu zählen die Printmedien (z. B. Zeitungen, Zeitschriften, Bücher) sowie die elektronischen bzw. digitalen Medien (z. B. Rundfunk, Fernsehen, Internet). Medienkompetenz möchte zu einem richtigen Umgang mit Medien führen. Man soll befähigt werden, Medien richtig auszuwählen und zu nutzen.

3.2 Emotionale Faktoren:
- Spüren von Sympathie und Zuneigung: Fühlt man sich zu der dargestellten Person hingezogen?
- Wirkung des äußeren Erscheinungsbildes: Findet man die Person schön und attraktiv?
- Empfindung von erotischer Ausstrahlung: Löst die Person auch sexuelles und erotisches Interesse aus?

Rationale Faktoren:
- Finanzieller Status: Wie ist die Einkommens- und Vermögenssituation der Person?
- Sozialer Status: Welchen Beruf hat die Person? Wie ist das Ansehen in der Gesellschaft?
- Wohnort: Lebt die andere Person in einem erreichbaren Umfeld oder lebt sie weit entfernt?

3.3 Ehrlichkeit: Beim Online-Dating hat man nicht die direkte Möglichkeit der Überprüfung, ob gemachte Aussagen auch richtig sind. Jemand kann z. B. seine persönliche Beziehungssituation verheimlichen und mitteilen, dass er momentan Single sei und einen Partner suche, obwohl das gar nicht stimmt. Da der Chatpartner nicht unmittelbar da ist, kann man auch nicht anhand der Körperreaktionen versuchen zu überprüfen, inwieweit der andere ehrlich ist.

Zuverlässigkeit: Zu den traditionellen Werten gehört auch Zuverlässigkeit. Online-Kontakte sind weniger verbindlich als direkte persönliche. Man kann online schnell z. B. einen Termin für ein Treffen ausmachen, den man dann aber nicht einhält. Dann wird der Termin kurzfristig über eine digitale Nachricht gecancelt, was zu Enttäuschungen und auch zum Verlust des Glaubens an die Zuverlässigkeit führt.

4.1.1 Stefanie spart sich an den Tagen mit Home-Office die Zeit für die Fahrten zum Arbeitsplatz.
Sie kann sich an diesen Tagen ihre Zeit flexibler einteilen und sich dabei auch um die Betreuung ihres Sohnes Lucas kümmern.
Sie kann an solchen Tagen konzentrierter arbeiten, weil sie zu Hause nicht von anderen Mitarbeitern gestört wird.

4.1.2 Eine Tätigkeit im Home-Office kann auch dazu führen, dass man die Trennung zwischen Arbeit und Privatleben aufgeben oder zumindest einschränken muss. Arbeitet man ausschließlich in der Agentur, dann ist der Privatraum „arbeitsfrei" und ohne möglichen Arbeitsstress. Stefanie kann die Aufhebung dieser Trennung psychisch als belastend empfinden.

Eine weitere psychische Erschwernis kann für Stefanie dadurch entstehen, dass sie versucht, die Betreuung von Lucas mit der Arbeit zu Hause zu verbinden. Kleine Kinder sind aber sehr wechselhaft und immer wieder auch einmal krank. Dann muss sich Stefanie mehr um Lucas kümmern und verliert somit Zeit zur Erledigung ihrer Arbeiten. Erst wenn ihr Kind schläft, kann sie sich wieder der Arbeit widmen. An solchen Tagen zieht sich dann die Arbeitstätigkeit über den ganzen Tag bis in den Abend hinein. Es gibt keinen Feierabend und somit auch keine Zeit zur Entspannung.

Am Arbeitsplatz hat Stefanie Kollegen, mit denen sie immer wieder auch kurze Gespräche führen kann, auch über private Themen. Das verschafft ihr ein Gefühl der sozialen Eingebundenheit. Verrichtet sie ihre Arbeit von zu Hause aus, dann fehlen ihr diese sozialen Kontakte. Gerade wenn Stefanie ein sensibler Mensch ist, kann sie dadurch gefährdet werden, sich einsam zu fühlen und die Situation auch als psychisch belastend zu empfinden.

4.2.1 Als Flexibilität („Biegsamkeit") bezeichnet man die Fähigkeit des Menschen, auf sich verändernde und wechselnde Situationen zeitnah und sinnvoll zu reagieren sowie sein Verhalten daran auszurichten.

Wie im Schaubild dargestellt, kommt es zu einer Umschichtung der Beschäftigtenzahlen in verschiedenen Branchen. Bisherige Arbeitnehmer aus Bereichen, die in der Zukunft abnehmen werden, wie z. B. in der öffentlichen Verwaltung und im Gastgewerbe, brauchen die Flexibilität, sich für andere Berufe weiterzubilden oder umschulen zu lassen.

4.2.2 Sozialwesen, Heime: Die Lebenserwartung von Menschen steigt immer mehr. Demgegenüber gehen die Geburtenzahlen zurück. Man bezeichnet diesen Prozess als demografischen Wandel. Dieser führt dazu, dass es in Zukunft einen wachsenden Personalaufwand im Bereich von Pflege und Betreuung älterer Menschen geben wird. Dies erklärt auch die erwartete Zunahme in diesem Bereich im Schaubild um 335 000 Beschäftigte.

Maschinenbau: Die Branche Maschinenbau soll bis zum Jahr 2030 um 285 000 Beschäftigte sinken. Die Fortschritte in der Digitalisierung und im Bereich der künstlichen Intelligenz führen dazu, dass moderne computergestützte Maschinen und Fabrikationsanlagen immer mehr Arbeitsabläufe übernehmen, für die vorher Maschinenbauer zuständig waren. Die Automatisierung und Vernetzung von Arbeitsfeldern setzt gerade in diesem Bereich viele Beschäftigte frei.

Öffentliche Verwaltung: Immer mehr Verwaltungsabläufe werden über Online-Portale und Computerprogramme abgewickelt. Bürger können sich benötigte Formulare online organisieren und Anträge auch auf diesem Weg stellen. Ein aktuelles Beispiel ist die Steuererklärung, die inzwischen auch online angefertigt und eingereicht werden kann. Bisherige Sachbearbeiterstellen werden abgebaut. Dies führt dazu, dass im Bereich der öffentlichen Verwaltung in der Zukunft viele Beschäftigtenstellen verloren gehen.

Abschlussprüfung an Realschulen – 2019
Sozialwesen: Aufgabengruppe B

Engagement macht stark!

1 Aktiv in einem Verein

1.1 Definieren Sie den Begriff *Verein*.

1.2 Erklären Sie die in der Karikatur (M 1) dargestellte Problematik und überzeugen Sie die Person aus der Karikatur anhand von zwei Aspekten davon, ein Ehrenamt zu übernehmen.

M 1: Karikatur

Quelle: Burkhard Mohr

1.3 Erläutern Sie ausführlich drei Vorteile, die ein Projekt wie MitternachtsSport e.V. (vgl. M 2) für Kinder und Jugendliche aus einem schwachen soziokulturellen Milieu haben kann.

M 2: Auszug aus Homepage

> Der in Berlin geborene Fußballer Jerome Boateng (Mutter Deutsche, Vater aus Ghana) engagiert sich für den Verein MitternachtsSport e.V., der Kindern und Jugendlichen aus sozial schwachen Familien kostenlose Sportkurse und sportliche Aktivitäten anbietet. Jugendsozialarbeiter Ismail Öner berichtet, dass wöchentlich über 200 Jugendliche aus rund 40 Nationalitäten dieses Angebot wahrnehmen.

Textquelle verändert nach: www.mitternachtssport.com

2 Engagement in der Erziehung

2.1 Unterscheiden Sie die Begriffe *primäre* und *sekundäre Sozialisation.*

2.2 Ein indisches Sprichwort rät Eltern: „Solange Kinder klein sind, gib ihnen Wurzeln, wenn sie älter geworden sind, gib ihnen Flügel."
Beschreiben Sie knapp jeweils zwei konkrete Beispiele, wie Eltern anfangs das Urvertrauen ihrer Kinder stärken und sie später im Teenageralter beim Selbstständigwerden unterstützen können.

2.3 Definieren Sie den Begriff *Werte.*

2.4 Nach einer Befragung durch ein Marktforschungsinstitut halten 77 Prozent der 14- bis 24-Jährigen Ehrlichkeit für „besonders wichtig".
Erläutern Sie ausführlich drei Maßnahmen, wie Eltern ihren Kindern in der *sekundären Sozialisation* den Wert „Ehrlichkeit" vermitteln können. Verwenden Sie sozialwissenschaftliche Fachbegriffe.

2.5 Entwickeln Sie vier aussagekräftige Titel für Initiativen bzw. Projekte im sozialen Bereich an Ihrer Schule, in denen die Schülerinnen und Schüler angeleitet werden, positive Wertvorstellungen praktisch umzusetzen.

3 Persönlicher Einsatz im Rahmen des Praktikums

M 3: Fallbeispiel

Mirjam (14) absolviert ihr soziales Praktikum in der 9. Jahrgangsstufe in einem Altenpflegeheim ihrer Heimatstadt. Im Bewerbungsgespräch mit der Leitung der Einrichtung Frau Wunner wurde vereinbart, dass Mirjam im Sozialdienst mitarbeitet und dort beispielsweise den Senioren aus der Zeitung vorliest, sie mit dem Rollstuhl zu den Beschäftigungsgruppen bringt oder auch im Garten des Altenpflegeheims mit rüstigen alten Menschen spazieren geht. Am ersten Tag in ihrem Praktikum ist die Einrichtungsleitung nicht im Haus. Mirjam wird dem Altenpfleger Anton (46) zugeteilt.

Anton (motivierend):	Auf geht's, Mirjam, du kommst jetzt mit zu Frau Becker zum Waschen und Ankleiden.
Mirjam (überrascht):	Ich habe aber mit Frau Wunner etwas anderes besprochen! Waschen und Ankleiden – das mache ich nicht!
Anton (genervt):	Ich habe jetzt keine Zeit für Diskussionen. So steht's im Dienstplan und so wird es auch gemacht! Also los!

3.1 Definieren Sie knapp den Begriff *Konflikt* und arbeiten Sie die unterschiedlichen Positionen der Konfliktparteien Mirjam und Anton (M 3) heraus.

3.2 Benennen Sie zwei Techniken, mit denen Mirjam und Anton (vgl. M 3) den *Konflikt* fair lösen können. Formulieren Sie für jede Technik eine Aussage aus dem Dialog (M 3) um.

3.3 Benennen Sie zwei Kompetenzen, die Sie persönlich in Ihrem sozialen Praktikum erworben haben können. Beschreiben Sie anhand von je einer konkreten Situation, wie Sie sich diese angeeignet haben, und zeigen Sie jeweils auf, dass Ihnen diese Kompetenzen im Leben nützlich sein können.

4 Sich stark machen für Menschen am Rand der Gesellschaft

4.1 Definieren Sie knapp den Begriff *Devianz* bzw. *deviantes Verhalten.*

4.2 Werten Sie die Infografik „Straffällige Jugend" (M 4) aus, indem Sie drei grundlegende Aussagen treffen.

M 4: Infografik

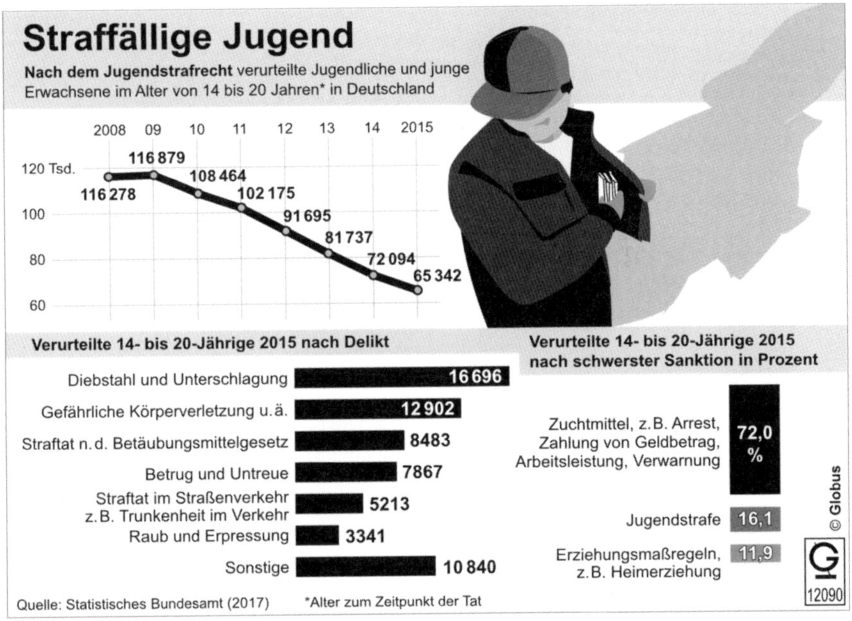

Quelle: dpa-infografik

4.3 *Deviantes Verhalten* kann durch den Einfluss sozialer Gruppen, denen Jugendliche angehören, entstehen.
Gehen Sie auf zwei verschiedene Gruppen ein und erläutern Sie jeweils eine mögliche Ursache für das Auftreten von Devianz.

4.4 Beschreiben Sie knapp vier konkrete Unterstützungsmöglichkeiten durch Mitarbeiter der Bewährungshilfe (vgl. M 5) für eine gelingende Resozialisierung.

M 5: Infotext

> Jeder dritte Häftling in Deutschland wird in den ersten drei Jahren nach seiner Entlassung wieder straffällig. Was Straftäter brauchen, sind Menschen, die sie vor und nach der Haftentlassung begleiten. In der Bewährungshilfe sind auch ehrenamtliche Mitarbeiter beschäftigt.

Textquelle verändert: „Ehrenamt im Strafvollzug" – www.justiz.bayern.de

4.5 Stellen Sie anhand von zwei konkreten Leistungen des *Sozialstaats* ausführlich dar, dass gescheiterte Maßnahmen der *Resozialisierung* diesen belasten.

Lösungsvorschlag

II. Schwerpunktthema Aufgabengruppe B

1.1 Ein Verein ist eine auf Dauer angelegte Personenvereinigung mit eigenem Namen und wechselnden Mitgliedern. Er muss bestimmte gesetzliche Kriterien erfüllen wie z. B. eine Satzung oder eine ordentlich gewählte Vorstandschaft. Vereine sind im Vereinsregister eingetragen.

1.2 In der Karikatur ist eine Person dargestellt, die es sich auf dem Sessel „Passivität" bequem macht und der Aufforderung, auf dem Stuhl „Ehrenamt" Platz zu nehmen, entgegnet, dass sie dazu keine Lust habe und schon bequem sitze. Die dargestellte Problematik besteht darin, dass es die Meinung gibt, ein Ehrenamt sei hart und unbequem. Deshalb sei es besser, sich nicht in einem anstrengenden Ehrenamt zu engagieren und lieber passiv zu bleiben.

Bei einem Engagement in einem Ehrenamt lernt man neue Menschen kennen und erweitert seine sozialen Kontakte. Man kommuniziert mit anderen und wird von diesen auch wahrgenommen oder gebraucht. Solche sozialen Kontakte geben Bestätigung.

In einem Ehrenamt setzt man sich für andere oder für ein höheres Ziel ein. Man engagiert sich für etwas, das dem Gemeinwohl dient. Dies spendet Lebenssinn und fördert auch die Selbstzufriedenheit.

1.3 Die Teilnahme an solchen sportlichen Aktivitäten kann für Kinder und Jugendliche eine sinnvolle Freizeitbeschäftigung darstellen. Gerade in schwachen soziokulturellen Milieus fehlt Eltern oftmals das Geld oder auch die Idee, ihre Kinder in Sportvereinen anzumelden oder hierfür die Mitgliedsbeiträge zu zahlen. Somit entsteht bei solchen Kindern oft Langeweile und Frustration. Sie haben keine Angebote für eine aktive, sinnvolle Freizeitgestaltung, was dazu führt, dass ihre weitere psychische Entwicklung erschwert werden kann.

Ein weiterer Vorteil ist, dass Kinder und Jugendliche in Sportkursen und bei sportlichen Aktivitäten auch ihre persönlichen Kompetenzen entfalten und trainieren. Hier kann es sich um körperliche Kompetenzen wie z. B. Ballsicherheit, Gleichgewichtssinn oder Ausdauer handeln. Aber auch wichtige soziale Kompetenzen wie z. B. Teamfähigkeit und Rücksichtnahme können gerade beim Mannschaftssport positiv entwickelt werden. Im Hinblick auf das spätere Berufsleben und die Chancen auf einen Ausbildungsplatz ist das gerade für Kinder und Jugendliche aus schwachen sozialen Milieus eine große Chance, wenn sie diese für die heutige Arbeitswelt wichtigen Kompetenzen frühzeitig erwerben und festigen können.

Gut für Kinder und Jugendliche aus schwachen soziokulturellen Milieus kann die Erfahrung sein, dass auch andere Gleichaltrige ein ähnliches Schicksal haben. Gerade ein breit gefächertes Teilnehmerfeld aus ca. 40 verschiedenen Nationalitäten macht diesen Kindern und Jugendlichen deutlich, dass sie keine Einzelfälle sind, sondern dass auch andere Gleichaltrige Probleme wie z. B. arbeitslose Eltern, kleine Wohnungen, Schwierigkeiten in der Schule, wenig Taschengeld … haben. Das kann Solidarität und Selbstbewusstsein fördern. Auch Freundschaften können unter den Teilnehmern solcher sportlicher Angebote entstehen. Man ist dann nicht mehr alleine, sondern kann sich mit den neu gewonnenen Freunden zu weiteren Freizeitaktivitäten treffen.

2.1 Sozialisation bezeichnet das Hineinwachsen des Menschen in die Gesellschaft und in das Zusammenleben. Man unterscheidet dabei:

Primäre Sozialisation: Erlernen der Grundfähigkeiten und Grundeinstellungen sozialen Verhaltens in der frühen Kindheit, meist in der Familie, überwiegend durch Gewöhnung und Nachahmung. Wichtige primäre Sozialisationsinstanzen sind die Familie, die Krippe und der Kindergarten.

Sekundäre Sozialisation: Vorgänge und Prozesse, durch die ein Mensch, der bereits über die Grundmuster im Verhalten mit anderen verfügt, neue Rollen und Verhaltensmuster lernt. Wichtige sekundäre Sozialisationsinstanzen sind die Schule, Vereine und der Ausbildungsplatz.

2.2 Eltern können das Urvertrauen von Kindern durch körperliche Nähe fördern. Dieses entwickelt sich z. B. beim Stillen und Tragen am Körper. Auch regelmäßige Rituale wie z. B. ein Abendgebet vor dem Einschlafen wirken sich positiv auf die Stärkung des Urvertrauens aus.

Der Prozess des Selbstständigwerdens ihrer Kinder kann durch das Übertragen von Verantwortung gefördert werden. Das geschieht z. B., wenn Kinder sich ab einem bestimmten Alter um ein Haustier wie ein Meerschweinchen oder einen Hasen kümmern müssen. Hilfreich zur Unterstützung dieses Prozesses ist auch das Vertrauen in ältere Kinder, wenn es um die Festlegung von Ausgehzeiten geht. Wenn die Kinder merken, dass ihnen ihre Eltern vertrauen, wirkt sich das positiv auf ihre Selbstständigkeit aus.

2.3 Werte sind geschichtlich entstandene, kulturbedingte, wandelbare und somit bewusst gestaltbare erstrebenswerte Güter, Zielvorstellungen, Maßstäbe und Orientierungsgrundlagen für das Verhalten von Menschen. Die Gesamtheit der Werte bildet ein Wertesystem. Werte bestimmen die Normen.

2.4 Eine wichtige Funktion für die Vermittlung von Ehrlichkeit ist das Modellverhalten der Eltern selbst. Kinder orientieren sich am Verhalten ihrer Eltern und übernehmen zunächst die erlebten Verhaltensweisen. Verrechnet sich z. B. beim gemeinsamen Essen in einem Restaurant die Bedienung bei der Rechnung und verlangt weniger, als das Essen kosten würde, dann verweisen die Eltern auf diesen Fehler und nutzen bewusst nicht den für sie entstandenen Vorteil. Die Eltern demonstrieren hier Ehrlichkeit und sind somit wichtige soziale Modelle für ihre Kinder.

Eltern können die Unehrlichkeit ihrer Kinder mit klaren negativen Sanktionen belegen. Kommt es vor, dass die Eltern von ihren Kindern belogen werden, dann können sie ihre Kinder bestrafen. Die Kürzung des Taschengeldes oder die Einschränkungen beim Gebrauch des Handys sind beliebte Mittel für solche negativen Sanktionen.

Eltern vermitteln ihren Kindern den Wert „Ehrlichkeit", wenn sie in ihren Gesprächen die Bedeutung der Ehrlichkeit immer wieder betonen. Kommentieren die Eltern z. B. in ihrem Austausch über die aktuelle Politik oder gesellschaftliche Ereignisse die Notwendigkeit von Ehrlichkeit und kritisieren entsprechend unehrliches Verhalten, dann bieten sie ihren Kindern einen positiven Wertecodex an, zu dem die Ehrlichkeit als wichtige Grundhaltung gehört.

2.5
- „Komm zu den Tutoren – ältere Schüler unterstützen jüngere!"
- „Als Streitschlichter unterwegs – für ein friedliches Miteinander an unserer Schule!"
- „Aktiv als Bachpate – mit anderen Schülern aktiv werden für die Umwelt!"
- „Werde Schülerverkehrslotse – Sicherheit auf dem Weg zur Schule!"

3.1 Als Konflikt bezeichnet man den Zusammenstoß von unvereinbaren, konträren Bedürfnissen und Interessen. Es entstehen Auseinandersetzungen zwischen Personen oder Gruppen, die eine sehr unterschiedliche Intensität und Dauer erreichen können.

Position von Mirjam: Mitarbeit in folgenden, verschiedenen Bereichen: Senioren die Zeitung vorlesen, sie im Rollstuhl zu den Beschäftigungsgruppen fahren oder im Garten mit rüstigen Senioren spazieren gehen. Mirjam hat dies mit der Leitung der Einrichtung, Frau Wunner, so besprochen und vereinbart.

Position von Anton: Unterstützung beim Waschen und Ankleiden einer Seniorin.

3.2 Aktives Zuhören: Anton könnte, als er die abweichende Erwartungshaltung von Mirjam wahrnimmt, auf sie eingehen und ihr aktiv zuhören. Damit würde er ihr Wertschätzung anbieten und könnte sich dabei selber Klarheit darüber verschaffen, was der Sachverhalt ist.
Anton: „Mirjam, du hast mit Frau Wunner vereinbart, was du machen sollst. Waschen und Ankleiden war da nicht dabei."

Ich-Botschaften: Anton versucht, nur von sich selbst zu reden und vermeidet „Du-Botschaften" und Anordnungen. Dadurch bleibt die Kommunikation wertschätzend und ohne Aggression.
Anton: „Mirjam, ich habe gerade großen Stress, weil ein Kollege krank ist und ich seine Arbeit noch übernehmen muss. Deshalb habe ich es etwas eilig. Magst du mich unterstützen?"

3.3 Kommunikationskompetenz: Im Kindergarten habe ich viele Gesprächssituationen mit Kindern, den Erziehern und Kinderpflegern, aber auch mit den Eltern erlebt. Ich habe dabei zum Teil selber gesprochen und auch anderen zugehört. Zwei wichtige Gesprächssettings waren dabei die Konfliktmoderation zwischen sich streitenden Kindern und auch das aktive Zuhören. In den Feedbackgesprächen mit der Erzieherin, die im Praktikum meine Ansprechpartnerin war und mich betreut hat, konnte ich das aktive Zuhören gut erleben und dann auch selber anwenden. In meiner Familie oder im Freundeskreis sind diese Kompetenzen sehr hilfreich. Aber auch in meiner Klasse an der Realschule kann ich meine erworbenen Kommunikationsfähigkeiten gut einsetzen.

Selbstkompetenzen Pünktlichkeit und emotionale Balance: In meinem sozialen Praktikum im Altenheim musste ich sehr pünktlich sein. Nach meinem Hospitationsplan sollte ich zu festgelegten Zeiten bei bestimmten Anwendungen hospitieren. Da diese Räumlichkeiten in verschiedenen Stockwerken waren, musste ich mich beim Wechsel sehr beeilen, um nicht verspätet anzukommen. Aber auch meine emotionale Balance konnte ich verbessern. Manchmal war es nicht schön, pflegebedürftige alte Menschen beim Waschen oder Ankleiden zu beobachten. Es erfordert manchmal auch Überwindung, eine fremde Person dabei anzufassen und zu berühren. In meinem Alltag profitiere ich von diesen Kompetenzen: Ich bin jetzt viel pünktlicher als vorher und kann meine Emotionen in schwierigen Situationen viel besser im Gleichgewicht halten.

4.1 Als Devianz bezeichnet man ein abweichendes Verhalten. Es liegen dann Verhaltensweisen vor, die mit den geltenden Normen und Werten nicht in Einklang zu bringen sind. Dabei unterscheidet man die positive, geduldete Devianz von der negativen.

4.2 Die Anzahl der nach dem Jugendstrafrecht verurteilten Jugendlichen und Erwachsenen von 14 bis 20 Jahren ist von 116 278 im Jahr 2008 auf 65 342 im Jahr 2015 deutlich gesunken.

Betrachtet man für das Jahr 2015 die Häufigkeit der Delikte in dieser Altersgruppe, dann lagen Diebstahl und Unterschlagung mit 16 696 an erster Stelle. Gefolgt wird dieser Bereich von gefährlicher Körperverletzung mit 12 902 Delikten. Am wenigsten häufig vertreten waren mit 5 213 Delikten Straftaten im Straßenverkehr sowie Raub und Erpressung mit 3 341.

Bei den Verurteilungen in dieser Altersgruppe erhielt die deutliche Mehrheit von 72 % Zuchtmittel wie z. B. Arrest, Zahlung von Geldbeträgen, Arbeitsleistungen oder Verwarnung. Nur 16,1 % bekamen eine Jugendstrafe und nur 11,9 % Erziehungsmaßregeln wie Heimerziehung.

4.3 Die eigene Familie kann Jugendliche zu deviantem Verhalten wie Diebstahl motivieren. Wenn die Eltern selber stehlen und deshalb Diebstahl nicht missbilligen, dann lernt ein Kind oder Jugendlicher, dass es vollkommen normal ist, auch selber so zu handeln. Durch die Anpassung an die eigene Familienumwelt lernen Jugendliche deviantes Verhalten.

In der Clique sind Jugendliche häufig einem großen Gruppendruck ausgesetzt. Werden dort Drogen konsumiert, dann kann dieser Gruppendruck dazu führen, dass auch Jugendliche, die das gar nicht wollen, zu diesen Drogen greifen. Schließlich will man ja nicht als Versager oder Feigling dastehen.

4.4
- Mitarbeiter der Bewährungshilfe begleiten Entlassene bei Behördengängen.
- Sie unterstützen Häftlinge schon vor ihrer Entlassung bei der Suche nach einer geeigneten Wohnung oder einem Arbeitsplatz.
- Sie sind gerade nach der Entlassung mögliche Ansprechpartner in kritischen Situationen oder in frustrierenden persönlichen Phasen.
- Bewährungshelfer sind durch ihr Vorbild selber Modelle für Häftlinge und Entlassene bei der Bewältigung möglicher Alltagsfragen.

4.5 Scheitern Resozialisierungsmaßnahmen und wird der Entlassene wieder rückfällig, muss der Sozialstaat aus den Steuererträgen wieder Aufwendungen tätigen für die Unterbringung in einer Haftanstalt. Neben dem baulichen Unterhalt von Gefängnissen müssen das Gefängnispersonal sowie alle Betreuungs- und Bildungsmaßnahmen finanziert werden. Viele Haftinsassen erhalten kostspielige Therapien, die auch wiederum den Sozialstaat belasten.

Gelingt es nicht, einen Haftentlassenen in den Arbeitsprozess einzugliedern, und bleibt er arbeitslos, hat dieser Anspruch auf die Unterstützung verschiedener Sozialversicherungen wie z. B. Kranken- oder Arbeitslosenversicherung, obwohl er selber nicht in diese Versicherungen eingezahlt hat. Durch eine so gegebene Einseitigkeit würde eine deutliche Belastung des Sozialstaates entstehen.

Abschlussprüfung an Realschulen – 2020
Sozialwesen: Aufgabengruppe A

Alte Menschen im Fokus der Gesellschaft

1 Miteinander von Jung und Alt

1.1 Definieren Sie die *primäre* und die *sekundäre Sozialisation*.

M 1: Sprichwort

Bild urheberrechtlich geschützt

1.2 Beschreiben Sie ausführlich anhand von drei konkreten Beispielen die Bedeutung von Großeltern für die *Sozialisation* von Kindern und Jugendlichen (vgl. M 1). Verwenden Sie sozialwissenschaftliche Fachbegriffe.

M 2: Artikel

> Studentenwohnung in der Seniorenresidenz – eine Idee mit Zukunft: In Trier zieht eine Studentin in ein Seniorenheim und darf dort umsonst wohnen. Im Ausgleich beschäftigt sie sich 35 Stunden im Monat mit den alten Menschen, während Fachkräfte vor allem für die Pflege zuständig sind. Eine „Win-win-Situation" für beide Seiten.

Textquelle verändert nach: Fürther Nachrichten vom 08.02.2019, S. 9

1.3 Beschreiben Sie knapp zwei konkrete Aktivitäten, mit denen sich Studierende im Rahmen des Projekts (vgl. M 2) sinnvoll in das Leben der Seniorinnen und Senioren einbringen können. Erläutern Sie jeweils kurz den Gewinn für die Persönlichkeitsentwicklung der jungen Erwachsenen.

1.4 Erklären Sie kurz drei konkrete Vorteile des Projekts (vgl. M 2) für die Seniorinnen und Senioren.

2 Alte Menschen im Fokus des Sozialstaats

2.1 Der Erhalt der Beschäftigungsfähigkeit älterer Arbeitnehmerinnen und Arbeitnehmer hat positive Auswirkungen auf den Sozialstaat.
Nennen Sie zwei Pflichtversicherungen und erläutern Sie jeweils kurz die finanzielle Entlastung für den *Sozialstaat*.

2.2 Definieren Sie den Grundbegriff *Prävention*. Nennen Sie zudem drei präventive Maßnahmen im Rahmen der *Eigenverantwortung* zum Schutz vor Altersarmut.

2.3 Grundsicherung im Alter

M 3: Fallbeispiel

Erika Müller ist 74 Jahre alt. Ihr monatliches Einkommen setzt sich zusammen aus der gesetzlichen Rente in Höhe von 90 Euro und ihrer Witwenrente in Höhe von 310 Euro, die ihr seit dem Tod ihres Mannes zusteht. Weiteres Vermögen hat sie nicht. Frau Müller überlegt gemeinsam mit ihrem einzigen Sohn Jörg (49), ob sie Anspruch auf Grundsicherung im Alter hat. Dieser verfügt über ein jährliches Gesamteinkommen in Höhe von 54.000 Euro. Der monatliche Grundsicherungsbedarf für Frau Müller liegt bei 920 Euro.

Beschreiben Sie unter Einbeziehung des Gesetzesauszuges (M 4) drei allgemeine Voraussetzungen, um Anspruch auf die Grundsicherung im Alter zu haben. Prüfen Sie jeweils, ob Frau Müller (M 3) die Bezugskriterien erfüllt.
Stellen Sie zudem eine nachvollziehbare Rechnung zur Höhe der monatlichen Grundsicherung von Frau Müller auf.

M 4: Auszug aus dem Sozialgesetzbuch zur Grundsicherung im Alter

§ 41 Leistungsberechtigte

(1) Leistungsberechtigt nach diesem Kapitel sind ältere Personen, die ihren notwendigen Lebensunterhalt nicht oder nicht ausreichend aus Einkommen und Vermögen nach § 43 bestreiten können.

(2) Leistungsberechtigt wegen Alters nach Absatz 1 ist, wer die Altersgrenze erreicht hat. Personen, die vor dem 1. Januar 1947 geboren sind, erreichen die Altersgrenze mit Vollendung des 65. Lebensjahres.

§ 42 Leistungsberechtigte

Die Höhe der Grundsicherung ergibt sich, wenn man vom Grundsicherungsbedarf das anzurechnende Einkommen und Vermögen abzieht.

§ 43 Einsatz von Einkommen und Vermögen, Berücksichtigung von Unterhaltsansprüchen

Unterhaltsansprüche der Leistungsberechtigten gegenüber ihren Kindern und Eltern sind nicht zu berücksichtigen, es sei denn, deren jährliches Gesamteinkommen beträgt jeweils mehr als 100.000 Euro (Jahreseinkommensgrenze).

Textquelle verändert nach Sozialgesetzbuch

2.4 Beschreiben Sie kurz zwei negative Auswirkungen für Seniorinnen und Senioren, wenn sie nur über ein geringes Einkommen verfügen, und entwickeln Sie jeweils eine konkrete Lösungsmöglichkeit, ohne dass die älteren Menschen direkte finanzielle Unterstützung in Anspruch nehmen.

3 Blickpunkt Pflege

3.1 Definieren Sie kurz den Grundbegriff *Altenarbeit* und nennen Sie zwei Formen.

3.2 Laut einer Prognose wird die Zahl der Pflegebedürftigen bis 2030 um bis zu 50 Prozent steigen. Zugleich wird voraussichtlich die Zahl derjenigen abnehmen, die in der Altenpflege arbeiten.
Beschreiben Sie anhand von drei Aspekten den demografischen Wandel in Deutschland und entwickeln Sie zwei konkrete Maßnahmen, wie man dem Ungleichgewicht zwischen Pflegebedürftigen und Altenpflegekräften entgegenwirken kann.

M 5: Fallbeispiel

> Voriges Jahr erlitt Witwer Rüdiger (85) einen Oberschenkelhalsbruch. Nun ist er auf den Rollstuhl und dauerhafte Pflege angewiesen. Sein Sohn Wolfgang (48) verringerte seine Arbeitszeit auf Teilzeit, um die Angehörigenpflege zu übernehmen, während seine Ehefrau Inge (45) weiterhin in Vollzeit arbeitet. Rüdiger befürwortet die Entscheidung, denkt jedoch auch an andere Zeiten zurück: „Früher war es ganz normal, dass meine Mutter ihre Schwiegereltern im Haus pflegte, während mein Vater arbeitete."

3.3 Definieren Sie den Grundbegriff *Rollenwandel.* Arbeiten Sie zudem kurz den im Fallbeispiel (M 5) dargestellten *Rollenwandel* von Mann und Frau heraus.

3.4 Entwerfen Sie ein Fallbeispiel, das einen möglichen *Interrollenkonflikt* von Wolfgang (M 5) und einen Lösungsvorschlag zum Inhalt hat.

4 Digital im Alter

M 6: Artikel

> Laut einer Studie fühlt sich nur ein Drittel der über 70-Jährigen sicher im Umgang mit dem Internet. Deswegen entwickelten Realschülerinnen und Realschüler das Projekt „Ran an den Computer – Schüler schulen Senioren", bei dem generationenübergreifend gelernt und geübt werden kann. Über einen längeren Zeitraum wurden engagierte Jugendliche als Schülerexperten für dieses Projekt ausgebildet.

4.1 Die Schülerinnen und Schüler erwerben während des Projekts (vgl. M 6) die Kompetenz, zu lehren, und die Kompetenz, Probleme zu lösen.
Beschreiben Sie kurz für jede dieser Kompetenzen eine konkrete Situation, in der sich die Schülerexperten diese aneignen können, und zeigen Sie jeweils beispielhaft auf, dass diese Kompetenz im Berufsleben nützlich ist.

4.2 Beschreiben Sie kurz drei konkrete Möglichkeiten, wie die Internetnutzung zur Bewältigung der Sozialisationsaufgaben älterer Menschen beitragen kann.

Lösungsvorschlag

I. Schwerpunktthema Aufgabengruppe A

1.1 Unter Sozialisation versteht man das Hineinwachsen des Menschen in die Gesellschaft und in das Zusammenleben. Die *primäre Sozialisation* bezeichnet das Erlernen der Grundfähigkeiten und Grundeinstellungen sozialen Verhaltens in der frühen Kindheit, meist in der Familie, überwiegend durch Gewöhnung und Nachahmung. Als *sekundäre Sozialisation* bezeichnet man Vorgänge und Prozesse, durch die ein Mensch, der bereits über die Grundmuster im Verhalten mit anderen verfügt, neue Rollen und Verhaltensmuster lernt.

1.2 Großeltern sind meistens nach den Eltern und Geschwistern die wichtigsten Bezugspersonen für Kinder und Jugendliche. Häufig unterstützen Großeltern die Eltern bei der Aufsicht und Betreuung der Kinder. Gerade bei Berufstätigkeit beider Elternteile können Großeltern wichtige Aufgaben übernehmen. Sie holen zum Beispiel ihre Enkelkinder vom Kindergarten ab, kochen ihnen Mittagessen oder übernehmen die Hausaufgabenbetreuung von Schulkindern am Nachmittag. Kinder und Jugendliche erfahren in ihrem Sozialisationsprozess dadurch Vertrauen, Fürsorge und Geborgenheit.

Kinder und Jugendliche besuchen auch ihre Großeltern in ihren Wohnungen oder übernachten dort, wenn die eigenen Eltern einmal abends ausgehen oder für ein Wochenende verreisen. Dadurch lernen sie nicht nur die Wohnungen von Menschen kennen, die eine ganze Generation älter sind als die eigenen Eltern, sondern auch bestimmte Gewohnheiten. Es kann sein, dass die Großeltern andere Rituale als die Eltern haben, wie z. B. beim gemeinsamen Essen ein Tischgebet zu sprechen. Oder es könnte sein, dass die Großmutter im Gegensatz zur eigenen Mutter nicht berufstätig ist und nur der Großvater einer bezahlten Arbeit nachgeht. Somit können Kinder und Jugendliche neue Rollen und Verhaltensmuster für ihre eigene Sozialisation kennenlernen.

Gerade im fortgeschrittenen Alter ist es häufig so, dass Großeltern gesundheitliche Probleme haben. Sie können erkranken, benötigen Aufenthalte im Krankenhaus bzw. in Reha-Einrichtungen oder sind auch pflegebedürftig. Oftmals kümmern sich dann deren Töchter und Söhne um sie und besuchen sie in ihren Wohnungen oder im Krankenhaus. Im Pflegefall kann es auch vorkommen, dass pflegebedürftige Großeltern direkt von ihren Töchtern und Söhnen betreut werden. Kinder und Jugendliche erleben auf diese Weise, dass man sich im Generationenverband um die alten Menschen kümmert, dass man sich verantwortlich verhält und auch aus Sorge um das Wohlergehen der alten Eltern hin und wieder eigene Bedürfnisse zurückstellen muss.

1.3 Studierende können sich Zeit für Gespräche mit Seniorinnen und Senioren nehmen. Sie können diese über ihr Leben befragen und dabei aktiv zuhören. Studierende erweitern damit ihr Wissen über das Leben der älteren Generation und lernen so neue Handlungsmuster für ihre eigene Entwicklung kennen.

Sollten Seniorinnen und Senioren noch rüstig sein, dann können Studierende mit diesen Spaziergänge im Freien unternehmen. In der Stadt Trier wäre es dann auch möglich, in Geschäfte zu gehen und Einkäufe zu tätigen. Studierende würden dadurch ihr Selbstwertgefühl und ihre eigene Selbstsicherheit stärken, wenn sie sich solche gemeinsamen Spaziergänge zutrauen und diese dann auch erfolgreich bewältigen.

1.4 Durch das Projekt haben Seniorinnen und Senioren mehr Abwechslung in ihrem Alltag, da die Studierenden vielfältige Angebote machen können.

Für die Bewohnerinnen und Bewohner der Seniorenresidenz ist so gewährleistet, dass sie einen regelmäßigen Umgang mit Menschen auch der jüngeren Generation haben.

Durch das Projekt vergrößert sich für die Seniorinnen und Senioren die Auswahl an Bezugspersonen, da neben den zuständigen Pflegekräften jetzt auch noch verschiedene Studierende als Kontaktpersonen vorhanden sind.

2.1 Gesetzliche Arbeitslosenversicherung: Solange ältere Arbeitnehmerinnen und Arbeitnehmer im Arbeitsprozess bleiben, entsteht für diese nicht der Anspruch auf Erhalt der gesetzlichen Arbeitslosenunterstützung, was den Sozialstaat schont.

Gesetzliche Rentenversicherung: Je länger ältere Arbeitnehmerinnen und Arbeitnehmer beschäftigungsfähig sind, desto später gehen sie normalerweise in Rente. Für diese Zeitspanne wird der Sozialstaat finanziell entlastet, weil diese Menschen dann Sozialabgaben zahlen, aber keine Sozialleistungen beanspruchen.

2.2 Als Prävention bezeichnet man allgemein Vorbeugung, Vorsorge und Verhütung von Missständen.

Präventive Maßnahmen im Rahmen der Eigenverantwortung zum Schutz vor Altersarmut können sein:
– Bildung eines finanziellen Vermögens durch Sparen
– Besitz einer eigenen Wohnung bzw. eines eigenen Hauses
– Altersvorsorge durch Abschluss von privaten Zusatzrenten und Lebensversicherungen

2.3 Leistungsberechtigt für eine Grundsicherung im Alter sind ältere Personen, die ihren notwendigen Lebensunterhalt nicht oder nicht ausreichend aus Einkommen und Vermögen bestreiten können.

Der monatliche Grundsicherungsbedarf für Frau Müller liegt bei 920 Euro. Ihr monatliches Einkommen beträgt aus eigener Rente 90 Euro und aus Witwenrente 310 Euro, insgesamt 400 Euro. Weiteres Vermögen hat Frau Müller nicht. Damit hätte sie Anspruch auf Grundsicherung.

Bezüglich der Unterhaltspflichten von Kindern gegenüber ihren Eltern gibt es eine Gesamteinkommensgrenze in Höhe von 100.000 Euro jährlich. Jörg, der einzige Sohn von Frau Müller, verfügt über ein Jahreseinkommen in Höhe von 54.000 Euro. Somit entstehen keine Unterhaltsansprüche für Frau Müller, weil die Grenze nicht erreicht wird.

Bezüglich des Alters gibt es die Regelung, dass Personen, die vor dem 1. Januar 1947 geboren worden sind, das 65. Lebensjahr vollendet haben müssen. Frau Müller ist im Jahre 2020 74 Jahre alt und somit im Jahre 1946 geboren. Damit erfüllt sie die Altersgrenze und hat Anspruch auf die Altersgrundsicherung.

Bei einem Grundsicherungsbedarf in Höhe von 920 Euro monatlich bringt Frau Müller selbst 400 Euro aus den beiden Renten ein. Damit bliebe eine Differenz in Höhe von 520 Euro als Anspruch Frau Müllers für eine monatliche Grundsicherung.

2.4 Es könnte sein, dass sie sich keine gute bzw. genügend große Wohnung leisten können. Eine Lösung wäre das Wohnen bei einem der eigenen Kinder, falls dieses eine große Wohnung bzw. ein Haus mit genügend Platz zur Verfügung hat.

Eine weitere Folge wäre, dass solche Seniorinnen und Senioren nur eingeschränkt am öffentlichen Leben wie dem Kino- oder Theaterbesuch oder dem Bezug einer eigene Tageszeitung teilnehmen können. Hier wäre es eine Lösungsmöglichkeit, verstärkt eigene soziale Kontakte aufzubauen und vorwiegend kostenfreie Veranstaltungen zu besuchen.

3.1 Altenarbeit umfasst alle Dienste und Pflegemaßnahmen einer planvoll organisierten Altenhilfe zum Wohle der alten Menschen. Man kann als Formen die *offene* und die *stationäre Altenarbeit* unterscheiden.

3.2 *Demografischer Wandel:*
In Deutschland gehen seit Jahren die Geburtenraten insgesamt zurück. Deshalb nimmt auch die Zahl der Erwerbstätigen ab. In manchen Berufen gibt es dann zu wenig Arbeitskräfte. Dies ist auch im Bereich der Pflegeberufe der Fall.

Die durchschnittliche Lebenserwartung der Menschen in Deutschland steigt. Dadurch, dass die Menschen in unserem Land immer älter werden, nimmt auch die Anzahl von pflegebedürftigen Menschen immer mehr zu.

Durch die Erhöhung der Lebenserwartung und die Abnahme der Geburtenrate steigt die Anzahl der nicht erwerbstätigen Menschen im Vergleich zur erwerbstätigen Bevölkerung immer mehr. Dies hat negative Auswirkungen auf die Sozialsysteme.

Konkrete Maßnahmen:
Man könnte mehr Pflegekräfte aus dem Ausland gewinnen. Bereits jetzt werden viele dieser Stellen mit Fachpersonal aus osteuropäischen oder auch asiatischen Staaten besetzt.

Es wäre auch möglich, die Attraktivität von Pflegeberufen zu erhöhen. Dazu könnten eine bessere Bezahlung und attraktivere Arbeitszeiten beitragen.

3.3 Ein Rollenwandel drückt die Veränderung der lange von der Mehrheit der Gesellschaft akzeptierten und eingeforderten Verhaltensweisen aus.

Früher war die Rollenverteilung so, dass der Mann für das Einkommen der Familie zuständig war und die Haushaltsführung, Erziehung und Pflege von Eltern die Aufgaben der Frau waren. Heute hat sich diese starre Rollenverteilung verändert. Es kann auch der Mann sein, der weniger oder gar nicht arbeitet, um sich um Erziehung und Pflege zu kümmern, während die Frau die Alleinverdienerin ist. Im Fallbeispiel übernimmt der Mann die Aufgabe, den Vater zu pflegen, und arbeitet deswegen Teilzeit. In der Generation seines Vaters ist das nicht üblich gewesen, da das die Aufgabe von Frauen war.

3.4 Ein Interrollenkonflikt könnte entstehen, wenn Wolfgangs Rollen als Pfleger seines Vaters und als Berufstätiger in einen Widerspruch geraten. Es könnte z. B. sein, dass der Arbeitgeber von Wolfgang erwartet, dass dieser am Morgen zu einer bestimmten Uhrzeit an seiner Arbeitsstätte eintrifft. Andererseits könnte es sein, dass Wolfgang sich gerade am Morgen um seinen Vater kümmern muss, wenn dieser gewaschen werden soll und Hilfe beim Frühstücken benötigt. Dann würde es wegen der zeitlichen Überschneidung zwischen diesen beiden Rollen zu einem Konflikt kommen. Eine Lösungsmöglichkeit könnte darin bestehen, dass Wolfgang seine Situation bezüglich der Pflege nicht verheimlicht, sondern sie mit seinem Arbeitgeber bespricht. Vielleicht kann sich an bestimmten Tagen auch ein ambulanter Pflegedienst morgens um seinen Vater kümmern, sodass ein Kompromiss im Konflikt zwischen diesen beiden Rollen möglich ist.

4.1 Die Kompetenz zu lehren entwickeln die Schülerinnen und Schüler, wenn sie den Seniorinnen und Senioren bestimmtes fachliches Wissen über den Gebrauch des PC vermitteln. Das kann z. B. sein, indem sie den älteren Menschen beibringen, Mails zu schreiben oder bestimmte Seiten im Internet zu finden. In ihrem späteren Berufsleben werden viele dieser Schülerinnen und Schüler Auszubildenden in ihren Berufssparten Abläufe erklären. Dafür können sie die erworbene Kompetenz zu lehren gut nutzen!

Beim Umgang mit PC und Internet treten erfahrungsgemäß immer wieder neue Probleme auf, die gelöst werden müssen. Manchmal lassen sich bestimmte Apps bzw. Programme nicht öffnen. Diese Probleme stellen Herausforderungen dar, die die jungen Menschen bewältigen müssen. Im heutigen Berufsleben kommt es auch immer wieder zu Situationen, in denen Pläne geändert oder Projektziele neu definiert werden müssen. Da ist die Kompetenz der Problemlösung hilfreich.

4.2 Durch das Internet können ältere Menschen mit ihren Angehörigen auf verschiedenen Wegen, z. B. über E-Mail, Chats, Videotelefonie, gut in Kontakt bleiben und diesen Kontakt pflegen.

Über die Internetnutzung können sich ältere Menschen über das Geschehen in der Welt informieren und bleiben so über die aktuelle Nachrichtenlage im Bilde.

Auf Internetplattformen können sich ältere Menschen mit anderen Menschen austauschen und auch neue Menschen kennenlernen. Somit bleiben sie im sozialen Austausch und können ihre sozialen Kontakte erweitern.

Abschlussprüfung an Realschulen – 2020
Sozialwesen: Aufgabengruppe B

Verantwortliches Miteinander

1 Jugendliche in der Verantwortung

1.1 Fassen Sie die Aussage der Karikatur „Mit-Verantwortung" (M 1) zusammen und erläutern Sie diese ausführlich anhand von zwei konkreten Beispielen aus unterschiedlichen Lebensbereichen eines Jugendlichen.

M 1: Karikatur „Mit-Verantwortung"

M 2: Fallbeispiel

> Florian (15) absolviert ein Freiwilliges Soziales Schuljahr (FSSJ) in seinem Fußballverein. Jeden Mittwoch trainiert er die E-Jugend-Mannschaft, zu der Jungen und Mädchen im Alter von 8 bis 10 Jahren gehören. Die Arbeit macht ihm viel Spaß, allerdings verliert sein Team im laufenden Spielbetrieb häufig. Torwart Linus (9) wird immer wieder zum Sündenbock erklärt und es kommt zu Streitigkeiten und Rangeleien. Spielführerin Andrea (10) fordert Florian auf: „Wirf Linus aus dem Team!" Der junge Trainer holt sich bei dem erfahrenen Fußballcoach Jürgen (48) Rat. Er beschließt als Mediator, ein Gespräch mit Linus und Andrea zu führen, um den Konflikt zu lösen.

1.2 Definieren Sie die Begriffe *formelle* und *informelle Rolle* und geben Sie jeweils ein Beispiel aus dem Fallbeispiel (M 2) an.

1.3 Beschreiben Sie vier Schritte eines Konfliktlösemodells, auf dessen Grundlage Florian das Gespräch mit Linus und Andrea (vgl. M 2) führen kann.
Erläutern Sie knapp zwei Herausforderungen, die sich für Florian in dem Gespräch ergeben können.

1.4 Nennen Sie zwei *Führungsstile* und beschreiben Sie jeweils eine Situation, in der Florian (vgl. M 2) den jeweiligen Führungsstil als Trainer sinnvoll umsetzen kann.

2 Vorbilder in der Verantwortung

M 3: Fallbeispiel

> Die Realschülerin Ella (13) nutzt täglich Instagram. Besonders gern verbringt sie ihre Zeit damit, den Accounts ihrer Stars zu folgen. Aber auch die Profile Gleichaltriger, die viele „Follower" haben, interessieren sie. Ella verteilt fleißig „Likes" und freut sich ebenfalls sehr, wenn ihre Community stetig wächst und ihre regelmäßig geposteten Fotos mag.

2.1 Definieren Sie den Begriff *Vorbild* und erläutern Sie ausführlich zwei Aspekte, die Ella (vgl. M 3) bedenken sollte, wenn sie sich *Vorbilder* in sozialen Medien sucht.

2.2 Nennen Sie zwei *Werte*, die in der digitalen Kommunikation z. B. für Ella (vgl. M 3) wichtig sind. Formulieren Sie zu jedem *Wert* eine passende Norm für die Nutzung sozialer Medien.

3 Verantwortung im Berufsleben

3.1 Definieren Sie kurz den Begriff *Sozialstaat* und erklären Sie das Prinzip der *Solidarität* anhand einer Versicherung Ihrer Wahl.

3.2 Vielen Betrieben ist die präventive Gesundheitsförderung ihrer Mitarbeiterinnen und Mitarbeiter wichtig.
Erklären Sie die im Schaubild (M 4) aufgeführten vier Bereiche jeweils anhand eines möglichen betrieblichen Angebots.

M 4: Schaubild

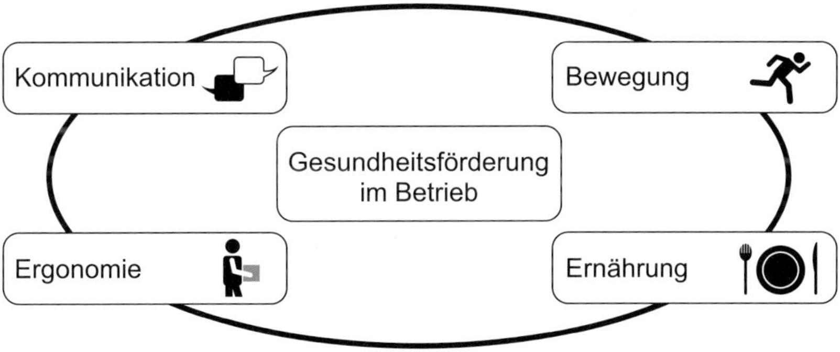

3.3 Erläutern Sie ausführlich zwei Gründe, warum in Zeiten der *Globalisierung* die Bereitschaft der Betriebsmitarbeiterinnen und -mitarbeiter zum lebenslangen Lernen wichtig ist.

4 Gesellschaft verpflichtet

4.1 Obdachlose und Drogenabhängige zählen zu den sogenannten *Randgruppen*. Definieren Sie den Begriff *Randgruppe* und nennen Sie zwei weitere Beispiele.

4.2 Beschreiben Sie knapp eine Verkettung von vier Faktoren, die zum Abgleiten in die Wohnungslosigkeit führen kann.

4.3 Beschreiben Sie knapp drei Hilfsangebote für Wohnungslose, die unter anderem von *Wohlfahrtsverbänden* organisiert werden.

4.4 Das Projekt „Der Straßenchor" (vgl. M 5) leistet einen Beitrag zur *Resozialisierung* der Chormitglieder.
Nennen Sie drei Kompetenzen, welche die Chormitglieder während des Projekts weiterentwickeln können, und beschreiben Sie diese anhand von je einer konkreten Situation.

M 5: Artikel

> Chorleiter Stefan Schmidt ist Leiter des ungewöhnlichen Projektes „Der Straßenchor" in Berlin, das unter dem Motto „Vom Rand der Gesellschaft auf die Bühne" steht: Sein Chor besteht aus Obdachlosen, Drogenabhängigen und Unterstützern und tritt regelmäßig auf. Die Proben finden jeden Donnerstagabend von 19:00 bis 20:30 Uhr statt, im Anschluss gibt es immer ein gemeinsames Abendessen.

Quelle: Verändert nach www.derstrassenchor.de

Lösungsvorschlag

II. Schwerpunktthema Aufgabengruppe B

1.1 Ein Mensch trägt die „Verantwortung" und ein anderer Mensch möchte diesen unterstützen, indem er eine „Mit-Verantwortung" übernimmt. Der erste lässt dies aber nicht zu und schließt den anderen aus, sich an der Verantwortung zu beteiligen. Der Abgewiesene geht daraufhin beleidigt weg.

Manche Jugendliche würden gerne gesellschaftliche Verantwortung übernehmen, indem sie sich für Verbände oder Parteien in Gremien und Vorstandschaften engagieren. Dieses Bestreben wird aber immer wieder verhindert, weil sie bei Vorstandswahlen nicht berücksichtigt werden. Ältere machen für Jugendliche oft keine Plätze frei. Somit können sie dann keine „Mit-Verantwortung" in gesellschaftlichen Gremien in führenden Positionen übernehmen.

An Realschulen könnte es sein, dass ein Schüler eine gute Idee für das Schulleben hat und sich deshalb an die SMV wendet. Wird so ein Schüler dann abgewiesen, weil er z. B. kein Klassensprecher ist, nimmt man ihm die Möglichkeit der „Mit-Verantwortung".

Erlebt jemand so eine Abweisung oft genug, könnte es sein, dass derjenige dann sein Interesse verliert, Mit-Verantwortung zu übernehmen.

1.2 *Formelle Rollen* sind von der Gesellschaft bzw. ihren Institutionen festgelegt. Sie sind in der Erwartungshaltung der Gesellschaft festgeschrieben. Im Fallbeispiel hat Florian die formelle Rolle des Trainers der E-Jugend-Mannschaft inne.

Informelle Rollen sind nicht exakt festgelegt und erlauben ein breites Spektrum an Verhaltensweisen. Im Fallbeispiel wird Torwart Linus für die vielen Niederlagen verantwortlich gemacht und in die informelle Rolle eines Sündenbocks gedrängt.

1.3 Florian könnte das Konfliktlösungsgespräch mit Linus und Andrea nach folgendem Modell führen:

1. Jeder der beiden beschreibt zunächst den Sachverhalt aus eigener Sicht möglichst sachlich: „Was ist aus meiner Sicht passiert?"
2. Dann wiederholt jede der beiden Konfliktparteien die wahrgenommenen Emotionen der anderen: „Welche Emotionen nehme ich beim anderen wahr?"
3. Dann werden die Bedürfnisse der beiden Personen thematisiert: „Was bräuchte ich, damit ich zufrieden bin, damit es mir gut geht?"
4. Jetzt werden mithilfe des Mediators Lösungsmöglichkeiten gesammelt und besprochen. Hier geht es auch um mögliche Kompromisse, die dann eingegangen werden können.

Es könnte sein, dass das Gespräch eskaliert und einer der beiden Konfliktpartner aggressiv bzw. laut wird. Dann muss Florian schlichtend eingreifen und intervenieren.

Es könnte auch sein, dass Florian nicht unparteiisch bleiben kann und sich auf eine Seite schlägt. Damit würde er einen echten Kompromiss der beiden erschweren bzw. verhindern.

1.4 *Demokratisch-partnerschaftlicher Führungsstil:* Florian lässt die Mitglieder seiner Mannschaft bei der Aufstellung mitreden bzw. sogar auch mitentscheiden.

Autoritärer Führungsstil: Florian hält ohne Gespräch und Diskussion an Linus als Torwart fest, obwohl Spielführerin Andrea und andere Mitglieder der Mannschaft seine Absetzung fordern.

2.1 Als Vorbild bezeichnet man eine Person, die in ihrer Lebensgestaltung andere so beeindruckt, dass eine starke Identifikation stattfindet.

Ella sollte bei der Auswahl ihrer Vorbilder auf die ethischen Aspekte achten. Personen, die in den sozialen Netzwerken gewaltorientierte Positionen vertreten oder zu solchen aufrufen, sollte sich Ella nicht anschließen. Ein weiterer Aspekt wäre die Orientierung an Natürlichkeit und Ehrlichkeit. Viele Personen werben in den sozialen Medien mit einem sehr künstlichen und gestylten körperlichen Auftreten. Ella wäre gut beraten, sich von dieser Scheinwelt nicht beeindrucken zu lassen und lieber mit natürlich wirkenden Personen in Kontakt zu treten.

2.2 Wert: Achtung der Würde des Menschen – Norm: keine die Menschenrechte missachtenden Kommentare ins Netz stellen oder unterstützen

Wert: Achtung der Privatsphäre – Norm: keine vertraulichen Fotos bzw. Informationen über andere im Netz preisgeben

3.1 Sozialstaat ist die Bezeichnung für einen Staat, der soziale Gerechtigkeit in allen Bereichen der Gesellschaft anstrebt.

Das Sozialstaatsprinzip der Solidarität geht von der Gegenseitigkeit der Hilfe aus: Alle Arbeitnehmerinnen und Arbeitnehmer zahlen – abhängig von der Höhe ihres Lohnes – in die Rentenversicherung ein und finanzieren damit die Renten derjenigen, die schon im Ruhestand sind. Der Anspruch auf Rente erlischt erst mit dem Tod der Rentnerin oder des Rentners. Es kann also sein, dass jemand, der früher stirbt, deutlich weniger Rente erhält. Auch hier wird das Prinzip der Solidarität deutlich: Man zahlt in die Versicherung ein, unabhängig davon, für wie viele Jahre man selbst einen Rentenanspruch hat.

3.2 *Kommunikation:* Es könnten innerbetriebliche Fortbildungen zum Thema „Konfliktkommunikation“ angeboten werden. Damit würden sich Mitarbeiterinnen und Mitarbeiter Kompetenzen aneignen, um in Konfliktsituationen bereits frühzeitig professionell mit Betroffenen ins Gespräch zu kommen.

Bewegung: Betriebe könnten Sport- und Bewegungskurse für Mitarbeiterinnen und Mitarbeiter anbieten und Teilnehmenden zur Motivation einen Teil der Zeit als Arbeitszeit verrechnen.

Ergonomie: Betriebe könnten Büromöbel wie Bürostühle und Schreibtische sowie Arbeitsmittel wie PCs nach aktuellen gesundheitlichen Kriterien anschaffen.

Ernährung: In betrieblichen Kantinen könnte das Speisenangebot nach gesundheitlichen Kriterien erfolgen. Es sollte dann bewusst mehr Obst und Gemüse im Angebot sein und auch die Umstellung auf Bioprodukte wäre hier ein wichtiger Beitrag.

3.3 In der globalisierten Berufswelt suchen sich zunehmend mehr Menschen aus anderen Ländern einen Arbeitsplatz in Deutschland. Betriebsmitarbeiterinnen und -mitarbeiter müssen sich deshalb ständig weiterqualifizieren, um mit Bewerberinnen und Bewerbern aus Osteuropa oder Asien, die oft für geringeren Lohn arbeiten, konkurrieren können.

Die wirtschaftlichen Märkte im Zeitalter der Globalisierung sind international. Eigene Marktanteile, die zur Sicherung von Arbeitsplätzen beitragen, müssen ständig neu erobert und verteidigt werden. Dies ist nur möglich, wenn die Mitarbeiterschaft innovativ und lernwillig ist. Gerade im Bereich der digitalen Informationstechnologien schreitet die Entwicklung sehr rasant voran.

4.1 Als Randgruppen bezeichnet man Personengruppen, denen eine Teilnahme am normalen gesellschaftlichen Leben aus verschiedenen Gründen nur eingeschränkt möglich ist. Deshalb können sie im übertragenen Sinn nur „am Rande“ der Gesellschaft mitleben.

Weitere mögliche Beispiele für Randgruppen: Menschen mit Behinderung, Straftäterinnen und Straftäter.

4.2 Menschen können aus verschiedenen Gründen, z. B. durch den plötzlichen Tod eines nahestehenden Menschen, in eine psychische Instabilität geraten. Es gibt auch Menschen, die generell eine unsichere Persönlichkeitsstruktur haben. Um dieser inneren Gefährdung zu entgehen, könnten solche Menschen versucht sein, zum Ausgleich Alkohol oder andere Drogen zu konsumieren. Das kann langfristig zur Folge haben, dass sie nicht mehr zuverlässig ihrer Arbeit nachgehen können und ihren Arbeitsplatz verlieren. Damit reduziert sich ihr finanzielles Einkommen. Das kann dazu führen, dass sie die Miete für die Wohnung nicht mehr bezahlen können und ihnen diese gekündigt wird. Somit gleiten sie in die Wohnungslosigkeit ab.

4.3 Bestimmte Wohlfahrtsverbände bieten Beratungsstellen für Wohnungslose an.
Es gibt Kleiderkammern mit gut erhaltener Kleidung für Notsuchende.
Bestimmte Essensküchen bieten kostenlose Mahlzeiten und im Winter einen Aufenthalt in gewärmten Räumen an.

4.4 Die Chormitglieder entwickeln ihr Zeitmanagement durch die Verpflichtung, regelmäßig pünktlich bei der Probe zu sein.

Durch Abstimmungen und Kommunikation der Chormitglieder untereinander bei Proben und Auftritten wird deren soziale Kompetenz gefördert.

Das Selbstbewusstsein der Chormitglieder entwickelt sich durch die Erfolgserlebnisse bei Auftritten und Veranstaltungen. Dadurch entsteht die Selbstwahrnehmung, dass man bedeutsam ist und durch Anstrengung etwas erreichen kann.

Abschlussprüfung an Realschulen – 2021
Sozialwesen: Aufgabengruppe A

Anders normal

1 Alltag – anders normal

1.1 Definieren Sie ausführlich den Begriff *Behinderung.*

M 1: Karikatur

Phil Hubbe

1.2 Beschreiben Sie die Karikatur (M 1) und erschließen Sie deren Aussage.

1.3 Beschreiben Sie knapp drei unterschiedliche Alltagsbarrieren, mit denen sich Rollstuhlfahrer wie Klaus (vgl. M 1) im täglichen Leben auseinandersetzen müssen.

1.4 Sabine (vgl. M 1) lebt mit ihrem ebenfalls blinden Ehemann und ihrer zweijährigen Tochter, die keine Beeinträchtigung hat, zusammen.
Erläutern Sie ausführlich eine Herausforderung, die sich während der Zeit der primären Sozialisation der Tochter aufgrund der Sehbehinderung beider Elternteile ergeben kann, und entwickeln Sie knapp eine Möglichkeit, damit umzugehen.

1.5 Das Aufwachsen in einer Familie mit einem Elternteil mit Behinderung beeinflusst die Persönlichkeitsentwicklung der Kinder.
Nennen Sie zwei positive Auswirkungen auf die Persönlichkeitsentwicklung und erläutern Sie diese jeweils anhand eines konkreten Beispiels. Verwenden Sie sozialwissenschaftliche Fachbegriffe.

2 Berufsleben – anders normal

M 2: Fallbeispiel

> Die von Geburt an vollständig blinde Sabine (33) arbeitet seit dem Abschluss ihrer Ausbildung zur Physiotherapeutin in Vollzeit als Angestellte in einer Praxis, in der sie gut in das Mitarbeiter-Team integriert ist. Auch bei den Patientinnen und Patienten ist Sabine sehr beliebt, sie halten die junge Frau für äußerst kompetent und freuen sich über die Behandlungserfolge. Deshalb sind die Termine bei Sabine immer schnell ausgebucht.

2.1 Erläutern Sie ausführlich zwei Gründe, warum die Erwerbstätigkeit für Sabine (vgl. M 2) aufgrund ihrer Behinderung einen besonderen Stellenwert hat.

2.2 Definieren Sie kurz den Begriff *Kompetenz.*

2.3 Nennen Sie zwei Kompetenzen, die Patientinnen und Patienten an der Physiotherapeutin Sabine (vgl. M 2) schätzen könnten, und belegen Sie diese jeweils mit einem selbst gewählten Beispiel.

2.4 Erläutern Sie ausführlich zwei positive Auswirkungen auf den Sozialstaat, die durch die Erwerbstätigkeit von Menschen mit Behinderung wie Sabine (vgl. M 2) entstehen.

2.5 Begründen Sie ausführlich anhand von zwei Argumenten, warum die Mehrheit der Arbeitnehmerinnen und Arbeitnehmer mit Behinderung die Digitalisierung als Chance (vgl. M 3) sieht.

M 3: Schaubild

Die Digitalisierung sehen Arbeitnehmerinnen und Arbeitnehmer mit Behinderung auf dem Arbeitsmarkt eher als ...

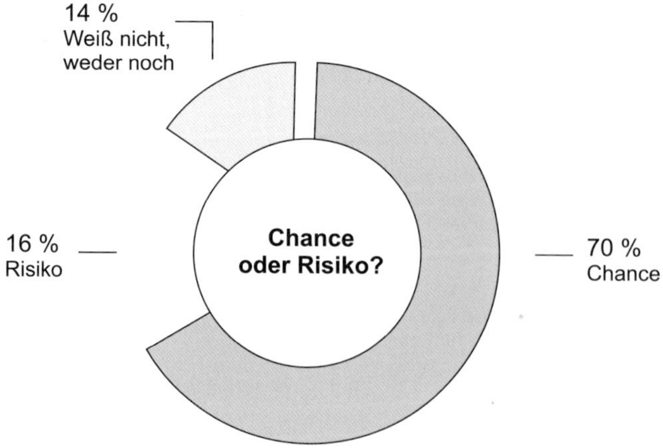

Quelle: Zusammenstellung nach Aktion Mensch e.V. / Inklusionsbarometer Arbeitsmarkt 2017

3 Kommunikation – anders normal

M 4 Fallbeispiel

> Konstantin (25) hat eine Autismus-Spektrum-Störung. Seit vier Jahren arbeitet er als Kaufmann für Büromanagement in der Personalabteilung einer Brauerei. Wir alle haben dazugelernt, auch wenn anfangs manche Mitarbeiterinnen und Mitarbeiter Bedenken und Vorurteile hatten, so sein Vorgesetzter. Konstantin fällt es schwer, seine eigene Lautstärke einzuschätzen und Blickkontakt mit den Kolleginnen und Kollegen aufzunehmen. Mit Redewendungen wie „Aus einer Mücke einen Elefanten machen“ kann er nicht umgehen, weil er sie wortwörtlich versteht. Nachdem einige Maßnahmen durchgeführt wurden, hat sich die Zusammenarbeit in der Abteilung deutlich gebessert.

3.1 Definieren Sie den Grundbegriff *soziale Integration.*

3.2 Mithilfe verschiedener Maßnahmen konnte die soziale Integration von Konstantin am Arbeitsplatz (vgl. M 4) unterstützt werden.
Entwerfen Sie zwei konkrete Maßnahmen und begründen Sie diese jeweils.

3.3 Häufig verstehen Menschen mit einer Autismus-Spektrum-Störung Aussagen „wortwörtlich“ (vgl. M 4).
Beschreiben Sie vier Aspekte eines selbstgewählten Kommunikationsmodells und erklären Sie kurz anhand dieses Modells, wie diese Kommunikationsstörung entsteht.

4 Selbstbestimmt – anders normal

4.1 Definieren Sie den Grundbegriff *Eigenverantwortung*.

4.2 Erläutern Sie ausführlich einen Vor- und einen Nachteil des Wohnens von Menschen mit Behinderung in einer Gastfamilie (vgl. M 5).

M 5: Information

> „Leben in der Gastfamilie“ ist eine Form des begleiteten Wohnens für erwachsene Menschen mit Behinderung, die in einem familiären Umfeld außerhalb ihrer Herkunftsfamilie wohnen möchten. Die Menschen mit Behinderung werden von einer Familie betreut, die hierfür als finanzielle Gegenleistung ein Betreuungsentgelt erhält und von Fachkräften unterstützt wird.

4.3 Die Arbeit in der Pflege und der Betreuung von Menschen mit Behinderung kann erfüllend sowie gleichzeitig herausfordernd sein.
Beschreiben Sie kurz vier Möglichkeiten der Stressbewältigung für Mitarbeiterinnen und Mitarbeiter einer Behinderteneinrichtung.

Lösungsvorschlag

I. Schwerpunktthema Aufgabengruppe A

1.1 Man spricht von einer Behinderung, wenn eine Person auf Dauer in ihren körperlichen, geistigen oder seelischen Funktionen eingeschränkt ist. Ursache hierfür können Krankheiten, ein angeborenes Leiden oder Unfälle sein. Die Einschränkungen führen zu Beeinträchtigungen in der persönlichen, familiären, beruflichen, gesellschaftlichen oder sozialen Entfaltung.

1.2 Eine Person fragt zwei behinderte Menschen, einen Mann im Rollstuhl und eine Frau mit einer Sehbehinderung, wie diese gerne angesprochen werden wollen. Dabei bietet sie als Möglichkeiten „Behinderte“ und „Menschen mit Behinderung“ an. Die beiden Angesprochenen geben als Antwort ihre Vornamen „Klaus“ und „Sabine“ an. Damit wird zum Ausdruck gebracht, dass sie als individuelle Menschen gesehen werden und nicht auf ihre Behinderung reduziert werden wollen.

1.3 Rollstuhlfahrer wie Klaus können beim Einkaufen in Supermärkten vor dem Problem stehen, dass sie die Waren in den oberen Regalen ohne Hilfe nicht erreichen und greifen können. Es gibt auch immer noch Hindernisse auf den Wegen wie Bordsteinkanten und zu hohe Einstiege. In vielen Restaurants und Bars fehlen häufig breitere, für Rollstuhlfahrer geeignete Toilettenkabinen.

1.4 Kinder erkunden mit zwei Jahren ihre Umwelt. Auf dem Kinderspielplatz oder in der Natur erproben sie verschiedene Gegenstände und suchen auch Kontakt zu anderen Kindern. Sabine und ihr Ehemann können aufgrund ihrer Erblindung dabei ihre Tochter nicht sehen und damit auch nicht schützen, wenn sich diese selbst gefährden würde. So kann es sein, dass ihr Kind im Sandkasten Sand oder Steine in den Mund steckt. Im Park besteht die Gefahr, dass es sich zu weit entfernt. Die Eltern könnten Situationen wie diese bewältigen, wenn sie andere Familienangehörige, Freunde oder Nachbarn bitten, sie zu begleiten und ihre Tochter dabei zu beaufsichtigen. Auch könnte es sein, dass Sabine und ihr Mann für bestimmte Zeiten zur Unterstützung eine Familienpflege erhalten, die sie dann bei Unternehmungen mit ihrer Tochter begleitet.

1.5 Behinderte Menschen erleben immer wieder Situationen, in denen sie auf Rücksichtnahme anderer angewiesen sind. Das hängt dann konkret auch von der Art der Behinderung ab. Der nicht behinderte Elternteil muss den anderen in bestimmten Situationen unterstützen, z.B. Rollstuhlfahrern Türen aufhalten und ihnen beim Einstieg in ein Auto behilflich sein. Betroffene Kinder können hierbei ihre eigene Sozialkompetenz entwickeln, weil sie erleben, dass es ohne Hilfe und Rücksichtnahme nicht geht.

Eine weitere positive Auswirkung auf die Persönlichkeitsentwicklung kann im Bereich des Bewusstseins liegen. Kinder mit einem behinderten Elternteil lernen automatisch, dass es auch Menschen mit Behinderungen gibt und dass Toleranz ein wichtiger gesellschaftlicher Wert ist. Aufgrund des Erlebens von Verschiedenheit können solche Kinder für Formen von Diskriminierung sensibilisiert werden.

2.1 Durch ihre Berufstätigkeit erfährt Sabine soziale Wertschätzung. Die Patienten schätzen ihre berufliche Kompetenz sehr und lassen sich gerne von ihr behandeln. Durch diese Erfahrungen wird das Selbstwertgefühl von Sabine positiv beeinflusst. Diese berufliche Wertschätzung kann Sabine vermitteln, dass sie trotz ihrer Behinderung ein gleichwertiger Teil der Gesellschaft ist.

Sabine arbeitet in Vollzeit und bezieht deshalb auch ein volles Gehalt. Damit ist es für sie möglich, ihr Leben finanziell unabhängig zu gestalten. Sie ist deshalb nicht auf staatliche Unterstützung oder Hilfen durch Wohlfahrtsverbände angewiesen. Sie kann sich eine Wohnung leisten, in den Urlaub fahren und finanziell selbstständig am gesellschaftlichen Leben teilnehmen.

2.2 Als Kompetenz bezeichnet man die Fähigkeit von Menschen, Anforderungen in einem bestimmten beruflichen oder persönlichen Bereich erfüllen zu können.

2.3 Es könnte sein, dass Sabine eine sehr ausgeprägte Empathie besitzt und gut die Stimmung ihrer Patienten spüren kann. Aufgrund des fehlenden Sehsinns ist Sabine vielleicht sensibler für andere Wahrnehmungsformen und kann deshalb die bei den Patienten vorhandenen Emotionen gut wahrnehmen und ansprechen. Die Patienten fühlen sich dadurch sehr positiv wahrgenommen und entwickeln Vertrauen. Sie schätzen die Sozialkompetenz von Sabine.

Auch die Fachkompetenz von Sabine könnte von den Patienten sehr geschätzt werden. Vermutlich hat die berufliche Tätigkeit für die blinde Sabine eine besondere Bedeutung. Sie investiert deshalb sehr viel Energie. Da sie nicht sehen kann, muss sie sich sehr auf die anderen Sinne verlassen und diese auch entwickeln. So könnte es sein, dass ihr Tastsinn besonders gut ausgeprägt ist, was von den Patienten als wichtige Kompetenz wahrgenommen wird.

2.4 Erwerbstätige behinderte Menschen zahlen in das Sozialversicherungssystem ein und stabilisieren mit ihren Sozialabgaben damit den Sozialstaat. Da Sozialleistungen wie die Kranken- oder Rentenversicherung über Umlagen finanziert sind, leisten Erwerbstätige mit ihren Abgaben einen wichtigen Beitrag zum Funktionieren des Sozialstaates.

Behinderte Menschen wie Sabine, die beruflich tätig sind, können von ihrem Einkommen einen Teil weglegen und somit auch individuell für die Zeit ihres Alters oder auch für mögliche Notfälle Vorsorge treffen. Damit schonen sie sozialstaatliche Einrichtungen, weil diese dann in individuellen Krisensituationen weniger finanzielle Unterstützung leisten müssen.

2.5 Die Digitalisierung ermöglicht es immer besser, die berufliche Tätigkeit teilweise oder sogar ganz von zu Hause aus im Home-Office zu tätigen. Davon profitieren besonders behinderte Menschen mit Mobilitätseinschränkungen. Sie brauchen für ihre berufliche Tätigkeit ihre Wohnung nicht zu verlassen, was oftmals für sie auch beschwerlich ist. Dies könnte ein Grund sein, warum sie Digitalisierung als Chance begreifen.

Eine andere Ursache könnte darin liegen, dass es über die verschiedenen digitalen sozialen Netzwerke viel leichter möglich ist, soziale Kontakte aufrechtzuerhalten oder auch zu knüpfen. Man kann per Mail, in Videokonferenzen oder in Chats kommunizieren und mit anderen Menschen in Verbindung bleiben. Dadurch lassen sich für Behinderte bestimmte Einschränkungen kompensieren.

3.1 Als soziale Integration bezeichnet man die Eingliederung von Personen oder sozialen Gruppen in eine größere Gemeinschaft, wo sie dann angenommen werden und bestimmte Rollen haben.

3.2 Eine wichtige Maßnahme zur sozialen Integration Konstantins könnte die Information seiner neuen Berufskollegen über seine Störung gewesen sein. Wenn man entsprechendes Wissen über die Ursachen und Auswirkungen einer Autismus-Spektrum-Störung hat, dann kann man auch viel besser mit davon betroffenen Menschen umgehen. Die Kollegen von Konstantin konnten dadurch seine Eigenheiten wie die Regulierung der Lautstärke oder den fehlenden Blickkontakt besser einordnen.

Hilfreich für Konstantin war sicher seine Teilhabe an sozialen Treffen der Mitarbeiterschaft. Vielleicht gab es Stammtische oder Betriebsfeiern, an denen Konstantin dabei war. Dadurch war es sowohl für ihn als auch seine Kollegen möglich, sich gegenseitig kennenzulernen und Vorurteile abzubauen.

3.3 Nach dem Kommunikationsmodell von Schulz von Thun gibt es vier Seiten – „Ohren" – einer Nachricht:

- Sachebene: Was ist der Sachverhalt?
- Beziehungsebene: Wie ist die Beziehung zwischen Sender und Empfänger?
- Appellebene: Welchen Auftrag hört der Empfänger in der Nachricht?
- Selbstoffenbarung: Was sagt der Sender über sich selbst aus?

In diesem Fall entsteht die Kommunikationsstörung dadurch, dass Konstantin auf der Sachebene die übertragene Bedeutung nicht verstehen kann, sondern den Sachverhalt wortwörtlich begreift.

4.1 Als Eigenverantwortung bezeichnet man die Zielsetzung, dass der einzelne Mensch zur Verwirklichung und Erhaltung seiner Freiheit, seiner Gesundheit sowie seiner emotionalen und materiellen Sicherung seinen Lebensalltag dementsprechend verantwortungsvoll gestaltet.

4.2 Ein Vorteil für den behinderten Menschen kann sein, dass er in seiner Gastfamilie eine familiäre Struktur vorfindet, die er auch aus seiner Herkunftsfamilie kennt. Damit hat er ein gutes Angebot an sozialen Kontakten und Beziehungen. Die Beibehaltung der bekannten Wohnform kann ihm Sicherheit und Stabilität geben.

Ein Nachteil der Möglichkeit „Leben in der Gastfamilie" könnte dadurch entstehen, dass gerade erwachsene Menschen mit Behinderungen sich neuen Regeln und Abläufen unterordnen müssen. Wenn die Gastfamilie sehr engagiert ist, könnte das auch als Bevormundung und Kontrolle missverstanden werden. Der behinderte Mensch kann sich dann in eine Kinderrolle gedrängt fühlen und entwickelt Ängste, seine Selbstständigkeit zu verlieren.

4.3 Familie bzw. feste soziale Beziehungen geben Halt und schaffen einen Ausgleich zur beruflichen Belastung.

Regelmäßige Entspannungsverfahren wie Autogenes Training helfen, Stress zu verarbeiten.

Schwierige berufliche Situationen werden in einer regelmäßigen Supervisionsgruppe bearbeitet.

Regelmäßiger Sport und körperliche Tätigkeit schaffen einen Ausgleich zur beruflichen Belastung.

Abschlussprüfung an Realschulen – 2021
Sozialwesen: Aufgabengruppe B

Sozialisation des Mannes

1 Männliche Jugendliche auf Abwegen

1.1 Definieren Sie den Begriff *Devianz* und nennen Sie für jede Art von *Devianz* ein Beispiel aus der möglichen Erfahrungswelt eines männlichen Jugendlichen.

1.2 Erläutern Sie anhand von drei Ursachen, warum männliche Jugendliche wie Ben (vgl. M 1) eher zu auffälligem und risikoreichem Verhalten neigen als weibliche Jugendliche. Verwenden Sie sozialwissenschaftliche Fachbegriffe.

M 1: Fallbeispiel

Ben (16) wächst bei seinem Vater in München auf. Zur Schule geht er schon lange nicht mehr; stattdessen zieht er mit seinen Freunden unter Drogeneinfluss im Viertel umher. Heute steht er wegen gefährlicher Körperverletzung und Sachbeschädigung vor dem Jugendgericht. Der Jugendrichter meint, das sei kein Einzelfall: „Häufig sind es männliche Jugendliche, die mit risikoreichem und straffälligem Verhalten auffallen."

1.3 Nennen Sie drei konkrete Resozialisierungsmaßnahmen für Ben (vgl. M 1) und erläutern Sie jeweils den Bezug zum § 2 Abs. 1 des Jugendgerichtsgesetzes (M 2).

M 2: Auszug aus dem Jugendgerichtsgesetz

§ 2 Abs. 1 Die Anwendung des Jugendstrafrechts soll vor allem erneuten Straftaten eines Jugendlichen oder Heranwachsenden entgegenwirken. Um dieses Ziel zu erreichen, sind die Rechtsfolgen und unter Beachtung des elterlichen Erziehungsrechts auch das Verfahren vorrangig am Erziehungsgedanken auszurichten.

2 Eine männliche Arbeitswelt?

2.1 Definieren Sie den Begriff *Arbeit*.

2.2 Beschreiben Sie je einen Vorteil für den Einzelnen, den Arbeitgeber und den Staat, wenn Männer in bisher typischen Frauenberufen arbeiten. Beziehen Sie in Ihre Ausführungen jeweils ein konkretes Berufsbild mit ein.

2.3 Beschreiben Sie die Karikatur (M 3) und erklären Sie deren Aussage.

M 3: Karikatur

© Thomas Plaßmann

3 Der moderne Mann

3.1 Formulieren Sie zwei grundlegende Aussagen zum Schaubild (M 4).

M 4: Schaubild

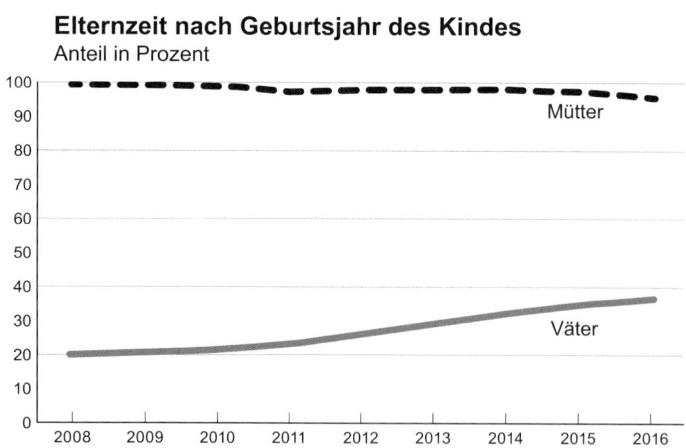

Darstellung nach Zahlen des Statistischen Bundesamts

3.2 Beschreiben Sie kurz zwei Chancen und zwei Herausforderungen der Elternzeit für Väter (M 4) aus der Sicht des Mannes.

3.3 Der „moderne“ Mann übernimmt heute nicht mehr nur die Aufgabe der finanziellen Absicherung der Familie.
Beschreiben Sie ausführlich drei weitere wichtige Aufgaben eines Mannes in der Primärgruppe Familie.

3.4 Die Rolle des Mannes hat sich in den letzten Jahrzehnten stark gewandelt.
Beschreiben Sie ausführlich zwei Gründe für diesen Rollenwandel des Mannes. Verwenden Sie sozialwissenschaftliche Begriffe.

3.5 Erklären Sie das Wortspiel des Plakats M 5 in Verbindung mit der Definition des Begriffs *Emanzipation*.

M 5: Plakat

4 Der Mann im Rentenalter

4.1 Werten Sie das Schaubild M 6 aus, indem Sie zwei grundlegende Aussagen treffen.
Beziehen Sie die geschlechterspezifischen Unterschiede mit ein.

M 6: Schaubild

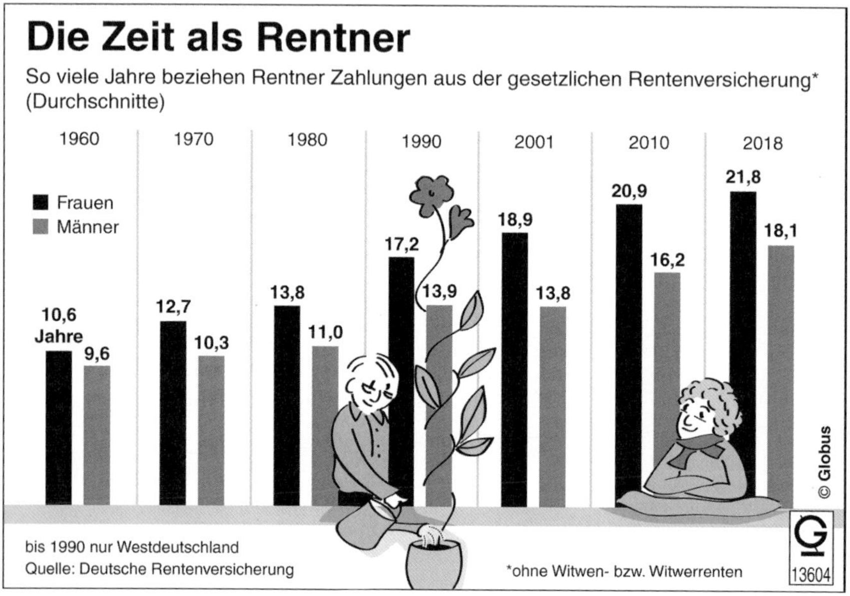

© picture alliance/dpa/dpa-infografik GmbH

4.2 Die Entwicklung der Rentenbezugsdauer (vgl. M 6) ist eine Herausforderung für den Sozialstaat. Erläutern Sie die Herausforderung ausführlich.

4.3 Beschreiben Sie knapp drei Ursachen für die steigende Lebenserwartung in Deutschland.

Lösungsvorschlag

II. Schwerpunktthema Aufgabengruppe B

1.1 Als Devianz bezeichnet man ein abweichendes Verhalten. Man versteht darunter Verhaltensweisen, die mit den geltenden Normen und Werten nicht in Einklang zu bringen sind. Dabei unterscheidet man positive, geduldete und negative Devianz.

Positive Devianz: Übernahme eines Ehrenamtes, z.B. Leiter einer Kindergruppe im Sportverein

Geduldete Devianz: Lässige Kleidung beim Besuch einer Theatervorstellung

Negative Devianz: Anwendung von Gewalt zur Lösung von Konflikten

1.2 Jungen gelten häufig als physisch stärker als Mädchen. Diese körperliche Kraft setzen männliche Jugendliche bei vielen Gewaltdelikten ein. Somit wirkt sich die körperliche Überlegenheit negativ aus und begünstigt risikoreiches Verhalten.

Oft konsumieren männliche Jugendliche Alkohol und Drogen. Das senkt ihre Hemmschwelle und begünstigt ein risikobereites Verhalten. Oft werden dadurch auch Straftaten ausgelöst.

Es gehört manchmal zum Ritual in Cliquen von männlichen Jugendlichen, dass diese Mutproben begehen und vor den anderen Gruppenmitgliedern ihren Status sichern oder erhöhen. Oft stehen solche Mutproben in Verbindung mit einem risikobereiten und gefährdenden Verhalten.

1.3 Teilnahme an einem Training zur Konfliktlösung: Dadurch werden Kompetenzen zur konstruktiven, gewaltlosen Konfliktlösung erlernt, was zur Verhinderung zukünftiger Straftaten führen kann.

Nachholen eines Schulabschlusses: Dadurch entsteht eine feste Struktur im Alltag und die Wahrscheinlichkeit, einen guten Ausbildungsplatz zu erhalten, steigt.

Durchführung eines Drogenentzuges: Dadurch wird die Drogenabhängigkeit als Ursache für straffälliges Verhalten beseitigt.

2.1 Als Arbeit bezeichnet man eine zielgerichtete körperliche oder geistige Betätigung, um Güter zu produzieren oder Dienstleistungen zu erbringen. Sie dient der Existenz- und Zukunftssicherung sowie der sinnvollen Lebensgestaltung.

2.2 Einzelner: Männer können dabei ihre Neigungen einbringen. Hat ein Mann ein großes Interesse, Kinder zu betreuen und sich mit diesen zu beschäftigen, dann kann er Kinderpfleger oder Erzieher werden und somit seine Neigung beruflich verwirklichen.

Arbeitgeber: In vielen typischen Frauenberufen arbeiten Frauen oft nur Teilzeit, weil sie Familie und Beruf miteinander verbinden wollen. Männer arbeiten dagegen häufig in Vollzeit. In Pflegeeinrichtungen entsteht durch Männer dadurch eine höhere Stabilität in der Personalstruktur.

Staat: In manchen beruflichen Bereichen liegt immer wieder ein Fachkräftemangel vor. Meistens ist das in den sogenannten Frauenberufen. Aktuell fehlt es in vielen Kindertagesstätten an Personal. Wenn hier mehr Männer einen Beruf ergreifen, trägt dies zur Behebung des Fachkräftemangels bei.

2.3 Die Karikatur zeigt eine Frau, die die Mutter eines Jungen und eines Mädchens sein könnte. Die beiden Kinder sind in etwa gleich groß und deshalb wohl auch in der gleichen Altersklasse. Der Junge erhält zwei Euro Taschengeld mehr als das Mädchen. Dieses beschwert sich bei seiner Mutter. Die Mutter erklärt ihr Verhalten damit, dass das deshalb sei, damit sich das Mädchen schneller an die vorhandene Ungleichheit bei der Bezahlung gewöhnen könne. Die Aussage der Karikatur könnte sich auf die ungleiche Bezahlung von Frauen und Männern in der Berufswelt beziehen. Frauen verdienen vergleichbar immer noch weniger als Männer. Die Karikatur möchte auf diesen Missstand verweisen.

3.1 Im Vergleich zu den Männern nahmen nahezu fast alle Frauen im Zeitraum von 2008 bis 2016 nach der Geburt des Kindes Elternzeit. Obwohl ihr Anteil in den Jahren 2015 und 2016 ganz leicht gesunken ist, liegt er immer noch fast bei 100 %.

Bei den Männern gab es in diesem Zeitraum eine Verdoppelung. Während im Jahr 2008 nur 20 % aller Männer in Elternzeit gegangen sind, waren es acht Jahre später bereits knapp 40 %.

3.2 Elternzeit kann für Männer eine Chance sein, weil sie dadurch die emotionale Bindung zu ihrem Kind verstärken. Dies fördert die Beziehung zum eigenen Kind. Eine weitere Chance besteht darin, dass sie ihre Partnerinnen entweder beim Wiedereinstieg in den Beruf oder auch bei der Pflege des gemeinsamen Kindes unterstützen und entlasten. Dies kann sich positiv auf die Beziehung in der Partnerschaft oder Ehe auswirken.

Eine Herausforderung für Männer kann darin liegen, dass sie ihren sozialen Status einbüßen, weil es von manchen Menschen immer noch nicht genügend akzeptiert wird, dass auch Männer Elternzeit nehmen und die Rolle des Hausmannes annehmen. Eine andere

Herausforderung könnte auch darin liegen, mit einem geringeren Einkommen während der Elternzeit finanziell zurechtzukommen.

3.3 Männer kümmern sich um ihre Kinder und beteiligen sich dabei aktiv bei der Erziehung. Dabei erfüllen Männer sowohl ihre eigenen emotionalen Bedürfnisse und festigen aber auch die Bindung zu ihren Kindern. Sie verbringen mit diesen Zeit beim Spiel und übernehmen auch einen Teil der Pflege.

In der Sekundärsozialisation beteiligen sich Männer am schulischen Werdegang ihrer Kinder. Sie unterstützen diese bei den Hausaufgaben, lernen mit ihnen und pflegen auch den Kontakt zu deren Schulen, indem sie die Sprechstunden der Lehrkräfte aufsuchen und zu den Elternsprechtagen gehen.

Männer übernehmen auch Aufgaben im Haushalt. Sie tragen zu einer gesunden Ernährung bei, indem sie auch selbst regelmäßig kochen und hierfür Zeit in der Küche verbringen. Damit fördern sie eine Rollenveränderung im Sinne der Gleichberechtigung.

3.4 Ein wichtiger Grund für den Rollenwandel des Mannes liegt im Emanzipationsprozess der Frauen. Durch ihr Streben nach Gleichberechtigung hat sich auch die Erwartung an die Rolle des Mannes verändert. Viele Frauen wollen heute z.B. finanziell von ihren Männern unabhängig sein. Das führte dazu, dass sich das Rollenverständnis von Männern als Alleinverdiener verändert hat.

In der modernen Arbeitswelt haben sich Geschlechterunterschiede in den letzten Jahren sehr verändert. Frauen übernehmen bisher typische Männerberufe und auch umgekehrt. Das hat auch Einfluss auf den Rollenwandel des Mannes genommen.

3.5 Als Emanzipation bezeichnet man das Herauswachsen aus einem Zustand der Abhängigkeit. Dabei wird dieser Begriff mit Frauen verbunden. Es geht also um deren Herauswachsen aus Abhängigkeiten. Das Wortspiel des Plakats rückt mit der Schreibung „Mann“ aber die Männer in das Blickfeld. Es werden hier Männer aus drei Generationen – Kind, Erwachsener, Senior – dargestellt, die sehr fröhlich im Spiel miteinander verbunden sind und sich dadurch vom bisherigen männlichen Rollenverhalten emanzipieren.

4.1 Die Bezugsdauer von Rente ist bei Frauen und Männern von 1960 bis 2018 insgesamt ständig gestiegen. Waren es 1960 noch ca. 10 Jahre, so sind es 2018 im Schnitt ca. 20 Jahre. Somit hat sich die Rentenbezugsdauer in diesem Zeitraum verdoppelt.

Über den ganzen Zeitraum des Schaubildes hinaus ist es so, dass Frauen länger Rente beziehen als Männer. Der Abstand zwischen den Geschlechtern hat sich dabei insgesamt – bis auf wenige Ausnahmen – vergrößert.

4.2 Das Rentensystem funktioniert über ein Umlageverfahren: Die aktuell Erwerbstätigen finanzieren mit ihren Sozialabgaben die Rentenbezüge der Rentner. Angesichts der Steigerung der Rentenbezugsdauer nimmt das Volumen der zu zahlenden Renten zu. Demgegenüber steht aber der demographische Wandel, der dazu führt, dass die Anzahl der Erwerbstätigen in den kommenden Jahren sinken wird. Damit ergibt sich für den Sozialstaat das Problem der langfristigen soliden Finanzierung des Rentensystems. Immer weniger erwerbstätige Menschen müssen die Renten von immer mehr Rentnern für eine immer länger werdende Bezugsdauer finanzieren.

4.3 Die Entwicklungen in der Medizin fördern die Gesundheit und die Heilung bei Krankheiten.

Immer mehr Menschen achten auf eine gesunde Ernährung und Lebensweise.

Die moderne Arbeitswelt ist für Berufstätige körperlich schonender als in früheren Zeiten.

Abschlussprüfung an Realschulen – 2022
Sozialwesen: Aufgabengruppe A

Leben in einer vielfältigen Gesellschaft

1 Miteinander – füreinander

1.1 Definieren Sie kurz den Begriff *Sozialisation.*

1.2 Erläutern Sie das Zitat M 1 ausführlich anhand von zwei Aspekten in Bezug auf die primäre Sozialisationsphase im Leben eines Menschen. Verwenden Sie sozialwissenschaftliche Fachbegriffe.

M 1: Zitat

> Die Kindheit ist wie ein TRAININGSLAGER in Sachen BEZIEHUNG & SELBSTWERTGEFÜHL, sodass man später DURCHSTARTEN kann.

1.3 Erklären Sie die markierten Inhalte (1–3) der Definition von *Gesellschaft* (M 2). Verwenden Sie sozialwissenschaftliche Fachbegriffe.

M 2: Definition von *Gesellschaft*

> Die Gesellschaft ist eine soziale Organisationsform (1), die dazu dient, die Bedürfnisse einer größeren Menschengruppe (2) zu befriedigen und die zum Leben und Zusammenleben notwendigen Grundlagen (3) sicherzustellen. Sie ist innerhalb eines abgegrenzten räumlichen Bereichs auf dauerhafte Ordnung hin angelegt.

1.4 Eine Sozialisationsaufgabe Jugendlicher ist es, Verantwortung in der Gesellschaft zu übernehmen.
Erklären Sie ausführlich anhand von drei konkreten Beispielen, wie Heranwachsende diese Aufgabe in ihrem persönlichen Umfeld umsetzen können.

2 Gemeinsam mit dem Sozialstaat durchs Leben

2.1 Definieren Sie kurz den Begriff *Sozialstaat.* Nennen Sie die entsprechenden gesetzlichen Verankerungen.

2.2 Junge Bürgerinnen und Bürger werden u. a. mit „BAföG“ unterstützt (vgl. M 3 und M 4). Beschreiben Sie jeweils ausführlich eine weitere konkrete Leistung des Sozialstaats für die Zeit der Kindheit, für die Zeit des Erwerbsalters und für die Zeit des Ruhestands.

M 3: Fallbeispiel

Alexa (17) möchte eine weiterführende Schule (Fachoberschule) besuchen. Da diese weit von der Wohnung ihrer Eltern entfernt liegt, mietet sie ein Zimmer in einem Wohnheim. Alexas verheiratete Eltern haben gemeinsam ein monatliches Einkommen von 1.800 Euro. Bei ihrem Minijob in einem Café verdient Alexa 390 Euro im Monat.

2.3 Alexa (vgl. M 3) möchte Ausbildungsförderung („BAföG") beantragen.
Erschließen Sie mithilfe von M 4 drei Kriterien, die für die Ermittlung von Alexas Förderungsbetrag relevant sind, sowie eine Information zu ihrer BAföG-Rückzahlung. Stellen Sie dann eine nachvollziehbare Berechnung auf, welcher monatliche Betrag ihr zusteht.

M 4: BAföG-Information

FAQs

Was ist BAföG?

Schüler, Lehrlinge und Studenten können Geld vom Staat bekommen, wenn sie anders nicht in der Lage sind, ihren Lebensunterhalt zu bestreiten. Geregelt werden diese Zuschüsse im Berufsausbildungsförderungsgesetz – bekannt unter der Abkürzung BAföG.

BAföG gibt es nur bis Mitte 20, oder?

Wer BAföG beziehen will, darf zu Beginn der Ausbildung nicht älter als 29 Jahre sein.

Wenn man noch zur Schule geht, gibt es kein BAföG. Richtig?

Nein, auch Schüler können BAföG beziehen. Übrigens: Schüler-BAföG gibt es vom Staat als Zuschuss – es muss nicht zurückgezahlt werden.

Einfluss des Verdiensts

Die Eltern sind dem Schüler, Azubi oder Studierenden gegenüber, auch wenn dieser volljährig ist, unterhaltspflichtig. Das BAföG-Amt berücksichtigt aber bestimmte Freibeträge, die auf das Einkommen angerechnet werden:

verheiratete Eltern: 1.890 €
alleinstehender Elternteil: 1.260 €
Stiefelternteil: 630 €
pro Kind zusätzlich: 570 €

Wenn der Antragsteller selbst genug verdient, bekommt er kein BAföG. Ausgenommen davon sind zum Beispiel Minijobs. Hier gibt es Freibeträge:

Freibetrag: 290 €
mit Ehepartner: + 630 €

(Einkommen oberhalb des Freibetrags werden zur Hälfte vom BAföG abgezogen.)

BAföG-Höhe

Als „Faustregel" gilt: Bedarf nach dem BAföG

- abzüglich anrechenbares Einkommen der Studierenden, Schüler
- abzüglich anrechenbares Einkommen der Eltern

Höchstmögliche monatliche Förderung:

	bei den Eltern zu Hause	**eigene Wohnung**
Weiterführende Schulen	–	694 €
Berufsfachschulen	356 €	694 €
Abendhaupt- und Abendrealschulen	557 €	790 €
Universitäten	592 €	861 €

3 Vielfalt bewegt

3.1 Definieren Sie den Begriff *Diskriminierung.*

3.2 Beschreiben Sie ausführlich den Inhalt des Plakats (M 5) und erläutern Sie dessen Absicht anhand von zwei Aspekten.

M 5 Plakat

Antidiskriminierungsstelle des Bundes

3.3 Durch das Allgemeine Gleichbehandlungsgesetz (AGG) (M 6) wird der Grundwert Gleichberechtigung geschützt.
Beschreiben Sie drei konkrete Auswirkungen für den Einzelnen aus jeweils verschiedenen Bereichen des Gesetzes (M 6).

M 6: Kurzfassung zum Allgemeinen Gleichbehandlungsgesetz (AGG)

Benachteiligungen sind unzulässig in Bezug auf die Bedingungen für den Zugang zu Erwerbstätigkeit, den Zugang zu allen Formen und allen Ebenen der Berufsbildung, den Sozialschutz, die sozialen Vergünstigungen, die Bildung, den Zugang zu und die Versorgung mit Gütern und Dienstleistungen, die der Öffentlichkeit zur Verfügung stehen.

3.4 Erläutern Sie ausführlich anhand von zwei Aspekten, wie das Konzept der CAP-Lebensmittelmärkte (M 7) zur sozialen Integration von Menschen mit Beeinträchtigung in unserer Gesellschaft beiträgt.

M 7: Konzept der CAP-Lebensmittelmärkte

In den CAP-Lebensmittelmärkten werden bis zu 50 % aller Arbeitsstellen von Menschen mit Beeinträchtigung besetzt. Diese Mitarbeiterinnen und Mitarbeiter arbeiten in Positionen, die genau auf ihre Fähigkeiten abgestimmt sind. Sie leisten daher verantwortungsvolle und qualitativ hochwertige Arbeit.
Und was bekommen die Kunden davon mit? Normalität.

nach https://www.cap-markt.de

3.5 Mitarbeiterinnen und Mitarbeiter der CAP-Lebensmittelmärkte (vgl. M 7), die eine Beeinträchtigung haben, übernehmen Eigenverantwortung.
Erläutern Sie diese Aussage ausführlich anhand von zwei Aspekten.

4 Im Dienst der Gesellschaft

4.1 Definieren Sie kurz den Grundbegriff *Arbeit.*

4.2 Beschreiben Sie kurz zwei physische und zwei psychische Belastungen, die ein Pflegeberuf mit sich bringen kann.

4.3 Erklären Sie jeweils kurz an drei verschiedenen Stufen der Maslowschen Bedürfnispyramide (M 8), dass die Arbeit im Pflegebereich dazu beitragen kann, die Bedürfnisse der Pflegekräfte zu erfüllen.

M 8: Maslowsche Bedürfnispyramide

Lösungsvorschlag

I. Schwerpunktthema Aufgabengruppe A

1.1 Als Sozialisation bezeichnet man das Hineinwachsen des Menschen in die Gesellschaft und in das Zusammenleben.

1.2 In den ersten Lebensjahren lernen Kinder soziale und emotionale Grundkompetenzen. Ihre Bezugspersonen wie Eltern oder Erzieherinnen und Erzieher stehen mit ihnen in Kontakt. Sie verstärken positives Verhalten und dienen auch als Modelle für erwünschte Umgangsweisen. Damit wird die Grundlage für Beziehungsfähigkeit geschaffen.

Das Selbstwertgefühl eines Menschen ist wichtig für seine Selbstwirksamkeit. Gelingt es in der primären Sozialisationsphase, einem Kind bereits in den ersten Lebensjahren ein entsprechendes Urvertrauen zu vermitteln, kann sich das Selbstwertgefühl positiv entwickeln. Besonders in den ersten Lebenswochen ist die bedingungslose Annahme durch die Eltern wichtig. So erfährt das Neugeborene Sicherheit und Vertrauen in die Bedeutsamkeit des eigenen Lebens.

1.3 (1) Die Menschen eines Landes bilden zusammen die Gesellschaft. Die Gesellschaft umfasst wie eine Großgruppe alle Menschen in ihrem Einzugsbereich und bildet somit eine soziale Organisationsform.

(2) Es gibt Grundbedürfnisse wie z. B. Ernährung, Sicherheit und Bewegungsfreiheit, deren Erfüllung durch die Gesellschaft sichergestellt wird.

(3) Wichtige Grundlagen, auf denen der Umgang miteinander in der Gesellschaft beruht, sind Normen und Werte. Diese werden über die Sozialisation den Mitgliedern einer Gesellschaft vermittelt. Somit wird der Fortbestand einer Gesellschaft von Generation zu Generation gewährleistet.

1.4 Jugendliche können in der Schule bestimmte Ämter wie Klassensprecher*in oder Schülersprecher*in übernehmen. Sie haben dann die Aufgabe, Anliegen der Klasse gegenüber der Klassenleitung bzw. der Schulleitung zu kommunizieren. Außerdem sollen sie für ein gutes Klassenklima sorgen. Damit übernehmen sie Verantwortung in ihrem Umfeld Schule.

Viele Jugendliche sind Mitglied in Vereinen, z. B. bei der Freiwilligen Feuerwehr oder in einem Sportverein. Dort treffen sie sich regelmäßig mit Gleichgesinnten. Einige haben bestimmte Aufgaben oder Ämter, wodurch sie gesellschaftliche Verantwortung übernehmen. Bei festlichen Anlässen im Vereinsjahr engagieren sie sich zusammen mit anderen Vereinsmitgliedern.

Jugendliche können in ihrem Umfeld andere Menschen unterstützen. Wohnt z. B. eine ältere, gehbehinderte Person allein in der Nachbarschaft, können Jugendliche dieser bei Einkäufen oder Besorgungen behilflich sein. Auch das Aufpassen auf kleine Kinder oder das Gassigehen mit Hunden sind wichtige Aufgaben, um gesellschaftliche Verantwortung einzuüben und zu übernehmen.

2.1 Als Sozialstaat wird ein Staat bezeichnet, der soziale Gerechtigkeit in allen Bereichen der Gesellschaft anstrebt. Dieses Sozialstaatsprinzip, das auf dem Eigenverantwortlichkeits-, Solidaritäts- und Subsidiaritätsprinzip beruht, ist in Art. 20 und 28 des Grundgesetzes der Bundesrepublik Deutschland und in Art. 3 der Bayerischen Verfassung verankert.

2.2 Zeit der Kindheit: In der Kindheit unterstützt der Sozialstaat Heranwachsende mit einem Kindergeld, das an die Eltern ausbezahlt wird. Das Kindergeld ist vom Einkommen der Eltern unabhängig und wird bis zum 25. Geburtstag auch während der Zeit der Ausbildung geleistet.

Zeit des Erwerbsalters: Wer als Erwerbstätiger arbeitslos wird, hat für eine bestimmte Zeit Anspruch auf Arbeitslosengeld I, das durch die Arbeitslosenversicherung finanziert wird. Damit wird auch in Phasen der Arbeitslosigkeit ein sicheres finanzielles Auskommen gewährleistet.

Zeit des Ruhestands: Ab einer bestimmten Altersgrenze haben Menschen, die in die Rentenversicherung eingezahlt haben, einen Anspruch auf eine Altersrente. Diese liegt zwar deutlich unter der Höhe des beruflichen Einkommens, soll es Menschen im Alter aber ermöglichen, ein selbstbestimmtes Leben zu führen.

2.3 Folgende drei Kriterien sind für die Ermittlung des Förderungsbetrags relevant:

- Das Einkommen von Alexas Eltern liegt mit 1 800 € im Freibetragsbereich.
- Alexa verdient 390 € monatlich und liegt somit 100 € über dem Freibetrag.
- Alexa ist eine Schülerin einer weiterführenden Schule (Fachoberschule).

Schüler-BAföG gilt als Zuschuss und muss nicht zurückgezahlt werden.

Alexa hat ein Einkommen von 390 €. Davon wird der Freibetrag in Höhe von 290 € abgezogen. Die verbleibenden 100 € müssen halbiert werden. Somit verbleiben 50 €, um die der Höchstsatz für den Besuch einer weiterführenden Schule in Höhe von 694 € reduziert werden muss. Somit ergibt sich als BAföG für Alexa 644 € Förderbetrag pro Monat.

3.1 Als Diskriminierung bezeichnet man Verhaltensweisen und Einstellungen, durch die Menschen oder Gruppen verachtet, herabgesetzt oder ungleich behandelt werden. Diskriminierung richtet sich häufig gegen soziale Minderheiten oder bestimmte gesellschaftliche Gruppen.

3.2 Das Plakat zeigt einen jungen Mann, der seinem Aussehen nach eine ausländische Herkunft haben könnte. Er teilt mit, dass er in einen Club nicht hineingelassen worden ist. Dann wird auf dem Plakat gefragt, wer schon einmal Diskriminierung erlebt habe. Der Hashtag #DarüberReden fordert diese Menschen dazu auf, über ihre Erfahrungen zu sprechen. Mit einem Megafon wird auf die sozialen Medien wie Facebook, Twitter und Instagram verwiesen. Das Plakat soll Opfer von Diskriminierung dazu anregen, ihre Erlebnisse in den sozialen Medien mitzuteilen bzw. sich dort darüber auszutauschen, sodass sie erfahren, dass sie nicht allein betroffen sind. Zudem sollen junge Menschen durch das Plakat lernen, dass sie im Falle von Diskriminierung auf die Vorfälle aufmerksam machen sollen statt sie zu verschweigen.

3.3 Bildung: Die Möglichkeit der Bildung muss für alle unabhängig von ihrer Herkunft in gleichem Maße vorhanden sein. Deshalb darf niemandem der Schulbesuch verwehrt werden.

Sozialschutz: Soziale Hilfen werden Betroffenen unabhängig von der vorher erbrachten Leistung gewährt.

Zugang zu allen Formen und allen Ebenen der Berufsbildung: Herkunft und Geschlecht dürfen keine Hindernisse bei der Wahl des Berufs sein.

3.4 Indem Menschen mit Beeinträchtigungen einen öffentlichen Arbeitsplatz erhalten, sind sie nicht in speziellen Werkstätten oder Einrichtungen tätig, in denen sie überwiegend anderen beeinträchtigten Personen und Pflegekräften begegnen. Sie haben Kontakt mit den Kundinnen und Kunden sowie mit anderen Mitarbeitenden und empfinden sich dadurch der Gesellschaft zugehörig.

Durch solche Arbeitsplätze können Menschen mit Beeinträchtigung zudem ein eigenes Einkommen erwerben. Sie werden, wie alle anderen Angestellten auch, für ihre Arbeit entlohnt. Dadurch können sie sich in ihrer Rolle als Erwerbstätige bestätigt und angenommen fühlen und sich als nützliche Mitglieder der Gesellschaft begreifen, die für ihren Unterhalt selbst sorgen können.

3.5 Durch das Erzielen eines eigenen Einkommens tragen Menschen mit Beeinträchtigung zur eigenen materiellen Sicherung bei. Dadurch reduzieren sich unter Umständen Zuschüsse und staatliche finanzielle Unterstützungsleistungen. Somit entlasten berufstätige Menschen mit Beeinträchtigung durch ihr eigenverantwortliches Handeln den Sozialstaat.

Durch ihre Erwerbstätigkeit stärken diese Mitarbeiter zudem ihr Selbstwertgefühl. Sie erleben sich als gleichberechtigt und nützlich. Diese Erfahrung bewirkt bei ihnen ein Erfolgserlebnis. Damit tragen sie zu ihrer eigenen Resilienz und psychischen Stabilität bei. Sie sind deshalb weniger gefährdet, Bedarf an therapeutischer Unterstützung zu haben.

4.1 Arbeit ist eine zielgerichtete körperliche oder geistige Betätigung, um Güter zu produzieren oder Dienstleistungen zu erbringen. Arbeit dient der Existenzsicherung und der sinnvollen Lebensgestaltung.

4.2 Mögliche physische Belastungen in einem Pflegeberuf können durch das erforderliche Heben und Wenden von Personen bei der Grundversorgung entstehen. Auch können die unregelmäßigen Arbeitszeiten in Schicht- und Wochenenddiensten mit dem damit verbundenen Verzicht auf geregelte Wach- und Schlafzeiten zu körperlichen Belastungen führen.

Psychisch belastend können die tägliche Konfrontation mit Krankheit, Leid und Tod sein. Aber auch die häufig gegebene personelle Unterbesetzung in pflegerischen Einrichtungen kann zu Stress und Leistungsdruck führen.

4.3 Sicherheit: Da heute eine hohe Nachfrage nach Pflegekräften besteht, brauchen sich diese keine Sorgen um einen Verlust des Arbeitsplatzes zu machen. Das wird auch in absehbarer Zukunft so bleiben.

Anerkennung: Pflegekräfte erhalten sowohl von den betreuten Menschen und deren Angehörigen als auch der Gesellschaft viel Anerkennung für ihre Dienste. In der Corona-Pandemie wurden sie öffentlich sogar als „Helden“ bezeichnet.

Selbstverwirklichung: In ihrem Tätigkeitsbereich können Pflegekräfte ihre Berufsmotivation, anderen Menschen behilflich zu sein, sehr gut ausleben und finden dadurch Erfüllung.

Abschlussprüfung an Realschulen – 2022
Sozialwesen: Aufgabengruppe B

Familie – mehr als Vater, Mutter, Kind

1 Familie – Vater, Mutter, Kind?

1.1 Definieren Sie den Begriff *Familie* anhand von drei Aspekten.

1.2 Beschreiben Sie die Karikatur „In der Kita“ (M 1) und erläutern Sie deren Aussage.

M 1: Karikatur „In der Kita“

aus: Renate Alf, „Der allerreinste Kindergarten!“, Lappan Verlag 2021.

1.3 Patchworkfamilien sind heute keine Seltenheit mehr.
Beschreiben Sie je einen Vorteil und eine Herausforderung dieser Familienform aus den Perspektiven von drei Beteiligten.

2 Familie und Arbeit

2.1 Definieren Sie den Begriff *Arbeit.*

M 2: Schaubild

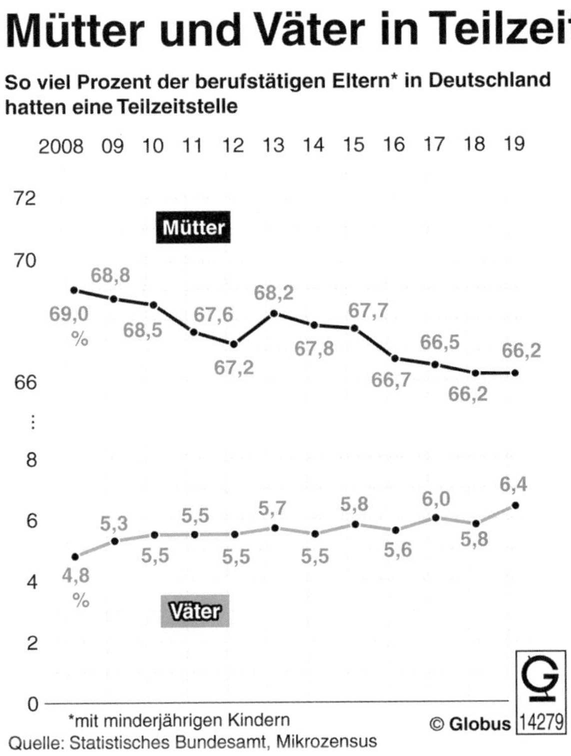

picture alliance/dpa/dpa-infografik GmbH

2.2 Formulieren Sie zwei grundlegende Aussagen zu dem Schaubild M 2.

2.3 Erklären Sie anhand von drei Aspekten die Gründe für den geschlechterspezifischen Unterschied bezüglich des Anteils der Teilzeitstellen (vgl. M 2).

2.4 Teilzeitbeschäftigung beeinflusst die Biografie und das Selbstkonzept von Frauen. Beschreiben Sie knapp je zwei persönliche und finanzielle Auswirkungen, die sich durch jahrelange Teilzeitarbeit für Frauen ergeben können.

2.5 Erklären Sie kurz den Unterschied zwischen einem *Inter-* und einem *Intrarollenkonflikt.*

2.6 Entwerfen Sie ausführlich ein selbstgewähltes Fallbeispiel, das einen Interrollenkonflikt eines berufstätigen Vaters beschreibt.

3 Familien in der Krise

M 3: Schaubild „Phasen der Krisenbewältigung“ nach Cullberg

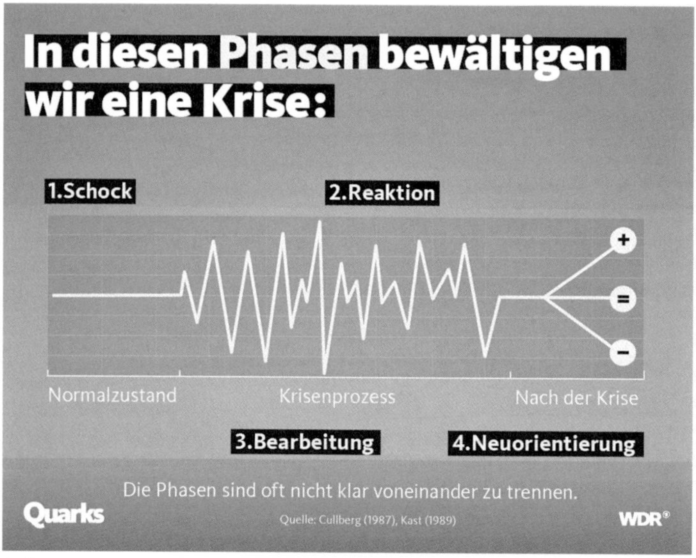

In diesen Phasen bewältigen wir eine Krise, WDR / Quarks (27. 03. 2020), https://www.quarks.de/gesellschaft/psychologie/phasen-einer-krise/ (zu Prüfungszwecken bearbeitet)

3.1 Schreiben Sie das Fallbeispiel M 4 fort, indem Sie die Phasen 2–3 des Modells „Phasen der Krisenbewältigung“ nach Cullberg (M 3) auf die Familie S. anwenden und jeweils mit konkreten Beispielen belegen.

M 4: Fallbeispiel

> 15. Februar 2022: Familie S. hat es hart getroffen. Familienvater Paul (47) wurde heute überraschend gekündigt. Die Firma, in der er jahrelang als Drucker gearbeitet hat, ging in Konkurs, alle Mitarbeiterinnen und Mitarbeiter wurden entlassen. Mutter Sandra (44) ist fassungslos und auch die Kinder Annalena (12) und Frederick (15) können es nicht glauben. Wie soll es nun für die Familie weitergehen? Die Familie S. steht unter Schock: Dies entspricht der ersten Phase des Krisenmodells von Cullberg.
> 16. Februar 2022: *ab hier das Fallbeispiel fortsetzen*

3.2 Unter Resilienz versteht man die seelische Stabilität als Widerstandskraft im Umgang mit belastenden Lebensumständen.
Erklären Sie ausführlich an zwei Beispielen, wie ein positives Selbstkonzept zu einer höheren Resilienz beitragen kann.

4 Familie und Staat

4.1 Definieren Sie knapp den Grundbegriff *Ehe.*

4.2 Definieren Sie kurz den Grundbegriff *Sozialstaat.*

4.3 Erläutern Sie anhand von drei Aspekten, warum der Sozialstaat auch im eigenen Interesse Familien schützt und fördert (vgl. M 5).

M 5: Auszug aus dem Grundgesetz

> Art. 6 GG: „Ehe und Familie stehen unter dem besonderen Schutz der staatlichen Ordnung."

4.4 Nennen Sie fünf finanzielle staatliche Maßnahmen zur Förderung der Ehe und Familie.

Lösungsvorschlag

II. Schwerpunktthema Aufgabengruppe B

1.1 Eine Familie ist eine Primärgruppe und als solche die erste Sozialisationsinstanz im Leben eines Menschen. Gleichzeitig stellt sie eine gesellschaftliche Institution dar.

Eine Familie umfasst mindestens zwei Generationen und übernimmt eine Reihe gesellschaftlicher Funktionen wie z. B. die Sicherung des gesellschaftlichen Fortbestands, die Sozialisation, den Schutz und die materielle Sicherung ihrer Mitglieder. Sie ist gekennzeichnet durch eine enge Kooperation und Solidarität zwischen den Angehörigen.

Die in unserer Gesellschaft vorherrschende Familienform ist die Kernfamilie, in der Eltern mit ihren Kindern in einer engen Verbindung leben, die von Vertrauen und Zusammenhalt geprägt ist. Daneben gibt es die Ein-Elternteil-Familie, die Patchworkfamilie, die Pflegefamilie und – allerdings nicht mehr sehr häufig – die Großfamilie.

1.2 Die abgebildeten Kinder spielen in der Kita ein Familien-Rollenspiel. Dabei teilt ein Mädchen, das die Rolle der Mutter übernimmt, verschiedenen Jungen männliche Rollen zu. Es gibt den Sohn Timo, den Vater von Timo, den aktuellen Partner des Mädchens sowie den Ex-Mann. Für das Mädchen gehört es also zur Normalität, in der Frauenrolle mit verschiedenen Männerrollen konfrontiert zu sein. Die Erzieherin in der Karikatur ist, vermutlich wegen der Vielfalt dieser Rollen, entrüstet. Es ist anzunehmen, dass sie von einem anderen Rollenverständnis ausgeht. Für sie ist vermutlich die traditionelle Kernfamilie das einzig akzeptable Familienmodell. Die Karikatur weist darauf hin, dass heutzutage auch alternative Lebensformen wie Patchworkfamilien zur gesellschaftlichen Wirklichkeit gehören.

1.3 Perspektive des Kindes: Das Kind hat in einer Patchworkfamilie mehrere Bezugspersonen und vielleicht auch andere Kinder in der gleichen Altersstufe. Eine Herausforderung könnte sein, dass die Vielfalt und der Wechsel zwischen der Familie der Mutter sowie der des Vaters zu einem Mangel an Stabilität führen.

Perspektive der Mutter: Die Mutter kann eine neue harmonische Beziehung führen und ist nicht gezwungen, in der bisherigen zu verharren, die unter Umständen nicht mehr erfüllend war. Sie muss sich allerdings bezüglich der Erziehungsaufgaben mit mehreren Männern absprechen.

Perspektive der Großeltern: Für Großeltern eines Kindes kann sich der Kreis vertrauter Personen durch eine Patchworkfamilie erweitern, was zu mehr Kontakten und Gesprächsanlässen führt. Schwierigkeiten könnten entstehen, wenn der Kontakt zum Enkelkind seltener wird, weil dessen Bindung zu den Großeltern wegen der gewonnenen Vielzahl an familiären Beziehungen abnimmt.

2.1 Arbeit ist eine zielgerichtete körperliche oder geistige Betätigung, um Güter zu produzieren oder Dienstleistungen zu erbringen. Arbeit dient der Existenzsicherung und der sinnvollen Lebensgestaltung.

2.2 Während der Anteil der Mütter in Teilzeit in den Jahren von 2008 bis 2019 von 69 % auf 66,2 % leicht gesunken ist, ist der Anteil von Vätern mit Teilzeitstelle in diesem Zeitraum von 4,8 % auf 6,4 % gestiegen. Insgesamt ist der Anteil der Mütter in Teilzeit aber circa zehnmal so hoch wie der der Väter.

2.3 In vielen Familien existiert noch ein traditionelles Rollenverständnis: Während die Männer das Geld verdienen, kümmern sich die Frauen um Haushalt und Kinder. Dadurch fehlt diesen Frauen die Zeit für eine Vollzeittätigkeit. Häufig übernehmen sie einen Teilzeitjob, während ihre Kinder in der Kita oder Schule sind.

Vielfach werden sogenannte Männerberufe immer noch besser bezahlt als sogenannte Frauenberufe. Um ein möglichst hohes Familieneinkommen zu erzielen, ist es vorteilhafter, wenn der Mann in Vollzeit arbeiten geht und die Frau eine Teilzeitbeschäftigung ausübt. Im umgekehrten Fall wäre das Familieneinkommen geringer.

Viele Mütter entscheiden sich bewusst dafür, in den ersten Lebensjahren ihres Kindes viel Zeit mit diesem zu verbringen. Sie wollen damit günstige Sozialisationsbedingungen schaffen und die Entstehung des Urvertrauens fördern. Deswegen ist es für diese Mütter nicht möglich, gleichzeitig in Vollzeit zu arbeiten. Sie arbeiten dann entweder gar nicht oder gehen nur einer Teilzeitarbeit nach. Viele Väter wünschen sich zwar ebenfalls mehr Zeit mit ihren Kindern, gehen allerdings seltener als Frauen aus diesem Grund in Teilzeit. Vermutlich ist der Mangel an entsprechenden Vorbildern für diesen geschlechterspezifischen Unterschied verantwortlich.

2.4 Persönliche Auswirkungen: Teilzeit mit einem geringen Stundenmaß kann dazu führen, sich weniger wichtig und bedeutsam zu fühlen als Kolleginnen und Kollegen, die in Vollzeit arbeiten. Dies könnte das Selbstkonzept der betroffenen Frauen negativ beeinflussen. Anspruchsvolle und verantwortliche Tätigkeiten sind zudem häufig an eine Vollzeitstelle gebunden. Frauen in Teilzeit erhalten dann eher die weniger anspruchsvollen Aufgaben.

Finanzielle Auswirkungen: Teilzeitarbeit führt zu einem geringeren Einkommen als Vollzeitbeschäftigung. Mit einem niedrigeren Einkommen sinken auch die Sozialversicherungsbeiträge, was in der Folge die spätere Rente geringer ausfallen lässt.

2.5 Von einem Intrarollenkonflikt spricht man, wenn die Erwartungen an sich selbst und die eigenen Bedürfnisse in Konflikt zueinander stehen. Beim Interrollenkonflikt gerät eine Person, die mehreren verschiedenen Bezugsgruppen angehört und an die deshalb unterschiedliche Verhaltenserwartungen gestellt werden, in Konflikte.

2.6 Herr Müller ist IT-Entwickler in einem neu gegründeten Unternehmen. Die Arbeit macht ihm viel Spaß. Die Firma ist sehr erfolgreich und fordert von ihren Beschäftigten immer wieder Überstunden ein. Herr Müller hat im Betrieb viele Kolleginnen und Kollegen, mit denen er sich gut versteht und mit denen er nach der Arbeit noch ein Gespräch führen bzw. gemeinsam zum Essen gehen möchte. Als Familienvater hat Herr Müller eine vierjährige Tochter und einen achtjährigen Sohn. Wenn er nach Hause kommt, wollen ihm seine beiden Kinder von ihren Erlebnissen in Kita und Schule erzählen. Außerdem spielen sie gerne mit ihm im Garten oder auf dem Kinderspielplatz. Die Ehefrau von Herrn

Müller fordert auch von ihm ein, dass er sich täglich nach der Arbeit noch mit den Kindern beschäftigt. Die Anforderungen und Erwartungen seines Betriebs und seiner Kollegen können mit denen seiner Kinder und seiner Frau zu einem Konflikt führen. Wenn er Überstunden macht und nach der Arbeit noch Zeit mit seinen Kollegen verbringt, sind seine Kinder und seine Frau enttäuscht. Verzichtet er auf Überstunden und soziale Kontakte im Beruf, dann reagieren sein Chef und seine Kollegen negativ. Somit hat Herr Müller einen Rollenkonflikt zu lösen.

3.1 In der 2. Phase reagiert Paul S. mit Wut und Aggressionen. Er schimpft über die Geschäftsleitung und den Betriebsrat, die seiner Meinung nach nicht genügend getan haben, um den Konkurs der Firma abzuwenden. Paul S. und seine Frau haben zudem Angst davor, dass sie die Miete für die Wohnung nicht mehr zahlen können. Außerdem befürchten sie, das Geld für den Musikunterricht ihrer beiden Kinder nicht mehr aufbringen zu können. In der 3. Phase versuchen Paul S. und seine Frau Sandra, die entstandene Krise konstruktiv zu bearbeiten. Paul S. meldet sich beim Arbeitsamt arbeitslos und beantragt die Auszahlung von Arbeitslosengeld. Er lässt sich auch einen Termin geben, um sich über freie Stellen zu informieren. Seine Frau Sandra überprüft ihren Haushaltsplan und überlegt, wo sie Einsparungen machen könnte, damit die Familie auch mit weniger Geld gut auskommt.

3.2 Oft ist ein positives Selbstkonzept mit einem positiven Weltbild verbunden. Man geht dann davon aus, dass schwierige und herausfordernde Situationen zum Leben dazugehören und gemeistert werden können. Durch eine solche optimistische Sichtweise kann es zu einer Stärkung der eigenen seelischen Widerstandskraft kommen. Dadurch wird ein erfolgsmotiviertes Herangehen an schwierige Situationen gefördert.

Ein positives Selbstkonzept fördert ein stärkeres Selbstwertgefühl und damit auch eine bessere Selbstwirksamkeit. Dadurch ist man überzeugter, bestehende Probleme lösen zu können, was wiederum die in schwierigen Situationen empfundene Belastung deutlich reduziert.

4.1 Als Ehe bezeichnet man eine durch Sitte und Gesetz geschützte Form des Zusammenlebens von zwei Menschen, die in der Regel mit der Absicht geschlossen wird, eine Familie zu gründen und das Leben auf Dauer in Treue und Vertrauen zueinander gemeinsam zu bewältigen.

4.2 Als Sozialstaat bezeichnet man einen Staat, der in allen Bereichen der Gesellschaft soziale Gerechtigkeit anstrebt. Dieses Sozialstaatsprinzip beruht auf den Prinzipien der Eigenverantwortlichkeit, der Solidarität und der Subsidiarität.

4.3 In Familien hilft man sich in Notlagen gegenseitig. Solange dies funktioniert, braucht gemäß dem Subsidiaritätsprinzip der Sozialstaat vorerst nicht unterstützend einzugreifen.

Familien haben für viele Menschen einen hohen Sinngehalt. Dadurch erzeugen sie für ihre Mitglieder Resilienz und Stabilität. Die Gefährdung durch psychische Krisen wird dadurch reduziert.

Eltern kümmern sich um ihre Kinder und gewährleisten damit Fürsorge und Erziehung. Funktionierende Familien entlasten durch erfolgreiche Kindererziehung den Sozialstaat von möglichen Kosten für Therapien.

4.4
- Kindergeld
- Elterngeld
- steuerlicher Kinderfreibetrag
- Mutterschaftsgeld
- steuerliches Ehegattensplitting

Abschlussprüfung an Realschulen – 2023
Sozialwesen: Aufgabengruppe A

Beziehungs-Weise

1 Beziehungen zwischen Jugendlichen

M 1: Fallbeispiel

Vor zwei Jahren ließen sich die Eltern von Jan (14) scheiden. Er zog daraufhin zusammen mit seiner Mutter in eine andere Stadt und wechselte auf eine neue Schule. Dort fand er zunächst keine Freunde und fühlte sich als Außenseiter. Schließlich schloss er sich einer Gruppe von Punks an, die ihn durch ihre Unangepasstheit faszinierten. Er begann damit, provokativ zerrissene Kleidung zu tragen und seine Haare bunt zu färben. Anfangs waren es nur Äußerlichkeiten, die Jan nachahmte, aber mit der Zeit übernahm er immer mehr Verhaltensweisen seiner Clique. Jan trank Alkohol und probierte Drogen aus. Samstags ging er mit anderen Punks vor dem Hauptbahnhof „schnorren". Am 1. Mai war er mit seiner Gruppe in Berlin, wo sie Scheiben von teuren Autos und Schaufenster einschlugen, um ihrer Wut auf den Staat, die Reichen und die angepassten Bürgerinnen und Bürger Luft zu machen. Mit seiner Mutter streitet sich Jan eigentlich nur noch und flüchtet sich, wann immer er kann, zu seiner Clique.

1.1 Erklären Sie, dass es sich bei Jans Clique (vgl. M 1) um eine informelle Gruppe und nicht um eine formelle handelt.

1.2 Beschreiben Sie zwei Vorteile sowie zwei Risiken, welche sich für Jan durch die Zugehörigkeit zu seiner Clique (vgl. M 1) ergeben. Verwenden Sie sozialwissenschaftliche Fachbegriffe.

1.3 Neben dem Aufbau von Beziehungen müssen Jugendliche laut dem Psychologen Robert L. Havighurst noch weitere Entwicklungsaufgaben auf dem Weg zum Erwachsenwerden meistern.
Beschreiben Sie knapp vier dieser Entwicklungsaufgaben.

2 Beziehungen zwischen Eltern und Kind

2.1 Definieren Sie den Begriff *Erziehungsstil.*

M 2: Gesetzestext

Artikel 126 Bayerische Verfassung
(1) Die Eltern haben das natürliche Recht und die oberste Pflicht, ihre Kinder zur leiblichen, geistigen und seelischen Tüchtigkeit zu erziehen. Sie sind darin durch Staat und Gemeinden zu unterstützen. In persönlichen Erziehungsfragen gibt der Wille der Eltern den Ausschlag.

2.2 Begründen Sie ausführlich die Bedeutung der Eltern für das leibliche, geistige und seelische Wohl des Kleinkinds (vgl. M 2) jeweils anhand eines konkreten Beispiels.

2.3 Nennen Sie drei öffentliche Einrichtungen, die Eltern bei der Betreuung und Erziehung ihrer Kinder im Sinne des Art. 126 BayVerf (M 2) unterstützen.

M 3: Karikatur

Walterscheid / https://www.toonsup.com/de/cartoon/vaterfreuden-43.html

2.4 Beschreiben Sie die Karikatur M 3 und erläutern Sie deren Aussage.

2.5 Beurteilen Sie den Erziehungsstil des Vaters in M 3 in Bezug auf „das natürliche Recht" und auf „die oberste Pflicht" von Eltern, die in Art. 126 BayVerf (vgl. M 2) verankert sind, und begründen Sie jeweils Ihr Urteil.

3 Beziehungen zwischen Staat und Individuum

M 4: Schaubild

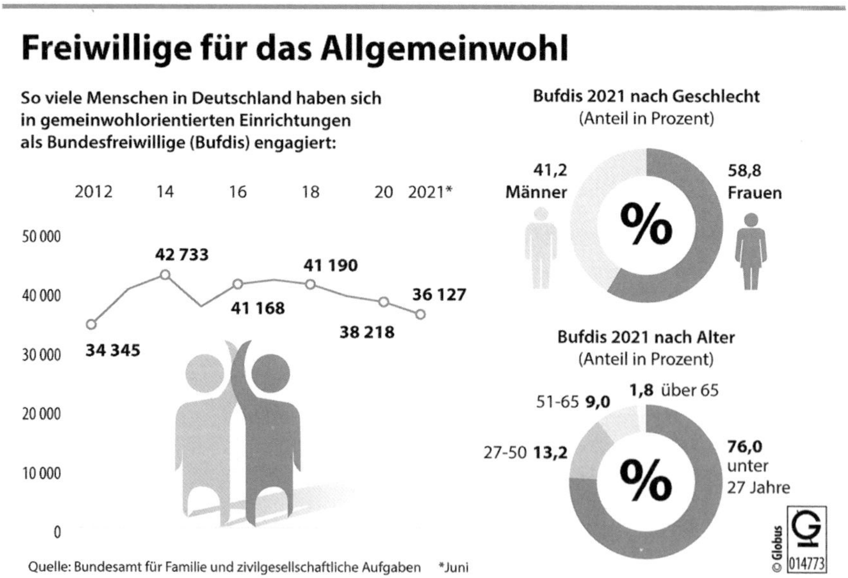

picture alliance/dpa/dpa-infografik GmbH

3.1 Werten Sie das Schaubild „Freiwillige für das Allgemeinwohl“ (M 4) aus, indem Sie drei grundlegende Aussagen formulieren.

M 5: Information

Der Bundesfreiwilligendienst (BFD) ist ein freiwilliges Engagement in gemeinwohlorientierten Einrichtungen in Deutschland. Das sind zum Beispiel Kindergärten, Schulen, Jugendzentren, Pflegeeinrichtungen, Rettungsdienste, Theater, Sportvereine und vieles mehr.

Ein BFD kann zwischen 6 und 24 Monate dauern. Überwiegend ist er ein ganztägiger Dienst, bei dem die Freiwilligen meist praktische Hilfstätigkeiten leisten. Dafür bekommen sie ein Taschengeld in Höhe von maximal 423 € und sind während dieser Zeit in der gesetzlichen Renten-, Unfall-, Kranken-, Pflege- und Arbeitslosenversicherung.

Einen Bundesfreiwilligendienst können alle absolvieren, welche die Vollzeitschulpflicht erfüllt haben. Ansonsten spielen Alter, Geschlecht, Nationalität oder die Art des Schulabschlusses in der Regel keine Rolle.

3.2 Paul möchte nach seinem Realschulabschluss als „Bufdi“ (vgl. M 4/M 5) in einer Pflegeeinrichtung für Demenzkranke arbeiten.
Nennen Sie drei Kompetenzen, die Paul während seines BFDs erwerben kann, und beschreiben Sie jeweils eine konkrete Situation im Pflegeheim, in der er diese aufbauen kann.

3.3 Erläutern Sie ausführlich drei Vorteile des Bundesfreiwilligendienstes (vgl. M 4/M 5) für den Sozialstaat.

4 Beziehungen zwischen Partnern

4.1 Definieren Sie den Begriff *Ehe* und erklären Sie knapp, was man unter einer nichtehelichen Lebensgemeinschaft (NEL) versteht.

M 6: Dialog

Julian: Hey Kilian! Tolle Neuigkeiten! Anna und ich werden heiraten!

Kilian: Was? Spinnst du? Heiraten? Das ist nicht dein Ernst, das ist doch heute gar nicht mehr notwendig. Eine NEL reicht doch.

Julian: Nein, für eine Ehe spricht einiges, zum Beispiel …

4.2 Schreiben Sie den Dialog M 6 fort, indem Sie kurz je zwei Vor- und Nachteile einer Eheschließung gegenüber einer NEL darlegen.

4.3 Definieren Sie den Begriff *Kommunikation*.

M 7: Fallbeispiel

Anna und Julian stecken in den Vorbereitungen für ihre Hochzeit, die in vier Monaten stattfinden wird. Gemeinsam gehen sie die Gästeliste durch. Julian stutzt bei einem Namen und sagt: „Den möchtest du einladen?“

Anna hört Julians Aussage auf dem Beziehungsohr. Sie fühlt sich angegriffen und denkt, dass seine Meinung mehr zählt als ihre. „Immer willst du mich bevormunden und respektierst meine Wünsche nie!“, wirft sie ihm vor.

4.4 Nennen Sie die drei weiteren „Ohren“ des Kommunikationsmodells von Friedemann Schulz von Thun und beschreiben Sie jeweils, wie Anna Julians Äußerung auf dem jeweiligen „Ohr“ auch auffassen könnte (vgl. M 7).

4.4 Nennen Sie die drei weiteren „Ohren“ des Kommunikationsmodells von Friedemann Schulz von Thun und beschreiben Sie jeweils, wie Anna Julians Äußerung auf dem jeweiligen „Ohr“ auch auffassen könnte (vgl. M 7).

Lösungsvorschlag

I. Schwerpunktthema Aufgabengruppe A

1.1 Im Gegensatz zu den informellen Gruppen gibt es in formellen feste Strukturen mit klaren Positionen wie z. B. einem/einer Vorsitzenden oder einem Sprecher/einer Sprecherin. In der Punk-Clique von Jan gibt es diese nicht. In solchen Gruppen liegen verschiedene Rollen vor, wie z. B. die des Anführers oder der Anführerin, die aber schnell wechseln können.

1.2 Mögliche Vorteile:
Jan hat vermutlich infolge der Trennung seiner Eltern, des Umzugs in eine andere Stadt und des Neuanfangs an einer neuen Schule und in einem anderen sozialen Milieu ein schwaches Selbstwertgefühl. Er fühlt sich als Außenseiter. Durch die Clique der Gleichgesinnten entsteht ein Zugehörigkeitsgefühl, das Jan einen positiven Selbstwert vermitteln kann. Die Clique fördert seine Identitätsfindung und stärkt somit seine Persönlichkeit.

In der Clique findet Jan viele gleichgesinnte Jugendliche. Jan erlebt dadurch emotionale Geborgenheit und Zugehörigkeit. Dieses Wohlgefühl in der Gruppe kann dazu führen, dass die Clique für ihn zu einem Familienersatz wird.

Mögliche Risiken:
Jan konsumiert in der Clique Alkohol und probiert auch Drogen aus. Durch dieses Verhalten geht er das Risiko ein, psychisch und physisch abhängig zu werden. Das Ausprobieren von Drogen oder der gelegentliche Alkoholkonsum können sich zu einem anhaltenden Suchtverhalten entwickeln.

Die Aktion der Clique zum 1. Mai in Berlin mit der Zerstörung von Fensterscheiben von Pkw und Schaufenstern von Geschäften sind Straftaten. Jan kann dafür haftbar gemacht werden und muss mit rechtlichen Konsequenzen rechnen. Auch kann es passieren, dass Jan solche strafbaren Handlungen öfter wiederholt und sich an ein deviantes Verhalten gewöhnt.

1.3 Jugendliche müssen sich in ihre Geschlechterrolle einfinden und diese annehmen. In der Pubertät können sie in ihrer Geschlechtsidentität ankommen und sich in dieser einüben.

Jugendliche lernen, sich von ihren Eltern zu lösen und emotional von ihnen unabhängig zu werden. Sie versuchen, sich zunehmend nach ihren eigenen Bedürfnissen zu orientieren.

Jugendliche entwickeln eine eigene Wertehaltung mit individuellen Zielsetzungen für ihr Leben. Daraus ergeben sich dann persönliche Normen, nach denen die Jugendlichen sich ausrichten.

Jugendliche beginnen, eine eigene Verantwortung für ihr Leben zu übernehmen. Sie können sich z. B. in verschiedenen sozialen Einrichtungen engagieren und damit dieser Verantwortung Nachdruck verleihen.

2.1 Als Erziehungsstil bezeichnet man das überdauernde Verhaltensmuster im Umgang von Eltern gegenüber ihren Kindern. Dieses kann verschiedene Ausprägungen haben. So unterscheidet man verschiedene Erziehungsstile wie z. B. den autoritären oder den vernachlässigenden.

2.2 Leibliches Wohl: Kinder kommen nicht als Nestflüchter auf die Welt, sondern sind in hohem Maße von der Fürsorge ihrer Eltern abhängig. Sie brauchen Nahrung, Kleidung,

Pflege, zuverlässige Betreuung und ein sicheres Zuhause. Ohne die Versorgung durch die Eltern sind Kinder nicht überlebensfähig.

Geistiges Wohl: Kinder müssen verschiedene Kulturtechniken und die Sprache erst erlernen. Dafür brauchen sie Anregungen durch die Eltern und sind auf deren Vorbildfunktion angewiesen. Gerade in der Primärsozialisation haben die Eltern diesbezüglich eine sehr große Verantwortung.

Seelisches Wohl: Für eine gute seelische Entwicklung brauchen Kinder eine stabile emotionale Zuwendung. Über diese wird die Grundlage für das Urvertrauen zum Leben gelegt. Kommt es in den ersten Lebensjahren zu einem häufigen Wechsel von Bezugspersonen, kann das zu negativen Folgen im seelischen Bereich führen. Es ist förderlich, dass Eltern sich mit ihren Kindern beschäftigen, spielen und gemeinsame Zeit verbringen.

2.3
- Kindertagesstätten
- Schulen
- Jugendämter

2.4 Ein kleiner Junge rennt mit hohem Tempo auf eine Klippe zu. Ein Schild mit der Aufschrift „Achtung Klippe!" warnt vor dem Abgrund. Unter der Klippe ist das Meer. Man kann zwei Haifischflossen sehen. Zwei Männer stehen teilnahmslos dabei. Sie haben ihre Hände in den Hosentaschen. Während ein Mann nur etwas erschrocken schaut, erklärt ihm der andere mit geschlossenen Augen, dass das Verhalten des Jungen für ihn okay sei und dass er seine natürliche Entwicklung nicht behindern wolle. Dieser Mann könnte der Vater sein.

Die Karikatur zeigt in überzogener Weise einen antiautoritären, nicht eingreifenden Erziehungsstil. Der Vater mischt sich nicht ein, auch wenn größte Gefahr droht. Diese wird durch die beiden Haifische im Meer symbolisiert. Man überlässt Entscheidungen und deren mögliche Folgen und Auswirkungen einfach dem Kind.

2.5 Der Artikel 126 der Bayerischen Verfassung räumt den Eltern das Recht ein, ihre Kinder nach ihrem eigenen Willen zu erziehen. Dieses Recht wird als „natürlich" bezeichnet, es steht den Eltern grundlegend zu. Dieser Aspekt des Artikels wird durch die Karikatur bestätigt. Der Vater schaut einfach zu und greift nicht in den Ablauf ein. Damit willigt er auch in mögliche entstehende Nachteile für das Kind ein.

Eltern werden aber auch zugleich durch den Artikel verpflichtet, ihre Kinder so zu erziehen, dass ihr körperliches, geistiges und seelisches Wohl nicht gefährdet wird. Diesem Auftrag kommt der Vater in der Karikatur nicht nach und verletzt ihn sogar. Er nimmt mögliche Schäden des Kindes bewusst in Kauf. Damit setzt er sein Recht, sein Kind erziehen zu dürfen, über das Wohl des Kindes. Eine solche Haltung widerspricht der Grundlage des Artikels 126 und ist deshalb zu kritisieren.

3.1 Im angegebenen Zeitraum von 2012 bis 2021 haben sich jährlich im Schnitt knappe 40.000 Personen als Bufdis im Bundesfreiwilligendienst engagiert.

Was die Geschlechterverteilung betrifft, waren im Jahre 2021 mit 58,8 % mehr Frauen als Männer (mit 41,2 %) als Bufdis im Einsatz.

Was die Altersverteilung betrifft, waren im Jahr 2021 mit 76 % drei Viertel der Bufdis unter 27 Jahren, aber auch 10,8 % über 50 Jahren. Somit sind die Freiwilligen zwar überwiegend jüngere Menschen, es gibt auch aber ältere Menschen, die sich freiwillig engagieren.

3.2 Teamfähigkeit: In der Pflegeeinrichtung wird Paul mit anderen Pflegekräften zusammenarbeiten. Er wird dadurch lernen, in wechselnden Teams seinen Dienst zu leisten und sich dabei auch auf andere Mitarbeiter einzustellen.

Empathie: Demenzkranke können sich oft sprachlich nicht mehr klar äußern. Deshalb ist es wichtig, dass man über die Empathie einen Zugang zu ihnen findet, um ihre Bedürfnisse wahrnehmen zu können und auf diese einzugehen. Paul wird immer wieder solche Situationen erleben, die seine Empathie fördern werden.

Flexibilität: Es wird dazu kommen, dass Dienstabläufe anders sind, als sie geplant waren. So kann es sein, dass einer der Bewohner*innen Hilfe braucht oder dass etwas schnell organisiert werden muss. Paul wird dabei seine Flexibilität trainieren und vertiefen.

3.3 Gerade im Pflegebereich, aber auch in anderen sozialen und pädagogischen Einrichtungen herrscht aktuell ein sehr großer Fachkräftemangel. Durch Freiwillige kann dieser etwas gemildert werden. Dadurch wird der Sozialstaat stabilisiert.

In bestimmten sozialen Bereichen fehlen den Trägern oft die finanziellen Mittel, um genügend hauptamtliche Arbeitskräfte einzusetzen. Neben ehrenamtlich Engagierten können hier die Freiwilligen wichtige Dienste übernehmen und damit auch dazu beitragen, dass entsprechende Angebote aufrechterhalten werden können.

Für die Bufdis werden Sozialversicherungsbeiträge wie z. B. Renten-, Kranken- oder Arbeitslosenversicherung einbezahlt. Dadurch fließen finanzielle Mittel in die Sozialversicherungssysteme, die dann für sozialstaatliche Aufgaben zur Verfügung stehen.

4.1 Als Ehe bezeichnet man eine dauerhafte, gesetzlich geregelte Verbindung von zwei Menschen, die auf einem Standesamt geschlossen wird. Die Ehe ist durch Artikel 6 des Grundgesetzes geschützt. Unter einer nichtehelichen Lebensgemeinschaft versteht man, dass zwei Personen, die nicht miteinander verheiratet sind, zusammenleben.

4.2 Julian: … zum Beispiel hat man in vielen gesellschaftlichen Kreisen damit einen höheren sozialen Status, weil die Ehe dem traditionellen Familienbild mehr entspricht.

Kilian: Das kann auch ein Nachteil sein, weil man sich gezwungen fühlt, eine Fassade aufrechtzuerhalten, und es nicht wagt, sich zu trennen, obwohl die Liebe für den Partner oder die Partnerin eigentlich schon erloschen ist.

Julian: Ein weiterer guter Grund für eine Ehe ist der finanzielle Vorteil, den man z. B. durch steuerliches Ehegattensplitting oder bei einer Trennung durch einen Versorgungsausgleich haben kann.

Kilian: Genau das kann dann für den Besserverdienenden zu einem großen Nachteil werden, wenn er dem anderen nach der Trennung noch viel Geld zahlen muss. Darum ist es besser, gar nicht erst zu heiraten.

4.3 Als Kommunikation bezeichnet man den Informationsaustausch oder den Vorgang der Verständigung durch sprachliche (z. B. Wort, Schrift) und nichtsprachliche (z. B. Mimik, Gestik, Bilder) Mittel zwischen einzelnen Personen oder auch Gruppen.

4.4 Sach-Ohr: Anna nimmt die Aussage sachlich auf. Sie meint, dass Julian wissen will, warum sie die betroffene Person einladen möchte.

Appell-Ohr: Anna empfindet die Aussage als Aufforderung, diese Person wieder auszuladen.

Selbstoffenbarungs-Ohr: Anna hört, was Julian über sich selbst und sein Verhältnis zum Eingeladenen aussagt. Sie nimmt an, dass er diesen nicht leiden kann.

Wendepunkte im Laufe des Lebens

1 Elternschaft als Wendepunkt

1.1 Definieren Sie den Begriff *Identifikation.*

1.2 Beschreiben Sie die Karikatur M 1 und erläutern Sie deren Aussage. Beziehen Sie in Ihre Ausführungen den Begriff Rollenbild mit ein.

M 1: Karikatur

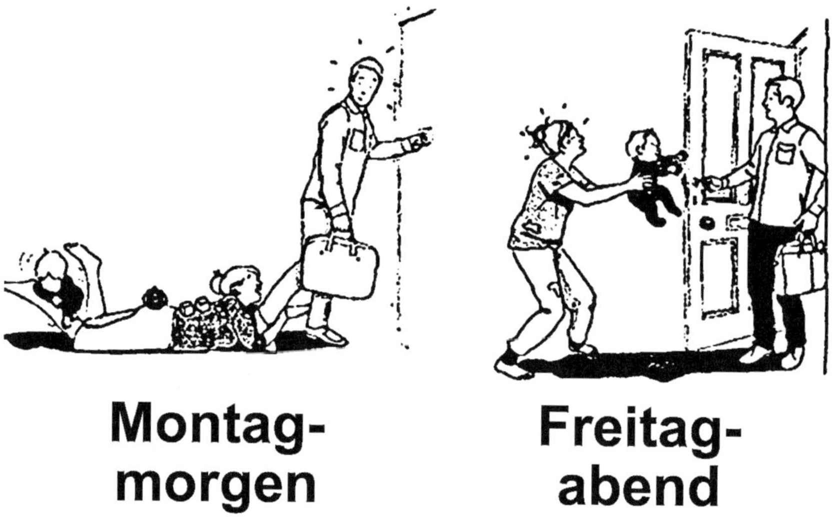

1.3 Formulieren Sie ein Fallbeispiel zu einem Interrollenkonflikt eines berufstätigen Vaters zweier Kinder im Grundschulalter. Belegen Sie im Anschluss, dass es sich um einen Interrollenkonflikt handelt.

1.4 Beschreiben Sie knapp zwei Arbeitszeitmodelle und beurteilen Sie diese jeweils in Hinblick auf die Vereinbarkeit von Beruf und Familie.

2 Abwege als Wendepunkt

2.1 Definieren Sie den Begriff *Devianz.*

M 2: Autobiographie

Dominik Bloh war noch ein Teenager, als seine Geschichte auf den Straßen Hamburgs begann. Seine Kindheit war geprägt von Lügen, Diebstahl, Schulverweisen, Gewalt und Drogen. Mit 15 Jahren waren Gangster seine Idole, echte Freunde hatte er wegen vieler Umzüge keine. Seinen leiblichen Vater kannte er nicht; der Stiefvater war häufig gewalttätig und aggressiv. Mit 16 Jahren warf ihn seine Mutter aus der Wohnung. Sie litt – wie bereits ihr eigener Vater – an Depressionen und Schizophrenie. Für Dominik folgte der freie Fall in die Obdachlosigkeit: Nach anfänglicher Ohnmacht suchte Dominik Bloh gezielt Kontakt zu anderen Wohnungslosen und fand geschickt Wege, um zum Beispiel auch auf der Straße auf seine Körperhygiene zu achten. Schließlich überwand er sich und bemühte sich um staatliche Hilfe. In „Unter Palmen aus Stahl" erzählt Dominik Bloh seine Lebensgeschichte und davon, wie man es schafft, sich von „ganz unten" hinauf zu kämpfen. Rückblickend sagt er: „Weil all diese Väter nicht für mich da sein konnten, sprang Vater Staat ein."

2.2 Genetische und soziokulturelle Faktoren sowie die Selbststeuerung beeinflussen die psychosoziale Entwicklung eines Menschen.
Erklären Sie diese drei Faktoren und belegen Sie deren möglichen Einfluss auf Dominik Bloh anhand geeigneter Textstellen aus dem Fallbeispiel M 2.

2.3 Nennen Sie drei konkrete soziale Hilfen, die „Vater Staat" (Z. 17 f.) Menschen wie Dominik (vgl. M 2) bietet.

2.4 Erläutern Sie ausführlich, warum der Sozialstaat auch im eigenen Interesse für deviante Jugendliche wie Dominik Bloh (vgl. M 2) sorgt und dabei hilft, dass diese ihren Platz in der Gesellschaft finden. Beziehen Sie sich dabei auf alle drei Grundprinzipien des Sozialstaats.

3 Eintritt in das Berufsleben als Wendepunkt

3.1 Definieren Sie den Begriff *Tertiäre Sozialisation.*

M 3: Fallbeispiel

> Marvin (25) wohnt noch bei seinen Eltern und beginnt nach einem gescheiterten Studium eine Ausbildung zum Industriekaufmann. Beim Bewerbungsgespräch macht ihm sein Vorgesetzter deutlich, dass bei einer späteren Übernahme die Möglichkeit der horizontalen sowie vertikalen Mobilität besteht.

3.2 Grenzen Sie die horizontale und vertikale Mobilität unter Verwendung von kurzen Beispielen deutlich voneinander ab.

3.3 Formulieren Sie zwei grundlegende Aussagen zur Infografik M 4 „Nesthocker" und diskutieren Sie, ob Marvins aktuelle Lebensgestaltung (vgl. M 3) typisch für sein soziales Alter ist.

M 4: Schaubild

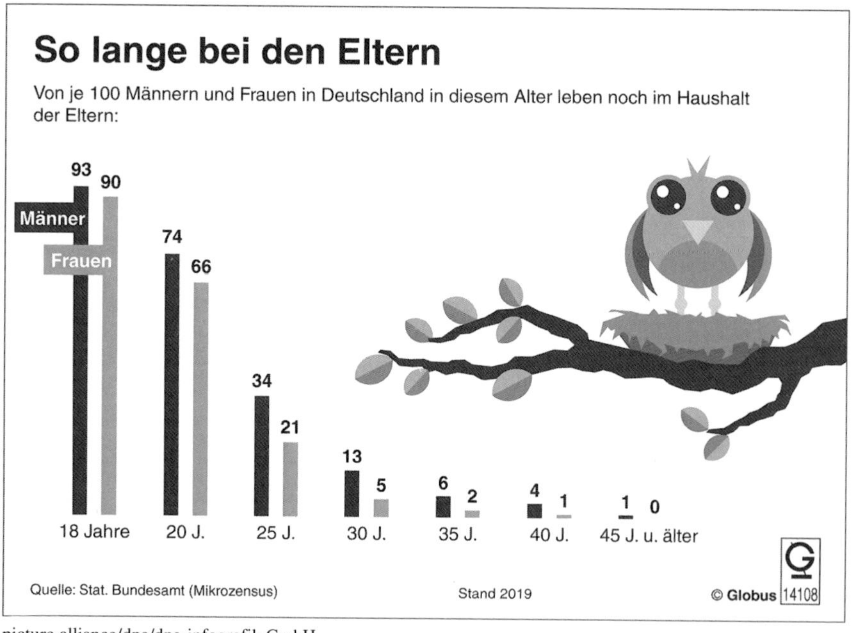

picture alliance/dpa/dpa-infografik GmbH

3.4 Nennen Sie die vier Konfliktarten nach Becker und entwerfen Sie zu zwei Arten jeweils eine mögliche Konfliktsituation in einer Familie mit einem sogenannten „Nesthocker", der noch im Elternhaus lebt (vgl. M 4).

4 Trennung als Wendepunkt

M 5: Fallbeispiel

> Eigentlich – so dachte Achim (37) – ist alles perfekt: beruflicher Erfolg, eine tolle Ehefrau, ein ansehnliches Eigenheim und teure Reisen. Und plötzlich verlässt Frieda ihn. Von einem Tag auf den anderen. Sie habe sich in einen anderen verliebt, liebe Achim nicht mehr und wolle die Scheidung.
>
> Achim ist im Schockzustand und will die Situation nicht wahrhaben. Um jeden Preis versucht er, so weiterzumachen wie bisher. Vor allem im Büro will er den Schein wahren, damit niemand mitbekommt, dass ausgerechnet er verlassen wurde. Den Kontakt zu seinem Freundeskreis bricht er ab, damit ihm niemand Fragen stellen kann. Doch abends, wenn er alleine ist, spürt er die Einsamkeit. Er kommt nicht zur Ruhe, kann nicht essen und nicht schlafen. Um seine Wut und das Gedankenkarussell zu betäuben, trinkt er. Anfangs ist es Bier, recht bald greift er zu hochprozentigem Schnaps. Stundenlang glotzt er in den Fernseher. Es fällt ihm zunehmend schwer, zur Arbeit zu gehen.

4.1 Erläutern Sie kurz den Unterschied zwischen einer Lebenslaufkrise und einer Lebensbruchkrise. Prüfen Sie anschließend, von welcher Art Krise das Fallbeispiel M 5 handelt, und begründen Sie Ihre Entscheidung.

4.2 Erklären Sie knapp, was man unter maladaptiven Copingstrategien versteht, und belegen Sie anhand von zwei Aspekten aus dem Fallbeispiel, dass Achim (vgl. M 5) durch diese maladaptiven Strategien seine Krise nicht bewältigt.

4.3 Beraten Sie Achim (vgl. M 5), indem Sie vier für ihn geeignete adaptive Strategien kurz darstellen.

Lösungsvorschlag

II. Schwerpunktthema Aufgabengruppe B

1.1 Als Identifikation bezeichnet man den aktiven Prozess der Übernahme von Eigenschaften, Werten oder Verhaltensweisen von Personen oder Gruppen.

1.2 Die Karikatur zeigt eine Mutter, einen Vater und ein Kind. Am Montagmorgen verlässt der Vater mit einer Arbeitstasche das Haus. Die Mutter klammert sich an das Bein des Mannes. Das Kind spielt derweilen auf dem Rücken der Mutter. Die Mutter möchte scheinbar nicht, dass der Vater geht. Der Mann wirkt gestresst. Am Freitagabend kommt der Mann zurück. Die Frau reicht ihm beim Eintritt in das Haus das Kind entgegen. Hier wirkt die Frau gestresst.

Die Karikatur verweist auf ein tradiertes Rollenbild: Während der Mann zur Arbeit geht und sich um das finanzielle Einkommen der Familie kümmert, bleibt die Frau zu Hause und sorgt sich um das Kind. Die Frau wirkt beim Weggehen des Mannes nahezu verzweifelt und überfordert. Aber auch für den Mann kann diese Rollenverteilung belastend sein. Zum einen kann es sein, dass er beim Weggehen das Gefühl hat, seine Frau alleine zu lassen, zum anderen denkt er vielleicht schon an die Situation, wenn er Freitagabend nach einer intensiven Arbeitswoche nach Hause kommt (rechte Seite des Bildes) und ihm die Frau das Kind schon entgegenstreckt. Somit empfinden sowohl Mann als auch Frau bei dieser Rollenverteilung in der Karikatur Stress durch mangelnde Erholungszeit.

1.3 Sebastian, 45 Jahre alt, arbeitet als Programmierer in einem Software-Betrieb. Gerade in Zeiten mit sehr großer Auftragslage erwartet sein Chef, dass Sebastian auch einmal Überstunden macht und notfalls an einem Samstag in die Firma kommt. Viele der Aufträge der Firma sind an feste Abschlusstermine gebunden. Sebastian hat mit seiner Frau Anna, 38 Jahre alt, die Kinder Erich, 9 Jahre, und Gaby, 7 Jahre. Erich besucht die 4. Klasse und Gaby die 2. Klasse der Grundschule. Als der Chef von Sebastian verlangt, dass er auch an einem Samstag arbeiten soll, weil ein wichtiger Auftrag bis Montag abzuschließen sei, entsteht für den Vater ein Konflikt, weil an diesem Tag das Schulfest stattfindet und Gaby und Erich zusammen mit anderen Kindern bei einer Theateraufführung beteiligt sind. Sie freuen sich schon, dass ihre beiden Eltern dabei anwesend sein werden.

Da sich Sebastian in einem Konflikt zwischen den beiden Rollen „Berufstätiger“ und „Vater“ befindet, handelt es sich um einen Interrollenkonflikt. Er kann nicht beide Erwartungshaltungen gleichzeitig erfüllen. Er muss sich entscheiden oder versuchen, einen Kompromiss zu finden.

1.4 Homeoffice: Die Arbeit kann zum Teil oder auch ganz von zu Hause aus getätigt werden. Damit kann es einfacher sein, neben den beruflichen auch die familiären Aufgaben zu erledigen, da die Einteilung der Arbeitszeit in der Regel dem Arbeitnehmer selbst überlassen ist. Kinder können z. B. leichter nebenbei versorgt oder auch einmal schnell in den Kindergarten gebracht und wieder abgeholt werden.

Teilzeitbeschäftigung: Hier arbeitet man nicht die volle Zeit, sondern nur einen Teil. So kann es z. B. leichter sein, wenn man nur vormittags arbeitet, sich am Nachmittag um familiäre Aufgaben wie die Betreuung der Kinder oder den Haushalt zu kümmern.

2.1 Als Devianz bezeichnet man ein von geltenden gesellschaftlichen Normen und Werten abweichendes Verhalten, für das es unterschiedliche Ursachen geben kann.

2.2 Genetische Faktoren: Bei der Zeugung werden genetische Anlagen der Eltern vererbt. Diese können sich auf das körperliche Aussehen und auch auf Verhaltensweisen und Neigungen auswirken. Die Mutter von Dominik Bloh litt – wie bereits ihr Vater – unter Depressionen und Schizophrenie. Es könnte sein, dass hier in Dominik genetische Einflüsse wirken, die zu seiner Instabilität beitragen.

Soziokulturelle Faktoren: Hier ist gemeint, dass die Umwelt und das Milieu einen Einfluss auf das Verhalten eines Heranwachsenden haben können. Seinen leiblichen Vater kannte Dominik nicht, er hat sich nicht um ihn gekümmert. Sein Stiefvater war gewalttätig und aggressiv. Seine Mutter hat ihn mit 16 Jahren aus dem Haus geworfen. Dies waren drei negative soziokulturelle Faktoren, die den Entwicklungsverlauf von Dominik beeinträchtigt haben könnten.

Selbststeuerung: Unter Selbststeuerung versteht man das Vermögen einer Person, das Verhalten durch die Motivation und die Willensstärke zu planen und zu regulieren. Dominik entscheidet sich, Kontakte zu anderen Obdachlosen herzustellen und sich auch auf der Straße um Hygiene zu kümmern.

2.3
- Unterbringung in einer Pflegefamilie oder in einem Wohnheim
- Grundsicherung durch finanzielle Hilfen zur Existenzsicherung
- BAföG – finanzielle Hilfen für Schüler, Auszubildende und Studierende

2.4 Solidaritätsprinzip: Wenn ehemals deviante Menschen wieder erwerbstätig sein können, unterstützen sie mit ihren Sozialversicherungsbeiträgen die Aufrechterhaltung des Sozialstaates.

Subsidiaritätsprinzip: Bei Erwerbstätigkeit ist es nicht mehr notwendig, dass der Sozialstaat finanzielle Unterstützungen leisten muss.

Eigenverantwortlichkeit: Wenn Jugendliche wie Dominik Bloh es schaffen, Schulabschlüsse nachzuholen und eine Ausbildung zu machen, lernen sie, ihr Leben selbst in die Hände zu nehmen. Sie finanzieren dann ihren Lebensunterhalt selbst.

3.1 Als Sozialisation bezeichnet man das Hineinwachsen des Menschen in das Zusammenleben in der Gesellschaft. Die dritte Sozialisationsphase findet im Erwachsenenalter statt. Themen dieser Phase sind Partnerschaft, Familie, Berufsleben und auch die Freizeitgestaltung.

3.2 Horizontale Mobilität: Damit bezeichnet man die Möglichkeit, bezüglich der beruflichen Tätigkeit auf gleicher Ebene z. B. in eine andere Abteilung zu wechseln. Die beruflichen Abläufe bleiben aber identisch. Man geht davon aus, dass sich die Bezahlung nicht verändert.

Vertikale Mobilität: Hierbei kommt es zu einem Wechsel in einen anderen Tätigkeitsbereich, der entweder anspruchsvoller (vertikal nach oben durch beruflichen Aufstieg) oder weniger anspruchsvoll ist (vertikal nach unten). Durch die vertikale Mobilität ändert sich meistens auch die Bezahlung.

3.3 Die meisten Frauen (90 %) und Männer (93 %) leben im Alter von 18 Jahren noch bei ihren Eltern.

Der Anteil derjenigen, die noch bei ihren Eltern wohnen, sinkt mit zunehmendem Alter. Der Anteil der Männer ist dabei immer höher als der der Frauen.

Das soziale Alter von Marvin entspricht mit 25 Jahren dem des frühen Erwachsenenalters. Nach der Statistik leben in diesem Alter mehr als 60 % der Männer nicht mehr bei ihren Eltern. Somit weicht Marvins soziales Alter, bei dem man von einer eigenständigen Lebensführung mit eigener Wohnung ausgeht, von seiner realen Lebenswirklichkeit ab.

3.4
- Scheinkonflikt
- Randkonflikt
- Zentralkonflikt
- Extremkonflikt

Randkonflikt: Die Eltern beauftragen den „Nesthocker", dass er am Wochenende den Rasen im Garten mähen soll. Da dieser aber mit Kumpels unterwegs ist, hat er keine Zeit. Mit den Eltern kommt es deshalb zum Streit mit lautstarker Auseinandersetzung.

Extremkonflikt: Der „Nesthocker" geht keiner geregelten Tätigkeit nach. Er absolviert keine Ausbildung/kein Studium und arbeitet auch nicht, verlangt aber von seinen Eltern eine regelmäßige finanzielle Unterstützung. Er sitzt nachts bis weit in den Morgen hinein vor dem Computer und macht Computerspiele. Bis mittags liegt er dann im Bett. Die Eltern teilen ihm mit, dass sie ihn nicht mehr im Haus dulden, und fordern seinen Auszug.

4.1 Lebenslaufkrisen sind vorhersehbar und finden zu bestimmten Schwellensituationen statt. Solche sind z. B. das Eintreten der Pubertät, der Beginn einer Ausbildung, der Übergang in den Ruhestand. In solchen Situationen sind Krisen häufig und zum Teil sogar vorprogrammiert/erwartbar.

Lebensbruchkrisen sind im Gegensatz zu Lebenslaufkrisen immer unvorhersehbar. Sie treten ein durch ein heftiges Lebensereignis wie z. B. Arbeitslosigkeit, Trennung, schwere Erkrankung, der Tod von nahen Angehörigen oder Unfälle.

Im Fallbeispiel liegt eine Lebensbruchkrise vor. Achim wurde von seiner Ehefrau plötzlich verlassen, sie hat einen anderen Partner und möchte die Scheidung beantragen. Achim hatte keine Hinweise auf das Entstehen dieser Krise.

4.2 Maladaptive Copingstrategien führen nicht zur Lösung des Problems. Vielmehr gehen auf diese Weise handelnde Personen dem Problem aus dem Weg. Damit wird die Krise aber nur verlängert.

Achim verschweigt am Arbeitsplatz sein Problem vor seinen Kollegen, weil er sich nicht vor ihnen blamieren will. In der Folge kann er jedoch auch nicht offen über seine Situation reden und keine Hilfe erwarten.

Achim greift zu Alkohol und betrinkt sich. Dabei erhöht sich die konsumierte Menge stetig. Dies führt dazu, dass sich auch sein Tagesrhythmus negativ verändert. Alkoholisiert verbringt er viel Zeit mit Fernsehfilmen und büßt dadurch seine Aktivität ein.

4.3 Achim müsste zunächst seine neue Situation, dass er von seiner Frau verlassen worden ist, annehmen und sich dazu bekennen.

Dies sollte er dann mit ausgewählten Freunden und im Beruf zumindest bei seinem Chef kommunizieren. Dadurch würde er sich anderen öffnen und könnte über die Gespräche eine Entlastung spüren und Unterstützung erhalten.

Achim könnte auch professionelle Hilfe suchen. Es wäre eine Möglichkeit, bei der Telefonseelsorge anzurufen und dort seine Situation zu besprechen. Oder er könnte einen Psychotherapeuten aufsuchen.

Es wäre wichtig, dass er in seiner Freizeit in Kontakt zu anderen Menschen bleibt. Um neue Bekannte zu finden, wäre es gut, wenn er sich verstärkt einem Hobby mit Sozialkontakten widmen würde.

PRÜFUNGS-ANGST

STOPP DIE PANIK

Mit der Fußsohlen-Methode

Prüfungen können Angst- und Fluchtsituationen sein. Dein Körper schüttet Adrenalin aus und dämpft das Gefühl in den Füßen. Z. B. beim Weglaufen ist es gut, wenn man die Füße nicht spürt. Eine Prüfung ist aber **keine Gefahrensituation**. Signalisiere deinem Körper, dass du nicht weglaufen musst, und bring das Gefühl in deine Füße zurück:

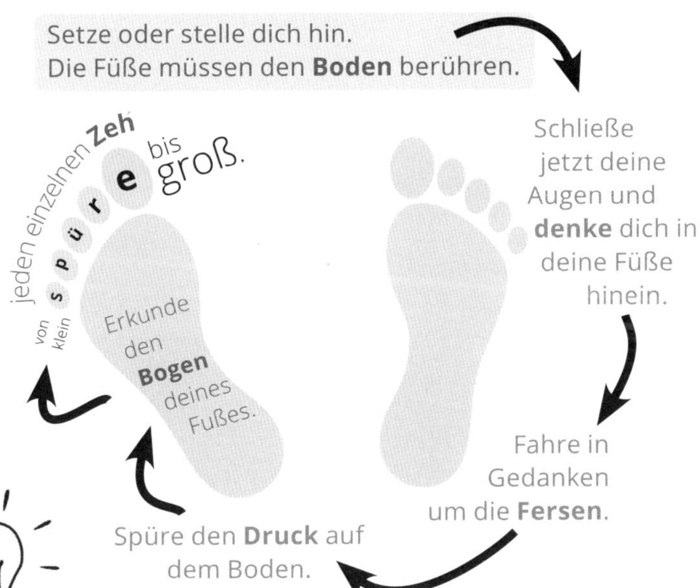

Dein Körper **fühlt** die Füße wieder und denkt, er sei in keiner Panik-Situation, sondern in **Sicherheit**.

Eure Lern**tipps** aus der Insta-Community

Chiara, 16

Verwendet Farben zum Lernen! Es wird viel übersichtlicher. Und wenn man den Lernzettel anschaut, ist man viel motivierter beim Lernen, weil er schön bunt ist.

Özgür, 20

Vergiss nicht, wie weit du bisher gekommen bist, und wie viel Potenzial in dir steckt.

Miriam, 18

Bewusst eine Auszeit zu nehmen ist effektiver, als alles nur aufzuschieben.